Helmut Meyer, Peter Schneebeli:

Durch Geschichte zur Gegenwart 1

Die Zeit der Entdeckungen
Die Zeit der Kirchenspaltung
Die Zeit des Absolutismus
Die Zeit der Aufklärung und der Französischen Revolution

Lehrmittelverlag des Kantons Zürich

Durch Geschichte zur Gegenwart, Band 1

Lehrmittel der Interkantonalen Lehrmittelzentrale

Autoren:
  Dr. Helmut Meyer
  Peter Schneebeli

Berater:
  Fritz Baer
  Urs Kneubühler
  Peter König
  Fritz Künzler
  Ueli Müller

Grafische Gestaltung:
  Felix Reichlin

Umschlag und Zeichnungen:
  René Mühlemann

© Lehrmittelverlag des Kantons Zürich, Ausgabe 1996, mit kleinen Änderungen (1993)
Printed in Switzerland
ISBN 3-906718-31-X

Die Zeit der Entdeckungen

USA

In 14 Tagen bereisen Sie die Ost- und Westküste der USA. Die riesigen Distanzen legen Sie natürlich im Flugzeug zurück, damit Ihnen um so mehr Zeit für die Besichtigungen bleibt. Mit New York, L. A. – wie die Amerikaner Los Angeles nennen –, San Francisco und Chicago besuchen Sie Städte, die Sie von Tag zu Tag aufs neue faszinieren werden, denn jede dieser Städte hat ihr eigenes Gepräge und ihren eigenen Charakter. Sie haben jeweils die Möglichkeit, an fakultativen Ausflügen teilzunehmen, so zum Beispiel zu den Niagara-Fällen oder zum Grand Canyon und nach Las Vegas. Eine Reise, die auch vom Programm her gesehen attraktiv ist.

Flugzeit nach New York etwa 8½ Stunden

BAR-
BA-
DOS

Flugzeit etwa 11 Stunden

Barbados – die Swingend-Vornehme. Schöne Strände, die Hauptstadt Bridgetown, wo es viel zu sehen und noch mehr zu erleben gibt, Zollfreizone, viel Unterhaltung und ein sehr gutes Hotelangebot. Das sind nur ein paar Gründe für vielversprechende Ferien auf dieser lebhaften Insel mit der grossen Tourismus-Tradition.

Südamerika

ein Traum
geht in Erfüllung

Die «Sudamericana» gehört seit Jahren zu unseren erfolgreichsten Reisen. Es ist ein umfassendes, ausgewogenes Programm, das wir für Sie zusammengestellt haben. Erleben Sie die Weite des südamerikanischen Kontinents: Von Quito bis zum Wendepunkt Buenos Aires sind es fast 5000 km.

Nazca – rätselhafte Zeichnungen im Wüstensand; Cuzco, die alte Inkahauptstadt mit ihrer dramatischen Vergangenheit; die Iguaçu-Fälle mit ihrer ungebändigten Schönheit und Kraft – und natürlich die Traumstadt am Copacabana-Strand, Rio de Janeiro!

Flugzeit nach Lima etwa 20 Stunden

Kenya-Safari

Waren Sie schon einmal – oder gar mehrmals – in Kenia auf Safari, und möchten Sie nun eine «richtige» erleben? Wie die ersten Afrika-Pioniere in der guten alten Zeit, als es noch keine komfortablen Lodges gab, dafür das Abenteuer der Wildnis um so stärker lockte? Mit unserer Zeltsafari können Sie die mannigfaltige Tierwelt Kenias auf ganz neuen Wegen auskundschaften. Etwas Pfadfindergeist und viel Spass am Campieren in der freien Natur sind die wichtigsten Voraussetzungen, um das Erlebnis einer Zeltsafari voll auskosten zu können.

Flugzeit nach Mombasa etwa 8 Stunden

Thailand

Die Hotels in Bangkok sind in ihrer Kategorie erstklassig und unsere Badeferienziele in Pattaya, Hua Hin, auf der romantischen Insel Phuket und der Insel Penang sehr sorgfältig ausgesucht.

Flugzeit nach Bangkok etwa 11 Stunden

Zauberhafte Inselwelt der
MALEDIVEN

Wenn für eine Destination auf dieser Erde das Wort Paradies noch eine Berechtigung hat – und diese Bezeichnung ist bitte im ursprünglichen Sinne zu interpretieren –, dann sicherlich für die rund zweitausend Malediven-Inseln. Sie sind ein eigener Staat mit der Hauptstadt Malé und der Nachbarinsel Hulule, auf welcher sich der Flugplatz befindet. Von da aus gelangen Sie mit dem Boot zu einer der ausgesuchten Inseln im Malé-Atoll.

Flugzeit etwa 10 Stunden

Der Mensch erforscht die Erde

Der Mensch und das Meer

Ein Schiff wird geborgen

Im Jahr 1967 entdeckten Taucher auf dem Meeresgrund in 30 Meter Tiefe vor dem Hafen Kyrenia auf der Insel Cypern im Mittelmeer ein gesunkenes Schiff. Es gelang, das Wrack zu heben. Das Schiff war zur Zeit der alten Griechen, um 300 v.Chr., gesunken. An Bord fand man 400 grosse, aus Ton gebrannte Gefässe, 29 Handmühlen aus Stein sowie etwa 10 000 Mandeln, die in Säcke verpackt gewesen waren.

Das Schiff hatte einem griechischen Kaufmann gehört. Er war damit im Mittelmeer herumgefahren, um seine Waren zu verkaufen. Griechische Tongefässe waren damals als Behälter für Lebensmittel sehr begehrt, denn es gab weder Glasflaschen noch Blechkanister noch Plastiksäcke. In jedem Haushalt brauchte man eine Handmühle, denn man mahlte das Korn noch selbst.

Griechen und Römer treiben Handel

Die griechischen und römischen Kaufleute durchfuhren das ganze Mittelmeer. In Spanien kauften sie Silber, in Italien Wein, in Griechenland Oliven und Tongefässe, in Nordafrika und am Schwarzen Meer Getreide, im Libanon Glas und Purpurtücher. Manchmal wagten sie sich auch über Ägypten hinaus und durch das Rote Meer bis nach Indien, wo sie Edelsteine und Elfenbein einkauften. Dagegen getrauten sie sich kaum, auf den Atlantischen Ozean hinaus zu fahren.

1 Taucher bergen das Wrack von Kyrenia
2 Tongefässe (Amphoren) und Handmühlen (vor den Amphoren) auf dem Schiff von Kyrenia
3 Das Schiff von Kyrenia nach der Bergung. Die Gesamtlänge beträgt 14 Meter, die maximale Breite 4,5 Meter.
4 Geborgene Amphoren

1

3

2

4

Phönizier

Seefahrer aus dem Volk der Phönizier und der Stadt Karthago aber wagten sich entlang der afrikanischen Küste nach Süden und meldeten Erstaunliches:

Aus dem Bericht des karthagischen Seefahrers Hanno über seine Fahrt nach Guinea (um 480 v.Chr.):

1 «Wir fuhren immer der Küste nach, bis wir zu einer grossen Bucht kamen. Darin war eine grosse Insel, auf ihr ein See mit Salzwasser und in diesem wieder eine kleinere Insel. Diese war ganz mit Wald bedeckt. In der Nacht sahen wir darauf viele brennende Feuer und hörten den Klang von Schalmeien und von Zimbeln, das Dröhnen von Pauken und schauerliches Schreien. Da nun packte uns das Grausen, und unsere Wahrsager befahlen uns, die Insel zu verlassen. Wir fuhren nun an einem überall brennenden und von Rauchschwaden erfüllten Land vorbei. Feurige Bäche ergossen sich ins Meer. Der Boden war vor lauter Hitze unbetretbar...»

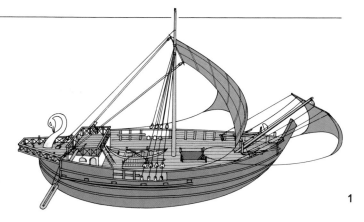

1

Man erzählte sogar, einmal seien phönizische Seefahrer von Ägypten aus um Afrika herum gefahren und bei Gibraltar wieder ins Mittelmeer gekommen. Sie hätten dazu drei Jahre gebraucht und zeitweise die Sonne nicht mehr im Süden, sondern im Norden gesehen. Doch die meisten Leute konnten das kaum glauben.

Nach dem Ende des Römerreiches trieben die Europäer lange Zeit wenig Handel. Die Araber eroberten grosse Teile der Mittelmeerküste und beherrschten auch das Meer. Erst gegen das Jahr 1000 wurden die Europäer wieder unternehmungslustiger.

2

Wikinger

Von Norwegen aus suchten die kühnen Wikinger neues Land im Westen. Sie erreichten zuerst Island, dann Grönland und schliesslich Labrador und Neufundland in Kanada. So waren sie eigentlich die ersten Europäer in Amerika. Weil ihnen aber die Indianer Widerstand leisteten, verzichteten sie auf eine Besiedlung. Ihre Entdeckung wurde vergessen.

Kaufleute in Norddeutschland und Italien

Auch die Bewohner der Städte in Norddeutschland, besonders von Bremen, Lübeck und Hamburg, wagten sich aufs Meer. Sie kauften Pelze in Russland, Fische in Norwegen, Getreide in Polen und Wolle in England. In Italien waren es Kaufleute aus Venedig und Genua, welche den Handel im ganzen Mittelmeer wieder aufnahmen.

3

Schiffe

Jedoch waren die italienischen Schiffe langsam und nur den leichten Winden, wie sie im Mittelmeer üblich waren, gewachsen. Die norddeutschen Schiffe

1 Modell eines römischen Handelsschiffes
2 Wikingerschiff aus der Zeit zwischen 900 und 1000
3 Modell eines norddeutschen Schiffes um 1350, einer «Kogge»
4 Modell einer Karacke. Die Länge einer Karacke betrug etwa 30 Meter. Karavellen waren nur etwa 20 Meter lang.

4

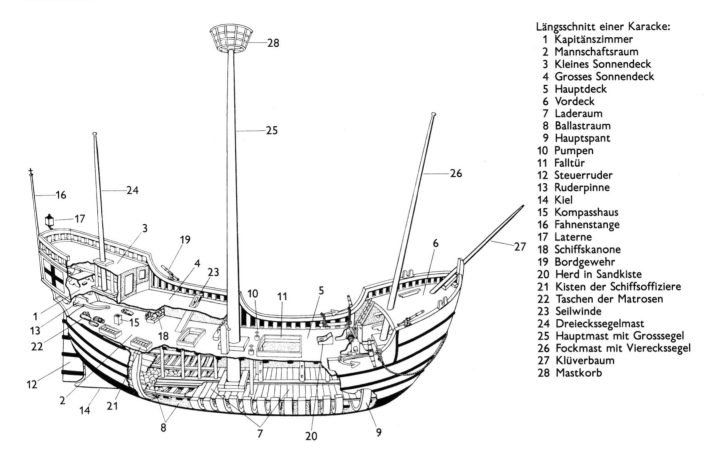

Längsschnitt einer Karacke:
1 Kapitänszimmer
2 Mannschaftsraum
3 Kleines Sonnendeck
4 Grosses Sonnendeck
5 Hauptdeck
6 Vordeck
7 Laderaum
8 Ballastraum
9 Hauptspant
10 Pumpen
11 Falltür
12 Steuerruder
13 Ruderpinne
14 Kiel
15 Kompasshaus
16 Fahnenstange
17 Laterne
18 Schiffskanone
19 Bordgewehr
20 Herd in Sandkiste
21 Kisten der Schiffsoffiziere
22 Taschen der Matrosen
23 Seilwinde
24 Dreieckssegelmast
25 Hauptmast mit Grosssegel
26 Fockmast mit Viereckssegel
27 Klüverbaum
28 Mastkorb

konnten den Stürmen eher trotzen, waren aber nicht sehr schnell. In den Schiffen der Wikinger hatte es nur wenig Platz. Für Handelsfahrten auf dem weiten Ozean waren all diese Schiffe nicht geeignet.

Vor allem die Portugiesen und Spanier lockte es jedoch seit etwa 1400, den Atlantischen Ozean und die Küste Afrikas zu erforschen. Daher entwickelten die Schiffsbauer in Portugal und Spanien zwei neue Schiffstypen: die grössere Karacke und die kleinere Karavelle. Beide fuhren wesentlich schneller als die bisher üblichen Schiffe. Vor allem die Karavelle hatte wenig Tiefgang; sie durchschnitt die Wellen nicht wie die heutigen grossen Schiffe, sondern glitt über sie hinweg. Erst jetzt wurden lange Fahrten auf dem Ozean ohne Zwischenhalt möglich.

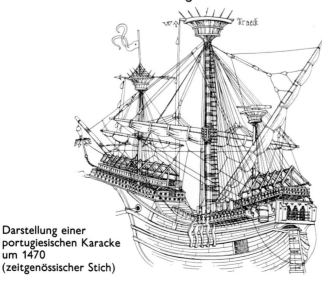

Darstellung einer
portugiesischen Karacke
um 1470
(zeitgenössischer Stich)

Das Wichtigste in Kürze:

600 v.Chr. bis 500 n.Chr.: Griechen und Römer durchfahren das Mittelmeer. Sie treiben Handel bis Indien. Die Phönizier erkunden die Küste Afrikas.

500 bis 1000: Die Europäer treiben wenig Handel. Die Araber beherrschen das Mittelmeer.

Um 1000: Die Wikinger fahren von Norwegen nach Island, Grönland und Kanada.

1000 bis 1500: Venedig und Genua treiben im Mittelmeer Handel, die norddeutschen Städte in der Nord- und Ostsee.

Ab 1400: Portugiesen und Spanier beginnen, den Atlantischen Ozean zu erforschen.

1 Welches Meer wurde vor allem von den griechischen und römischen Kaufleuten befahren?
2 Welche Europäer erreichten als erste Amerika?
3 Welche italienischen Städte beherrschten im Mittelalter den Handel im Mittelmeer?

4 Erkläre, warum die Phönizier behaupteten, sie hätten auf ihrer Fahrt um Afrika herum zeitweise die Sonne im Norden gesehen. Warum glaubten die Leute das damals nicht?
5 Weshalb waren wohl die Spanier und die Portugiesen die ersten, welche um 1400 begannen, den Atlantischen Ozean und die Küste Afrikas zu erforschen?
6 Zeichne den Längsschnitt durch eine Karacke und schreibe mindestens fünf verschiedene Teile an.

Was wussten die Menschen über die Erde?

Im Geographiebuch können wir heute nachlesen, welche Gestalt die Erde hat, wie gross ihr Umfang und wie gross ihr Durchmesser ist. Auf dem Globus und auf den Karten in unserem Atlas ist jedes Land, jedes Meer, jeder grössere Fluss und jedes grössere Gebirge richtig eingetragen. Wir kennen die Erde ganz genau.

Als die Menschen noch in kleinen Dörfern von Ackerbau und Viehzucht lebten, kannten sie nur einen ganz kleinen Teil der Erde, nämlich ihre nähere Umgebung. Erst durch Handel und Kriegszüge lernten sie grössere Gebiete kennen. Mit der Zeit versuchten sie, die Lage der Länder, Meere, Flüsse und Gebirge, die sie kennengelernt hatten, auf Karten aufzuzeichnen.

Geographie bei den alten Griechen

Ein solcher Kartenzeichner war der Grieche Hekataios, der um 500 v.Chr. lebte. Er hielt die Erde für eine Scheibe, die auf einem Weltmeer (Okeanos) schwimme. Er kannte nur einen ziemlich kleinen Teil der Erde. Je weiter in der folgenden Zeit die griechischen Kaufleute und Kriegsführer zogen, desto mehr erfuhren die griechischen Gelehrten über die Erde

Die «Ebstorfer Weltkarte», entstanden um 1250 n.Chr. Wichtige Punkte:
1 Paradies mit Adam und Eva
2 Jerusalem mit Darstellung der Auferstehung (der Kopf des auferstehenden Christus ist rechts)
3 Bethlehem mit Stern

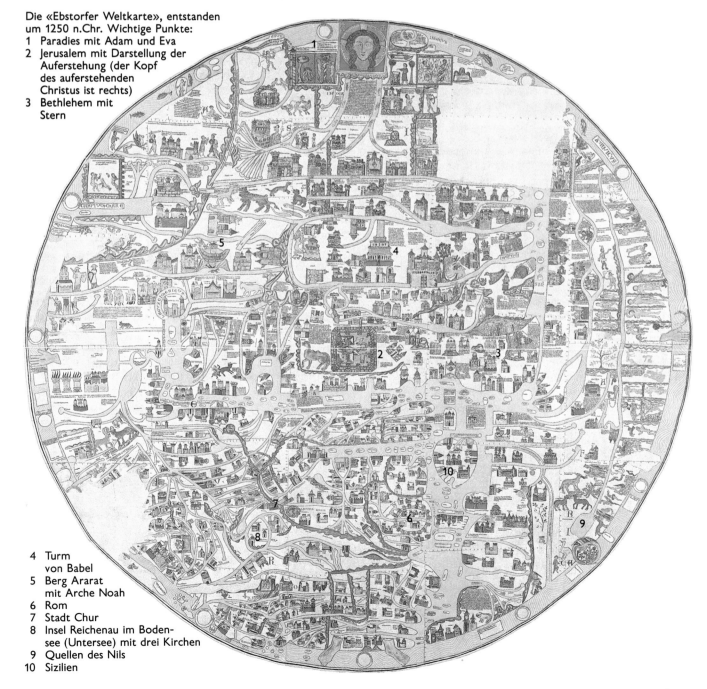

4 Turm von Babel
5 Berg Ararat mit Arche Noah
6 Rom
7 Stadt Chur
8 Insel Reichenau im Bodensee (Untersee) mit drei Kirchen
9 Quellen des Nils
10 Sizilien

und zeichneten es auf. Sie kamen auch zur Einsicht, dass die Erde eine Kugel sei, obwohl noch niemand darum herum gefahren war. Um die Lage der einzelnen Länder genau anzugeben, teilten sie die Erdkugel in ein Netz von Längen- und Breitengraden ein. Allerdings waren sie sich über den Umfang der Erdkugel nicht einig. Einer errechnete ihn auf 40 000 Kilometer, ein anderer nur auf 30 000 Kilometer. Der berühmteste dieser griechischen Geographen war Ptolemaios, der um 150 n.Chr. lebte.

Geographie im Mittelalter (500 bis 1400)

Um 500 n.Chr. ging das Römerreich unter. Die Europäer trieben nun während langer Zeit nur wenig Handel und kannten kaum fremde Länder. So vergassen sie auch, was die griechischen Geographen herausgefunden hatten. Die Gelehrten waren jetzt meistens Mönche und bezogen ihr Wissen vor allem aus der Bibel. In dieser aber wurde die Erde als Scheibe beschrieben. Daher dachten sie, wie früher Hekataios, die Erde sei eine vom Ozean umgebene Scheibe. Sie versuchten auch, Geographie und christliche Religion in Übereinstimmung zu bringen. Dies zeigt eine der wenigen Karten, die es aus dieser Zeit gibt (siehe Seite 9).

Geographie in der Neuzeit

Erst um 1400 n.Chr. begannen die europäischen Gelehrten, die Bücher des Ptolemaios und anderer griechischer Geographen zu studieren. Sie erfuhren

daraus, dass die Erde eine Kugel sei. Sie lernten auch die Einteilung nach Längen- und Breitengraden wieder kennen. Ungewiss blieb jedoch der Umfang der Erdkugel. Noch war niemand um sie herumgefahren!

Das Wichtigste in Kürze:
Die alten griechischen Geographen wussten, dass die Erde eine Kugel ist. Später, im Mittelalter, hielt man sie jedoch für eine Scheibe. Am Ende des Mittelalters lernte man die Schriften der griechischen Geographen wieder kennen. Dadurch wurde auch die Vorstellung von der Kugelgestalt der Erde wieder bekannt.

1 Wie stellte sich der Grieche Hekataios die Erde vor?
2 Wie heisst der berühmteste der griechischen Gelehrten, welche zur Einsicht kamen, dass die Erde die Form einer Kugel hat?
3 Woher bezogen die Mönche des Mittelalters ihr Wissen, und welche Form hatte die Erde nach ihrer Ansicht?

4 Erkläre, wie man erkennen kann, dass die Erde die Form einer Kugel hat, ohne dass man um sie herumfährt oder sie aus dem Weltraum betrachtet.
5 Zeichne schematisch die Erdvorstellung des Mittelalters: Erde, Ozean, Himmel, Gestirne.

Die Menschen orientieren sich

Wenn ein Kaufmann durch bewohnte Länder zieht, so fällt es ihm nicht schwer, seinen Weg zu finden. Er kann sich bei den Einheimischen danach erkundigen oder einen Führer mieten. Berge, Seen und Flüsse geben ihm weitere Hinweise. Der Seefahrer und seine Begleiter sind dagegen auf ihrem Schiff allein. Das Meer ist überall gleich. Wie kann man die richtige Richtung einhalten und den gewünschten Hafen finden?

Die ersten Seefahrer fuhren nur der Küste nach oder von Insel zu Insel, wenn diese in Sichtweite lagen. Schon früh aber erkannte man, dass die Sonne immer im Osten aufgeht, am Mittag im Süden steht und am Abend im Westen untergeht. In der Nacht erblickte man den hintersten Stern des Kleinen Bären, den Polarstern, stets über dem Nordpol (Seite 11, Bild 1). So war es möglich, bei gutem Wetter in der Nacht die gewünschte Fahrtrichtung einigermassen genau einzuhalten.

Für Entdeckerfahrten ausserhalb des ruhigen und inselreichen Mittelmeeres genügte das nicht. Zwischen 1300 und 1500 wurden daher mehrere Orientierungsinstrumente eingeführt. Zum Teil lernte man sie bei den Arabern kennen, zum Teil erfanden die Europäer sie selber.

Mit dem **Kompass** (waagrecht gelagerte, nach Norden weisende Magnetnadel) konnte man jederzeit die Fahrtrichtung festlegen und kontrollieren. Die kleine Abweichung der Kompassnadel von der Nordrichtung wurde erkannt und eingerechnet. Mit dem **Astrolabium** oder dem **Jakobsstab** stellte man fest, auf welchem Breitengrad man sich befand (Seite 11, Bild 2 und 3). Die zurückgelegte Distanz errechnete man, indem man die Geschwindigkeit und die Zeit mass. Dazu brauchte man das **Log** (Bild 4) und die **Sanduhr** (Bild 5). Die Meerestiefe in Küstennähe mass man mit dem **Lot** (Bild 6). Alle Ergebnisse wurden in das **Bordbuch** eingetragen. Mit Hilfe der Bordbücher der heimgekehrten Seefahrer wurden genaue Seekarten gezeichnet, die **Portolane** (Bild 7). Diese wiederum waren für künftige Seefahrten eine wertvolle Hilfe.

Das Wichtigste in Kürze:
Zwischen 1300 und 1500 wurden zahlreiche Orientierungsinstrumente in Europa entweder eingeführt oder erfunden, so etwa der Kompass, das Log und der Jakobsstab. Dadurch wurde die Fahrt auf hoher See, fern von den Küsten, ermöglicht.

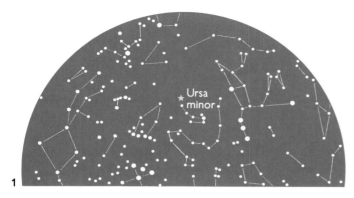

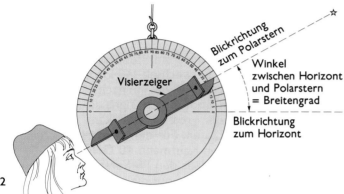

Blickrichtung zum Polarstern

Winkel zwischen Horizont und Polarstern = Breitengrad

Visierzeiger

Blickrichtung zum Horizont

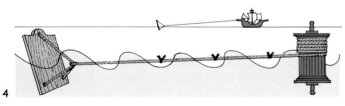

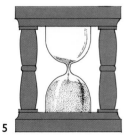

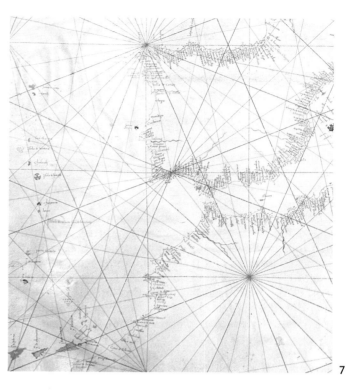

1 Der Stern am Schwanz des Kleinen Bären (Ursa minor) ist der Polarstern
2 Astrolabium
3 Jakobsstab
4 Log mit Knoten

5 Sanduhr
6 Lot: Gewicht an markierter Leine zur Messung von Wassertiefen
7 Spanische Portolankarte, um 1476

1 Wie orientierten sich die ersten Seefahrer auf dem Meer?
2 Nenne einige Orientierungsinstrumente, welche zwischen 1300 und 1500 eingeführt wurden.
3 Wozu dienten die Bordbücher der heimgekehrten Seefahrer?

4 Erkläre, wie man mit dem Kompass die Fahrtrichtung auf dem Meer bestimmen und kontrollieren kann.
5 Wie konnte die zurückgelegte Distanz berechnet werden, und welche Instrumente brauchte man dazu? Zeichne diese Instrumente.
6 Löse das folgende Rätsel:
   a Stadt der Phönizier an der Küste Nordafrikas
   b Volk, das nach dem Ende des Römerreiches das Mittelmeer beherrschte
   c Volk, welches im Altertum ein Reich gründete, das sich rund um das Mittelmeer herum erstreckte
   d Erdteil im Süden des Mittelmeeres, welcher von den Phöniziern umfahren wurde
   e Volk aus Norwegen, welches neues Land im Westen suchte und so nach Amerika gelangte (W = V!)
   f Bezeichnung für Teile der Landmasse der Erde, zum Beispiel Europa, Afrika, Asien usw.
   g Instrument zum Messen der Meerestiefe in Küstennähe
   h Instrument zum Messen der Geschwindigkeit von Schiffen
   i Erdteil, aus welchem die grossen Entdecker der Erde im Mittelalter und in der Neuzeit kamen
Die Anfangsbuchstaben aller Wörter ergeben die Bezeichnung für einen Schiffstyp, welcher zur Zeit der grossen Entdeckungen verwendet wurde.

Entdeckungen

Der Weg eines Pfeffersacks

Pfeffer

Auf der Insel Sumatra um das Jahr 1400. Die Pfefferernte im Dorf ist im Gange. Ein Teil der Pfefferbeeren wird grün, noch unreif, geerntet und getrocknet. Das ergibt den scharfen schwarzen Pfeffer. Die reifen Beeren wird man später ernten und daraus den milderen weissen Pfeffer gewinnen. Der Pfeffer wird in Säcke abgefüllt. Der Händler erscheint. Er zahlt für jeden vollen Pfeffersack ein Goldstück. Dann lässt er die Pfeffersäcke zur Meeresküste tragen. Von dort fährt er mit ihnen in einem grossen Boot mit vielen Ruderern in die Hafenstadt Malakka.

Malakka

Hier treffen auch andere Boote ein. Von den Molukkeninseln bringen sie Gewürznelken und Muskatnüsse, aus Java Sandelholzöl (eine Substanz, aus der man Parfüm gewinnt), aus China Seide und Porzellan. Von Indien her sind arabische Kaufleute gekommen. Sie kaufen all diese Waren und verkaufen ihrerseits feine Stoffe, stahlharte Schwerter, prachtvolle Teppiche und Elfenbein aus Afrika. Unser Händler verkauft einem arabischen Kaufmann einen Pfeffersack für sieben Goldstücke.

Indien

Die arabischen Kaufleute verladen nun die gekauften Waren. Ihre Schiffe sind flach, breit und mit einem dreieckigen Segel versehen. Sie sind nicht sehr schnell und etwas schwerfällig, bieten aber viel Platz. Die Kaufleute fahren nun zurück an die indische Küste, nach Goa, Kalikut oder Kotschin. Auch hier gibt es viel zu kaufen: Perlen, Edelsteine, Zimt, Safran. Unser Pfeffersack bleibt an Bord. Die Fahrt geht weiter nach Westen. Ein Teil der Kaufleute fährt über Aden durch das Rote Meer nach Suez. Zweimal muss

Arabisches Handelsschiff

umgeladen werden: In Aden auf kleinere Schiffe (das Rote Meer ist tückisch), in Suez auf Kamele. Diese tragen die Waren durch die Wüste zum Nil, wo sie wiederum auf Booten nilabwärts nach Alexandria transportiert werden.

Arabien

Der Kaufmann mit unserem Pfeffersack wählt einen anderen Weg. Er wechselt in Hormus in ein kleineres, wendigeres Schiff, das ihn nach Basra bringt. Von dort geht es in Booten den Tigris aufwärts nach Bagdad. In dieser grossen Stadt kann er seine Waren günstig verkaufen. Für den Pfeffersack erhält er von einem anderen Kaufmann 40 Goldstücke. Der neue Besitzer verlädt den Pfeffersack mit vielen anderen Waren zusammen auf die Kamele seiner Karawane. Mit dieser begibt er sich nun auf den mühsamen Weg durch die Türkei bis in die Stadt Konstantinopel (heute Istanbul). Hier trifft er auf Händler aus Venedig und Genua. Gegen 70 Goldstücke wandert unser Pfeffersack auf ein genuesisches Schiff.

Italien

Nach einigen Wochen Fahrt trifft dieses in Genua in Italien ein. Die Reise unseres Pfeffersacks ist aber noch nicht zu Ende, denn hier wird er von einem Kaufmann aus Belgien für 100 Goldstücke gekauft. Die belgischen Kaufleute verladen die gekauften Waren auf ihre Pferde und ziehen durch Oberitalien und über den Gotthardpass zum Rhein. Dort wandert unser Pfeffersack auf ein Boot, das ihn nach Holland bringt.

England

Ein seetüchtiges Schiff bringt ihn von dort nach London. Hier verkauft ihn der belgische Kaufmann für 140 Goldstücke an den Küchenmeister des Königs von England. Die Reise unseres Pfeffersacks von Sumatra bis in die königliche Küche hat etwa ein Jahr gedauert.

Wozu Gewürze?

Für Gewürze zahlen die reichen Europäer fast jeden Preis. Ihre Nahrung ist ziemlich eintönig. Sie besteht hauptsächlich aus Brot, Getreidebrei und einigen Gemüsen sowie Fleisch und Fisch. Geschlachtet wird zudem nur im Herbst, weil man im Winter wegen Futtermangels möglichst wenig Haustiere durchfüttern will. Das Fleisch wird dann eingesalzen oder geräuchert, so dass es während des Jahres eben meistens nur gesalzenes oder geräuchertes Fleisch zu essen gibt. Um mehr Abwechslung in ihren Menüplan zu bringen, würzen die Europäer ihre Speisen so stark und so abwechslungsreich wie nur möglich. Am Esstisch eines Königs riecht es wie in einer Apotheke. Indessen wachsen in Europa keine Gewürzpflanzen. Daher bleibt den Europäern nichts anderes übrig, als für teures Geld Gewürze aus Sumatra, den Molukken oder Indien zu kaufen.

Das Wichtigste in Kürze:
Pfeffer und andere Gewürze waren in Europa sehr begehrt. Sie gelangten auf komplizierter Fahrt von Indonesien über die arabische Welt und das Mittelmeer nach Europa. Hier wurden sie zu hohen Preisen verkauft.

1 Woher kamen die im Mittelalter in Europa so beliebten Gewürze?
2 Nenne einige Güter, welche ausser den Gewürzen auch noch von Asien nach Europa gebracht wurden.
3 Weshalb wurden die Waren auf dem Weg nach Europa so viel teurer?
4 Stelle in einer Tabelle zusammen: Wer transportierte die Waren von welchem zu welchem Ort?
5 Trage in einem Kärtchen die verschiedenen Handelswege von Asien nach Europa ein und beschrifte die wichtigsten Zwischenstationen.
6 Zähle einige Waren auf, welche wir auch heute noch aus Ostasien beziehen. Überlege, weshalb diese Waren heute verhältnismässig eher billig sind.

Die Portugiesen suchen den Weg nach Indien

Im äussersten Südwesten Europas, am Atlantischen Ozean, liegt das Land Portugal. Lange Zeit hindurch befand sich Portugal im Kampf mit den Arabern, welche Nordafrika beherrschten. Die Araber waren viel reicher als die Portugiesen. Sie trieben durch die Wüste Sahara hindurch Handel mit den Ländern im Innern Afrikas, in denen es viel Gold gab.

Prinz Heinrich der Seefahrer
Ein jüngerer Sohn des portugiesischen Königs, Prinz Heinrich, hatte eine Idee: «Wir Portugiesen sollten mit Schiffen der Küste Afrikas entlang gegen Süden fahren. Dort treffen wir vielleicht auf die Länder, aus denen die Araber ihr Gold beziehen. Dann können wir statt den Arabern mit diesen Ländern Handel treiben und reich werden. Vielleicht helfen uns diese Völker auch im Kampf gegen die Araber und greifen sie von hinten an.» (Karte 2, Seite 14)
Die Portugiesen hatten kaum eine Ahnung von der Grösse und der Gestalt Afrikas. Viele Leute hielten eine solche Fahrt für unmöglich. Man glaubte, je weiter man nach Süden komme, desto heisser würde es. Schliesslich würden Menschen und Schiffe verbrennen. Andere vermuteten, dass die Äquatorsonne so viel Wasser verdunste, dass aus dem Meer ein Salzsumpf würde, in welchem die Schiffe stecken blieben.

Portugiesische Forschungsfahrten
Prinz Heinrich setzte sich als Lebensziel, die Küste Afrikas zu erforschen und die Wahrheit herauszufinden. Er baute sich ein Schloss im Süden Portugals am Atlantik. Von hier aus sandte er fast jedes Jahr seine Kapitäne aus. Jeder stiess ein bisschen weiter vor als sein Vorgänger. Mit ihren Instrumenten (siehe Seite 10) konnten sie die zurückgelegte Distanz und den erreichten Breitengrad recht genau angeben. In seinem Schloss liess der Prinz ihre Angaben auf Karten eintragen. Auch nach seinem Tod im Jahr 1460 gingen die Forschungsfahrten weiter. So wurden die Portugiesen zu den besten Geographen ihrer Zeit.

Prinz Heinrich der Seefahrer, 1394–1460 (Gemälde aus dem 15. Jahrhundert)

Um Afrika nach Indien?
Mit der Zeit merkten die Portugiesen allerdings, dass die Goldländer nicht an der Küste, sondern im Innern Afrikas lagen. Gleichzeitig erkannten sie aber, dass die Küste Afrikas südlich des Kap Verde nach Osten abbog. Das brachte sie auf eine neue Idee: «Wir wollen um die Südspitze Afrikas herum nach Indien fahren. Dort wollen wir an Stelle der Araber Gewürze und Edelsteine einkaufen. Die riesigen Gewinne der Araber und Italiener werden dann in unsere Taschen fliessen! So werden wir zum reichsten Land Europas!» (Siehe Karte 3, Seite 14.)

13

1 Eine Weltkarte, die in den Jahren 1457–59 gezeichnet wurde:
   1 Portugal   4 Ceylon (Sri Lanka)
   2 Arabische Halbinsel 5 Afrika
   3 Indien

2 Plan Prinz Heinrichs des Seefahrers um 1420

3 Portugiesische Pläne seit etwa 1450

4 Eine Weltkarte aus dem Jahr 1492:
   1 Portugal   4 Ceylon (Sri Lanka)
   2 Arabische Halbinsel 5 Afrika
   3 Indien

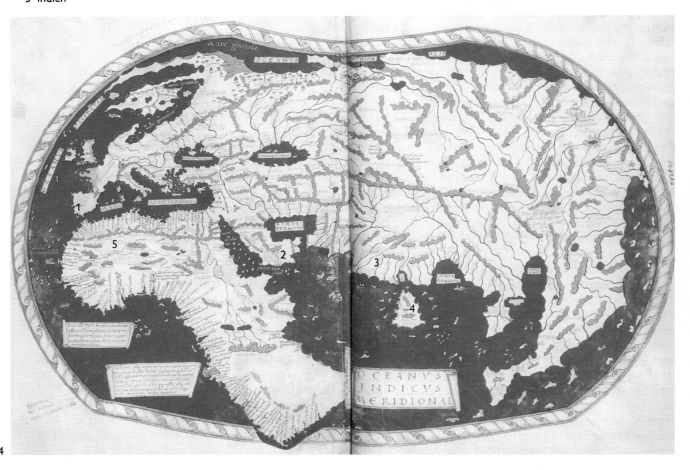

Bartolomeo Dias

Die Südspitze Afrikas war jedoch viel weiter entfernt, als die Portugiesen dachten. Schliesslich aber wurde sie 1487 vom Seefahrer Bartolomeo Dias erreicht. Er wollte sie «Kap der Stürme» nennen, der König von Portugal aber taufte sie um in «Kap der Guten Hoffnung», weil er jetzt sicher war, um Afrika herum Indien erreichen zu können.

Vasco da Gama

Zehn Jahre später machte sich Vasco da Gama auf den weiten Weg. Als erster fuhr er nicht mehr der afrikanischen Küste nach, sondern in direkter Fahrt ohne Unterbruch von den Kapverdischen Inseln zum Kap der Guten Hoffnung. Vom Kap aus erreichte er die afrikanische Ostküste und durchquerte dann den Indischen Ozean. Schliesslich landete er in der indischen Hafenstadt Kalikut.

Das Leben auf dem Schiff

Die portugiesischen Schiffe (Karavellen und Karakken; siehe Seite 8) waren seetüchtig und wendig, aber klein und eng. Sie massen in der Länge 20 bis 30 Meter, in der grössten Breite 6 Meter. Die Besatzung bestand aus zwanzig bis vierzig Matrosen pro Schiff. Als Nahrung gab es gesalzenes Schweinefleisch, gesalzenen Fisch, Schiffszwieback, Mehl, Käse, Zwiebeln, Wasser und Wein in Fässern. Als Herd diente ein mit Sand gefüllter Kasten mit offenem Feuer. Bei stürmischem Wetter war er nicht benützbar. Waschgelegenheiten und feste Schlafplätze gab es nicht. Die Fahrten dauerten zum Teil mehrere Jahre. Wenn man an Land ging, deckte man sich möglichst mit Früchten und frischem Fleisch bei den Eingeborenen ein. Oft aber sahen die Matrosen während Monaten kein Land. Die einseitige Ernährung führte zu einer gefürchteten Krankheit, dem Skorbut: das Zahnfleisch blutete, die Zähne fielen aus, kleine Prellungen führten zu Blutergüssen, schliesslich versagte das Herz. Wegen der fehlenden Hygiene, der Ratten an Bord und des oft verdorbenen Wassers in den Fässern brachen auch Seuchen wie Typhus aus. Hinzu kamen noch Tropenkrankheiten, die an Land durch Insektenstiche übertragen wurden. So starben etwa von Vasco da Gamas Mannschaft zwei Drittel unterwegs, darunter auch sein eigener Bruder. Zwei seiner vier Schiffe musste Vasco zurücklassen, weil er nicht mehr genug Leute hatte.

Aus dem Schiffstagebuch Vasco da Gamas über die Rückfahrt von Indien nach Afrika:

2 «Für diese Überfahrt brauchten wir lange Zeit. Es vergingen drei Monate weniger drei Tage, bis wir wieder Land sahen. Die Ursache dafür waren häufige Windstillen und Gegenwinde, die unser Vorankommen so behinderten, dass uns die ganze Mannschaft krank wurde. Das Zahnfleisch wucherte ihnen so über die Zähne, dass sie nicht mehr essen konnten; ausserdem schwollen ihnen die Beine an, und sie bekamen auch sonst am Körper grosse Geschwüre, die einen Mann so weit herunterwirtschafteten, bis er starb, ohne an irgendeiner anderen Krankheit zu lei-

den. Auf diese Weise starben uns während der Zeit der Überfahrt dreissig Leute, ungeachtet der Zahl jener, die bereits vor Beginn der Rückreise gestorben waren. Und auf den einzelnen Schiffen taten nur noch je sieben oder acht Mann Dienst, und auch diese waren nicht gesund... Wir waren an dem Punkt angelangt, an dem alle Mannzucht aufhörte. Während wir so in Todesnot weiterfuhren, taten wir auf den Schiffen viele Gelübde an Heilige und Fürsprecher... Da gab uns Gott in seiner Gnade einen Wind, der uns in ungefähr sechs Tagen an Land brachte.»

Die Portugiesen in Indien

Vasco da Gama wurde in Kalikut vom dortigen Herrscher zuerst freundlich empfangen. Dieser sah aber bald, dass die Portugiesen nur wenige und minderwertige Waren anzubieten hatten.

Aus dem Schiffstagebuch Vasco da Gamas:
Vasco da Gama vor dem Herrscher von Kalikut:

3 «Ich erklärte dem Herrscher, dass ich der Gesandte des Königs von Portugal sei... In seiner Antwort hiess der Herrscher mich willkommen. Er betrachte mich als seinen Freund und Bruder und wolle Gesandte mit mir nach Portugal schicken... Nun liess ich einige Dinge (auf dem Schiff) vorbereiten, um sie dem Herrscher zu übersenden: zwölf Baumwolltücher, vier Kappen, sechs Hüte, vier Korallenschnüre, einen Kasten mit sechs Handwaschbecken, einen Kasten mit Zucker, zwei Fässer Öl und zwei mit Honig.

Vasco da Gama vor dem Herrscher (Samorin) von Kalikut

Da es nicht Sitte ist, etwas dem Herrscher zu übersenden, ohne dass dessen Berater davon weiss, benachrichtigte ich den Berater von meiner Absicht. Als der Berater meine Geschenke sah, lachte er darüber und sagte, das sei keine Gabe, die man einem König anbieten könne. Der ärmste Kaufmann aus Mekka (Stadt in Arabien) oder aus irgendeinem Teil Indiens gebe mehr. Wenn ich ein Geschenk machen wolle, müsse das schon aus Gold sein, denn solche Dinge wie diese werde der Herrscher nicht annehmen. Als ich dies hörte, wurde ich traurig und erklärte, ich hätte kein Gold mitgebracht und sei auch kein Kaufmann, sondern nur ein Gesandter meines Königs... Wenn ich wieder nach Indien zurückkehren würde, würde mich der König von Portugal mit weit reicheren Geschenken versehen. Der Berater des Herrschers aber erklärte, er werde meine Geschenke nicht weiter geben und ich dürfe sie auch nicht dem Herrscher selbst überreichen...»

Daher wollte der Herrscher von Kalikut lieber weiter mit den Arabern Handel treiben. Vasco da Gama fuhr im Zorn wieder nach Hause. Nun griffen die Portugiesen zur Gewalt. Der König schickte Vasco da Gama und andere Seefahrer mit einer grossen Kriegsflotte erneut nach Indien. Die portugiesischen Schiffe waren den arabischen überlegen. In mehreren Seeschlachten wurden viele arabische Schiffe versenkt. Bald waren die Araber vom Indischen Ozean verdrängt. Die Portugiesen eroberten alle wichtigen Hafenplätze von Malakka bis Ostafrika. Nun blieb den Indonesiern und den Indern gar nichts mehr anderes übrig, als ihre Gewürze, Perlen, Edelsteine und anderen Kostbarkeiten den Portugiesen zu verkaufen, denn andere Händler liessen sich bei ihnen nicht mehr blicken. Die Pfeffersäcke fuhren nun auf portugiesischen Schiffen von Malakka über Indien und das Kap der Guten Hoffnung nach Lissabon, der Hauptstadt Portugals. Von dort verkauften die Portugiesen sie mit grossem Gewinn nach Frankreich, Deutschland und England. Zum ersten Mal hatte ein europäisches Volk die Herrschaft über die Küsten Asiens und Afrikas errungen.

Ein portugiesischer Bericht über den portugiesischen Handel:
4 «Die Meere waren von Schiffen übersät, die in alle Richtungen segelten mit ausserordentlichen Gewinnaussichten, welche uns die Araber nicht entziehen konnten, da wir ihnen die Seeherrschaft entrissen hatten, einerseits durch Festungen auf dem Lande, anderseits durch unsere Flotten... Die Portugiesen waren reiche und durch Tapferkeit angesehene, beispielhafte Leute. Es gingen und kamen reiche Flotten von Japan, beladen mit Silber. Von China brachten sie Gold, Seide..., von den Molukken Gewürznelken, von den Sundainseln Muskatnüsse und Walnüsse. Sie führten ganze Ladungen wertvollster Kleider heran, Rubine, Zimt, Diamanten, Perlen, Elfenbein, Pfeffer, Gold... So gab es keine Kostbarkeit im ganzen Orient, die nicht dem portugiesischen Reich zugekommen wäre...»

Markt auf den Molukken-Inseln um 1600:
F/G   Leinen
H   Gewürze
I   Eisenwaren indischer Kaufleute
K   Stände chinesischer Kaufleute
M–R   Fische, Obst, Ölfrüchte, Pfeffer, Zwiebeln, Reis
T   Edelsteinverkauf

Das Wichtigste in Kürze:
  Der Portugiese Vasco da Gama fuhr 1497/98 als erster um Afrika herum nach Indien. Dadurch wurden die Araber aus dem Gewürzhandel ausgeschaltet und der Handel auf den Weg um Afrika herum verlegt. Die Portugiesen beherrschten nun während langer Zeit den Handel zwischen Indien und Europa.

1 Weshalb liess Heinrich der Seefahrer die Westküste Afrikas erforschen?
2 Welcher Seefahrer erreichte als erster die Südspitze Afrikas?
3 Erkläre, weshalb der portugiesische König die Südspitze Afrikas «Kap der Guten Hoffnung» nannte.
4 Wer erreichte als erster Indien auf dem Seeweg um Afrika herum?
5 Beschreibe in Stichworten: Schiffe der Portugiesen, Besatzung, Nahrung auf den Seefahrten, Krankheiten und ihre Ursachen.
6 Trage auf einem Kärtchen den neuen Handelsweg der Portugiesen von Asien nach Europa ein und beschrifte die wichtigsten Stationen.
7 Wird dieser Handelsweg um Afrika herum auch heute noch benützt? Welche kürzeren Wege stehen heute zur Verfügung?

Kolumbus fährt nach Amerika

Christoph Kolumbus (italienisch: Cristoforo Colombo) wurde 1451 in Genua geboren. Sein Vater war Wollweber. Er aber ging schon in jungen Jahren zur See. Bald beherrschte er alle Orientierungsinstrumente der damaligen Zeit (siehe Seite 10). Er wurde Kapitän im Dienst von Kaufleuten und kannte bald alle Meere zwischen Italien und England. So kam er auch nach Portugal. Damals waren die Portugiesen gerade damit beschäftigt, den Weg nach Indien um Afrika herum zu suchen.

Richtung Westen nach Indien?

Kolumbus hatte schon viel von Indien gehört. Er hatte auch Berichte über den sagenhaften Reichtum Chinas und Japans gelesen. Er hatte aber zudem gelesen, dass die Erde eine Kugel sei. Dies brachte ihn auf eine Idee: «Müssen wir um ganz Afrika herum segeln, um nach Indien zu kommen? Können wir nicht in westlicher Richtung über den Atlantischen Ozean direkt nach Japan fahren, von dort nach China und schliesslich nach Indien?» Diesen Plan legte er dem portugiesischen König vor. Dieser besprach ihn mit seinen Gelehrten. Diese sagten: «Die Erde ist wirklich eine Kugel. Aber Kolumbus schätzt den Umfang dieser Kugel viel zu klein ein. Der Weg nach Westen bis nach Japan ist sehr weit. Nirgends ist Land, um frisches Wasser und Nahrung aufzunehmen. Um genug davon von zu Hause mitzunehmen, fehlt es auf den Schiffen aber an Platz. Darum führt der Plan dieses Fremden in den sicheren Untergang. Wir wollen daher besser weiter versuchen, Indien auf dem Weg um Afrika zu erreichen.»

Die Stelle, an der Kolumbus auf der Insel Guanahani landete. Er taufte die Insel «San Salvador» (Der Heilige Erlöser) als Dank dafür, dass er die Fahrt glücklich überstanden hatte.

Christoph Kolumbus (Gemälde von Ridolfo Ghirlandajo)

Die Fahrt

Der portugiesische König wies Kolumbus ab. Dieser wandte sich nun an das spanische Königspaar, Königin Isabella und König Ferdinand. Isabella liess sich überzeugen, dass der Plan durchführbar sei. Kolumbus versprach ihr, er werde in Japan, China und Indien Gold, Silber, Perlen, Edelsteine und Gewürze in grossen Mengen finden, die dann ihr gehören würden. Isabella versprach dafür Kolumbus, dass er alle Gebiete, die er entdecken werde, als Stellvertreter der Königin regieren dürfe. Er dürfe auch einen Zehntel des Goldes, des Silbers, der Edelsteine, Perlen und Gewürze für sich behalten. Kolumbus erhielt drei Schiffe (eine Karacke, zwei Karavellen; siehe Seite 7/8) mit hundert Seeleuten. Von Spanien fuhr er zuerst zu den Kanarischen Inseln. Am 6. September begann von dort die Fahrt ins Ungewisse. Die Winde und Meeresströmungen waren günstig. Nach etwa 8000 Kilometer Fahrt landeten die drei Schiffe am 12. Oktober 1492 bei der kleinen Insel Guanahani.

Aus dem Tagebuch des Christoph Kolumbus,
12. Oktober 1492:

5 «Um zwei Uhr morgens kam Land in Sicht... Wir ankerten und warteten bis zum Anbruch des Tages, der ein Freitag war, und begaben uns dann auf die Insel... Ich kniete nieder, als ich festen Boden unter den Füssen hatte... und dankte Gott, indem ich die Erde küsste. Dann entfaltete ich das königliche Banner

Karte rechts: So stellte sich
Kolumbus die Welt zwischen
Spanien und Indien vor.

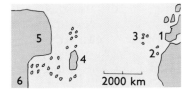

Karte unten: So sieht die Welt wirklich aus. (Der angegebene
Massstab gilt für die Breite des Wendekreises des Krebses.)

1 Spanien
2 Kanarische Inseln
3 Azoren-Inseln
4 Japan
5 China

6 Indien
7 Nordamerika
8 Südamerika

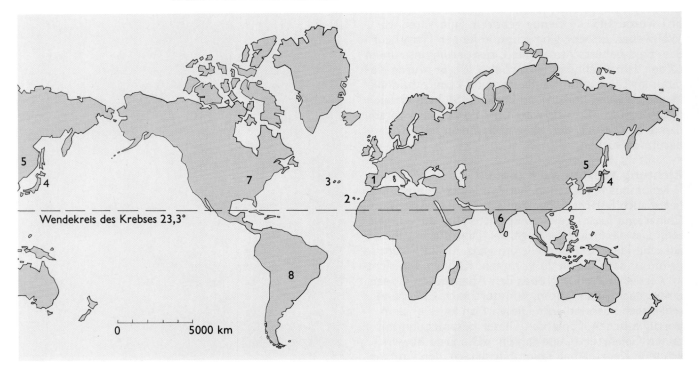

und rief meine Begleiter zu Zeugen an, dass ich im Namen des Königs und der Königin von der Insel Besitz ergriff. Von den Eingeborenen erfuhren wir später, dass sie die Insel Guanahani* nennen. Ich habe ihr jedoch dem Erlöser zu Ehren, der mich aus allen Gefahren errettet hat, den Namen San Salvador gegeben...

Die Eingeborenen, glaube ich, sehen mich für einen Gott und die Schiffe für Ungeheuer an, die während der Nacht aus der Tiefe des Meeres aufgetaucht sind. Ich überwand ihre Scheu und Angst, indem ich Halsketten und rote Kappen an sie verteilen liess ... Ihr Anblick ist für uns überraschend, denn sie unterscheiden sich von allen Menschenrassen, die wir bisher gesehen haben... Sie gehen umher, wie Gott sie geschaffen hat, Männer und Frauen, und bemalen ihre schön geformten Körper mit grellen Farben, vor allem das Gesicht, die Nase und die Augengegend. Ihre Haut ist von rötlichgelber Farbe, ihr Haar tiefschwarz und glatt... Sie sind ohne Zweifel gutmütig und sanft. Ihre einzigen Waffen sind Lanzen mit einer Spitze aus Stein oder den Knochen eines Fisches. Das Eisen, glaube ich, kennen sie nicht. Auch mit unseren Schwertern vermochten sie nichts anzufangen... Auf der Heimfahrt werde ich sechs dieser Männer mitnehmen, um sie dem König und der Königin zu zeigen... Ich bin überzeugt, auf einer Indien vorgelagerten Insel gelandet zu sein.»

* Heutiger Name: «Watling-Insel». Sie gehört zur Inselgruppe der Bahamas.

Die Entdeckungen

Kolumbus nannte die Einwohner «Indios» (Indianer). Weil die Indianer als Schmuck kleine Goldplättchen trugen, glaubte Kolumbus, in der Nähe müsse ein goldreiches Land sein. Er fuhr weiter auf seiner Suche nach Reichtümern und entdeckte die grossen Inseln Kuba und Haiti.

*Aus dem Tagebuch des Christoph Kolumbus,
4. November 1492:*

«Ich zeigte den Indianern... die mitgebrachten Proben von Zimt und Pfeffer, und sie versicherten, diese Gewürze zu kennen. Auch Gold und Perlen zeigte ich ihnen. Sie behaupteten, auf einer Insel mit dem Namen Bohio gebe es Gold in Hülle und Fülle... Am Abend lehrten uns die Eingeborenen die Zubereitung eines unscheinbaren Knollengewächses, an dem wir bisher achtlos vorübergingen. Ich werde einige dieser seltsamen Äpfel, die wie Kastanien schmecken und von den Indianern ‹batate› genannt werden, nach Europa mitnehmen.»

6. November 1492:

«Heute sind meine Abgesandten aus dem Innern Kubas zurückgekehrt... Sie berichteten mir von einem seltsamen Brauch der Indianer, den sie mehrmals beobachten konnten: Sie wickeln getrocknete Kräuter in ein Blatt, rollen das Blatt und den Inhalt zusammen, entzünden diese Rolle, stecken sie in den Mund und stossen dann ständig dichte Rauchwolken aus. Diese Rolle nennen sie ‹tobaco›.»

Nun war es Zeit für die Rückkehr nach Spanien. Stolz meldete Kolumbus der Königin und dem König seine Erfolge:

Brief des Kolumbus an Königin Isabella und König Ferdinand:

7 «Ihr könnt versichert sein, dass ich Euch so viel Gold verschaffen kann, wie Sie nur wünschen. Es gibt auch Gewürz und Baumwolle, so viel Ihr wollt... Man findet auch... heidnische Sklaven, so viel man will. Ich glaube, auch Rhabarber und Zimt gefunden zu haben, und die Spanier, die ich (auf den Inseln) zurückgelassen habe, werden noch tausend andere Produkte von Wert entdecken.»

In Spanien wurde Kolumbus als grosser Held gefeiert. Königin Isabella gab ihm nun 17 Schiffe und über tausend Menschen für eine zweite Fahrt mit. Auch Rinder, Schweine, Getreide- und Gemüsesamen wurden mitgenommen. Für Isabella und Kolumbus war es klar, dass alle neuentdeckten Gebiete zu Spanien gehören sollten. Die Spanier sollten sich dort ansiedeln und das erhoffte Gold ausbeuten.

Das Schicksal des Kolumbus

Kolumbus hatte die Lage der Inseln so genau aufgezeichnet, dass er auf der zweiten Fahrt wunschgemäss die Insel Haiti erreichte. Während sich hier viele Spanier niederliessen, suchte Kolumbus weiter und entdeckte weitere Inseln in der Nachbarschaft. Aber auf die erträumten riesigen Goldmengen stiess er nicht. Die Spanier wurden ungeduldig und liessen ihren Zorn an den Indianern aus. Viele Indianer wurden getötet, andere zu Sklaven gemacht, andere flohen in die Wälder. Kolumbus aber wurde immer unbeliebter. Verzweifelt suchte er weiter nach Japan, nach China und nach Indien. Dabei entdeckte er auf einer dritten und einer vierten Reise das amerikanische Festland, nämlich Panama und Venezuela. Goldschätze gab es aber auch hier nicht. Die Spanier, die mit ihm gekommen waren, gehorchten ihm nicht mehr. Er wurde als Stellvertreter der Königin abgesetzt und musste nach Spanien zurückkehren. Enttäuscht und krank von den Anstrengungen starb Kolumbus im Jahr 1506.

Bis zu seinem Tod glaubte Kolumbus, die von ihm entdeckten Länder seien in der Nähe von Indien. Die Spanier aber liessen sich in immer grösserer Zahl auf den Inseln Haiti und Kuba nieder. Ein Teil von ihnen begann, Zuckerrohr anzubauen. Andere aber suchten weiter nach dem sagenhaften Goldland und machten neue Entdeckungen. 1513 durchquerte erstmals ein Spanier die Landenge von Panama und stand vor einem neuen Ozean. Jetzt war es klar, dass Kolumbus nicht Indien, sondern einen neuen Erdteil entdeckt hatte: Amerika.

Das Wichtigste in Kürze:

Christoph Kolumbus versuchte, im Auftrag des spanischen Königspaares auf dem Westweg Indien zu erreichen, und stiess dabei 1492 auf Amerika. Durch seine Entdeckung wurde die Eroberung Amerikas durch die Europäer eingeleitet.

🦉

1 Erkläre, weshalb Kolumbus nach Westen in den Atlantischen Ozean hinausfahren wollte.
2 Von wem erhielt Kolumbus die Ausrüstung für seine Reise?
3 Wie nannte Kolumbus die Bewohner der von ihm entdeckten Inseln? Erkläre diese Bezeichnung.
4 Wie wurde Kolumbus für seine grosse Entdeckung «belohnt»?

🦉🦉

5 Suche auf der Atlaskarte von Amerika nach Bezeichnungen, welche noch heute auf die Entdeckung durch Kolumbus und die spanische Herrschaft hindeuten.
6 Zeichne auf einem Weltkärtchen die Entdeckungsreisen von Bartolomeo Dias, Vasco da Gama und Christoph Kolumbus ein. Beschrifte alles Wichtige (Kontinente, Ozeane, Herkunftsländer, Landungsorte).

Die Eroberung Amerikas

So lebten die Indianer

Die Bewohner Amerikas vor der Ankunft der Spanier nennen wir Indianer. Diesen Namen gab ihnen Kolumbus, weil er glaubte, in Indien zu sein. Sie waren in zahlreiche Völker und Stämme gegliedert. Viele lebten auf sehr einfache Weise und ernährten sich nur durch Jagd und Fischfang. Andere aber konnten sich technisch und organisatorisch so weit entwickeln, dass sie sich in manchen Bereichen mit den damaligen Europäern messen konnten. Das gilt besonders für die Indianer in Mexiko und in Peru.

Das Aztekenreich in Mexiko

Als die Spanier nach Amerika kamen, wurde das zentrale Mexiko vom Volk der Azteken beherrscht. Dort, wo heute die mexikanische Hauptstadt Mexiko City steht, stand damals ihre Hauptstadt Tenochtitlan. Das Reich wurde von einem König regiert. Unter diesem standen die Adligen, welche im Krieg die Truppen anführten, dann die Bauern und Handwerker. Das ganze Reich war in 38 Bezirke eingeteilt. Über jeden regierte ein Statthalter. Jeder Bezirk war

mit der Hauptstadt durch ein System von Stafettenläufern verbunden. So wusste der König immer genau, was in seinem Reich geschah (Karte Seite 24).

Das Inkareich in Peru

Noch grösser war das Reich, welches das Volk der Ketschuas in Peru gründete. Es wird nach dem Titel seines Königs, dem Inka, Inkareich genannt. Der Inka wurde wie ein Gott verehrt. Das Inkareich war etwa 25mal so gross wie die Schweiz und zählte etwa acht Millionen Einwohner. Es war ähnlich organisiert wie das Aztekenreich. Die Bauern lebten in Dörfern.

Die Ruinenstätte Teotihuacan heute

Modell der mexikanischen Stadt Teotihuacan:

1 Hauptstrasse (45 Meter breit, über 2 Kilometer lang)
2 Platz des Mondes
3 Hauptplatz
4 Pyramide des Gottes Quetzalcoatl
5 Pyramide des Sonnengottes
6 Pyramide des Mondgottes
7 Paläste von Priestern

Jährlich wurde jedem Bauern das nötige Land zugeteilt. Ein Teil des Dorflandes gehörte dem König. Es wurde von den Bauern bebaut, doch kam die Ernte in die königlichen Speicher. Wenn die Ernte schlecht ausfiel, wurde die notleidende Bevölkerung aus diesen Speichern ernährt.

Städte

Neben den Bauerndörfern gab es in Mexiko und in Peru bereits grosse Städte. Etwa zur Zeit Christi entstand in Mexiko die Stadt Teotihuacan. Sie war etwa 20 Quadratkilometer gross und zählte ungefähr 200000 Einwohner. Das grösste Bauwerk war die Pyramide des Sonnengottes (50000 Quadratmeter Fläche, 65 Meter Höhe). Sie bestand aus Lehmziegeln, die mit Stuck überdeckt waren. Auf der Plattform befand sich ein Tempel aus Holz, in welchem der Sonnengott verehrt wurde. Um etwa 800 n.Chr. wurde die Stadt verlassen – warum, weiss man nicht. Die Hauptstadt der Azteken, Tenochtitlan, war nicht viel kleiner. Alle möglichen Waren konnte man auf dem Markt kaufen.

Ein Spanier schildert den Markt in der Stadt Tlatelolco bei Tenochtitlan:

8 «Die Häuptlinge, die uns begleiteten, zeigten uns, wie jede einzelne Handelsware gesondert gelagert war. Beginnen wir mit den Händlern in Gold, Silber, Edelsteinen, Federn, Tuch, Stickereien und Waren in Gestalt von Männern und Frauen, die als Sklaven verkauft wurden... Dann gab es Händler, die zu Hause hergestellte Kleidung, Baumwolle und Garn verkauften, und wieder andere, die Kakao feilboten. Ferner gab es Leute, die Tuch aus Agavenfasern ebenso wie Seile und Schuhe aus derselben Pflanze anboten, dazu ihre gekochten Wurzeln, die sehr süss sind... In einem andern Teil gab es Häute von Jaguaren und Pumas...»

Was kannten die Indianer nicht?

Die Hauptstadt des Inkareiches, Cuzco, war sehr gut befestigt. Alle Materialien mussten von Menschen herbeigetragen werden. In ganz Amerika kannte man weder Wagen noch Zugtiere. In Peru konnte man wenigstens das Lama als Tragtier für leichte Lasten verwenden. Pferde, Rinder, Schweine oder Esel gab es in Amerika nicht. Die Werkzeuge waren aus Stein oder Bronze (eine Mischung aus Kupfer und Zinn). Das Eisen war nicht bekannt.

Strassenbau

Das Inkareich war sehr gebirgig. Die höchsten Berge waren bis gegen 7000 Meter hoch. Trotzdem hatte das Reich ein Strassennetz von etwa 20000 Kilometern Länge. Schluchten wurden mit Hängebrücken überwunden. Diese Strassen dienten vor allem dem Heer des Königs, der königlichen Post und den Kaufleuten.

1 Die Festung Sacsahuaman oberhalb der Inkahauptstadt Cuzco
2 Strasse und Grundmauer eines Palastes aus der Inkazeit in Cuzco
3 Alte Inkastrasse beim Titicacasee
4 Hängebrücke in Peru

21

Ein Spanier schildert die Strassen des Inkareiches:
9 «Die Strassen sind an den Bergen und Hängen entlang äusserst zweckmässig angelegt. Zweifellos ist die Anlage sehr schwierig gewesen, denn man musste gewaltige Felsen durchbrechen, manchmal auch den Boden einebnen... Die Strassen führen über so hohe Berge, dass man an manchen Stellen die Talsohle nicht mehr erblicken kann. Sie ziehen sich über so steile und kahle Gebirgsrücken, dass an vielen Stellen der Weg in die Felsen gehauen werden musste, um ihn eben und in der richtigen Breite zu halten. Die Bewohner benutzten dazu Feuer und Spitzhacken. Stellenweise war die Steigung so steil, dass von der Talsohle bis zum Grat unzählige Stufen eingehauen werden mussten. Oft hatte man Schneeverwehungen zu überwinden... Und wenn die Strasse durch Wälder oder Steppen führte, wurde sie nötigenfalls mit Steinen gepflastert...»

Landwirtschaft

Weil es nur wenig Haustiere gab (Hund, Truthahn, Meerschweinchen, Lama), lebten die Indianer vor allem vom Pflanzenanbau. Das wichtigste Nahrungsmittel war der Mais. Daneben wurden Bohnen, Tomaten, Kartoffeln und Kakao angebaut. All diese Pflanzen und Tiere – mit Ausnahme des Hundes – waren damals in Europa nicht bekannt. Mexiko war so dicht besiedelt, dass es bald an Land mangelte. Daher bauten die Indianer Flösse, die sie mit Erde bedeckten. Auf der Seite hielten Weidenzäune die Erde fest. Das Floss wurde nun ins Wasser gelassen und darauf Gemüse angebaut. Solche «schwimmende Gärten» (Chimam-

1 Altmexikanisches Bilderbuch; dargestellt werden die Probleme des Maisanbaus
2 Mexikanischer «Chimampa» (Zeichnung um 1600 n.Chr.)
3 Seit der Inkazeit haben sich die Anbaumethoden wenig verändert
4 Ackerbauterrassen aus der Inkazeit in Peru

pas) gibt es in Mexiko heute noch. In Peru legten die Indianer an den steilen Hängen künstliche Terrassen für den Anbau an. Das Wasser wurde mit Leitungen, die oft mehrere Kilometer lang waren, herbeigeführt. Das Lama lieferte den Mist zur Düngung.

Handwerk und Wissenschaft

Die Indianer verstanden sich auch auf das Handwerk. Aus Baumwolle, Lamawolle oder Agavefasern woben sie kostbare Stoffe. Aus Gold und Silber wurde Schmuck hergestellt. In Mexiko hielt man wichtige Ereignisse in Bildern fest. So entstand eine Bilderschrift. In Peru kannte man noch keine Schrift, hielt aber Zahlen als Knoten auf Schnüren (Quipus) fest. Da die Indianer glaubten, aus dem Lauf der Sonne und der Sterne die Zukunft erfahren zu können, beobachteten sie den Himmel genau und lernten, die Länge des Monates und des Jahres oder die nächste Sonnenfinsternis zu berechnen.

Religion

Die Religion der Indianer wirkte auf die ersten Europäer, die nach Amerika kamen, abstossend. Die Indianer glaubten nämlich, sie müssten ihren Göttern Menschen opfern. Blieben diese Opfer aus, so glaub-

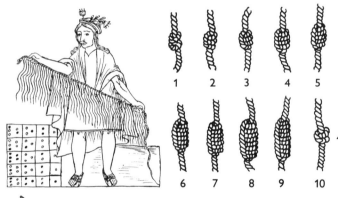

1 Indianisches Gewebe aus der Zeit um Christi Geburt (Peru)
2 Noch heute weben die Indianerinnen Perus in der gleichen Technik wie zur Zeit des Inkareiches
3 Federschild des Aztekenkönigs Ahuizotl
4 Zahl-Knotenschnüre (Quipus) aus Peru
5 Aztekische Menschenopfer

ten die Indianer, dann rächten sich die Götter mit einer Hungersnot oder einer Niederlage im Krieg. Während im Inkareich nur wenige Menschen zu Ehren der Götter geopfert wurden, waren es bei den Azteken oft über tausend im Jahr. Daher führten die Azteken oft Krieg mit dem alleinigen Ziel, möglichst viele Gefangene zu machen, die man dann den Göttern opfern konnte.

Das Wichtigste in Kürze:

Die Indianer in Mexiko und Peru waren kulturell hoch entwickelt und in manchen Bereichen den damaligen Europäern ebenbürtig oder überlegen. Sie lebten in gut organisierten Staaten und bauten zahlreiche landwirtschaftliche Produkte an.

1 Wie hiess das hochentwickelte Indianervolk, welches auf dem Gebiet des heutigen Mexiko lebte?
2 Welches Indianerreich befand sich auf dem Gebiet des heutigen Peru?
3 Welche Haustiere und welche Nutzpflanzen der Indianer kannte man damals in Europa noch nicht?
4 Wie transportierten die Indianer ihre Lasten? Begründe.

5 Vergleiche die Schrift der Azteken mit anderen Schriften. Welche Vor- und welche Nachteile hat eine Bilderschrift?
6 Weshalb wirkte die Religion der Indianer abstossend auf die ersten Europäer, welche nach Amerika kamen? Was denkst du darüber? Was fanden wohl die Indianer an der christlichen Religion unverständlich?
7 Welche dieser Speisen und Getränke können wir nur dank der Entdeckung Amerikas zu uns nehmen?

«Gschwellti»

Schweinsbraten

Tomatensalat

Polenta

Wiener Schnitzel

Truthahnschnitzel

Hackfleischplätzli

Bohnensuppe

Schokolade

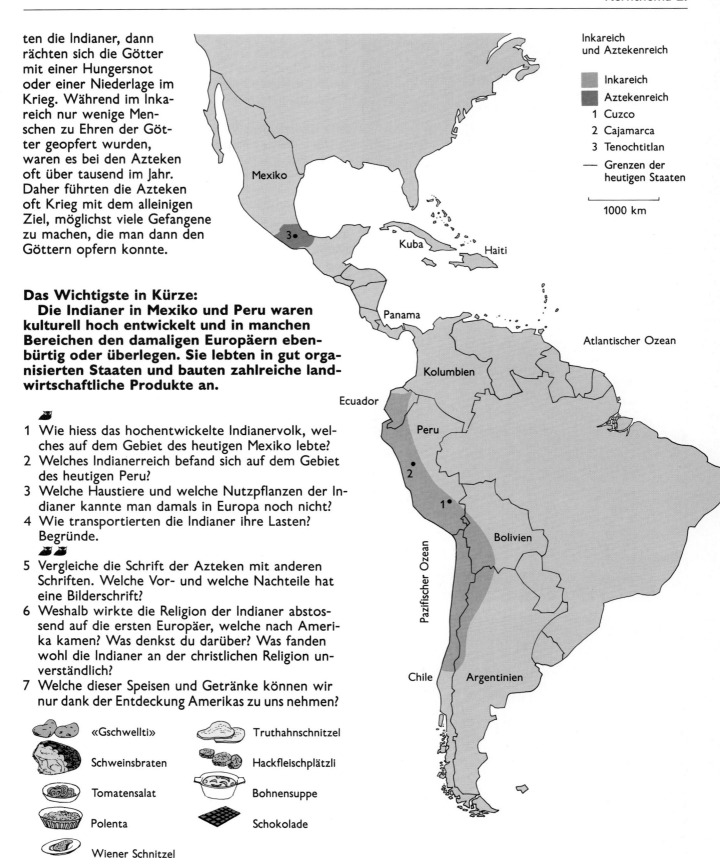

Inkareich und Aztekenreich

Inkareich
Aztekenreich
1 Cuzco
2 Cajamarca
3 Tenochtitlan
— Grenzen der heutigen Staaten

1000 km

Mexiko

3 •

Kuba

Haiti

Panama

Atlantischer Ozean

Kolumbien

Ecuador

Peru

2 •

1 •

Pazifischer Ozean

Bolivien

Chile

Argentinien

Die Spanier erobern Mexiko

Hernando Cortez

Nachdem die Spanier die Inseln Haiti und Kuba entdeckt und bald darauf erobert hatten, verteilten sie das Land und die Indianer unter sich. Manche der Spanier waren damit aber nicht zufrieden. Es dürstete sie nach Gold und Macht. Zu ihnen gehörte Hernando Cortez. 1518 vernahm er von Seefahrern, die gerade die Küste Mexikos entdeckt hatten, dass es dort viel Gold gebe. Nun sammelte er 500 Soldaten und fuhr mit ihnen auf elf Schiffen nach Mexiko. Dort vernahm er, die grossen Goldschätze befänden sich in Tenochtitlan, der Hauptstadt des mächtigen Aztekenreiches. Daher fasste er den Plan, mit seinen wenigen Leuten dieses Reich zu erobern.

Hernando Cortez (1485–1547), der Eroberer Mexikos

König Moctezuma

Der Aztekenkönig Moctezuma hörte sehr bald von der Ankunft der Fremdlinge.

Aus einem aztekischen Bericht:

«Sogleich brachte man Moctezuma die Kunde, und er sandte sofort Boten aus, denn er dachte: ‹Nun ist unser Gott Quetzalcoatl gekommen.› Er sagte zu den Boten: ‹Man sagt, dass unser Herr in sein Land zurückgekehrt ist. Geht, ihn würdig zu empfangen... Hier, nehmt nun entgegen, was ihr unserem Herrn überreichen sollt. Dies ist der Schatz, der Quetzalcoatl gebührt...› (Die Boten erhalten kostbaren Schmuck aus Gold, Edelsteinen und Federn.) ‹Jetzt geht, haltet Euch nirgends auf. Erweist unserm Herrn, dem Gott, höchste Ehren. Sagt ihm: Dein Stellvertreter Moctezuma hat uns zu dir gesandt...›»

(Die Boten treffen Cortez an der Küste Mexikos, überreichen ihm die Geschenke und kehren zurück.)

«Die Gesandten erzählten Moctezuma, wie sie die Reise gemacht, welche Wunderdinge sie gesehen hatten und welch seltsame Speisen die Fremden ässen. Moctezuma war sehr erstaunt und bestürzt über ihren Bericht, und die Beschreibung der göttlichen Speise entsetzte ihn mehr als alles andere. Die fremden Götter nährten sich nicht von Blut und menschlichen Herzen! Erschrocken hörte er auch davon, wie die Kanone brüllt, wie ihr Donner trifft, dass man taub und ohnmächtig wird. Die Gesandten sagten: ‹Ein Ding wie ein Ball aus Stein fliegt aus ihrem Bauch heraus, sprüht Funken und regnet Feuer. Der Rauch stinkt wie Schwefel oder fauliger Schlamm... Ihre Kriegstracht und ihre Waffen sind ganz aus Eisen gemacht. Sie kleiden sich ganz in Eisen, mit Eisen bedecken sie ihren Kopf, aus Eisen sind ihre Schwerter, ihre Bogen, ihre Schilde und Lanzen. Sie werden von Hirschen auf dem Rücken getragen, wohin sie wollen. Herr, auf diesen Hirschen sind sie so hoch wie Dächer. Ihr Körper ist ganz verborgen, nur ihre Gesichter sind nicht bedeckt. Ihre Haut ist weiss, wie aus Kalk gemacht...›

Nun schickte Moctezuma wieder Boten aus, seine klügsten Leute. Er gab ihnen auch Gefangene mit. Sie waren für Opfer bestimmt, wenn es die Götter nach Menschenblut gelüsten sollte. Die Gefangen wurden vor den Fremden geopfert, doch als die Weissen das sahen, schüttelten sie sich vor Abscheu und Ekel. Sie spien auf den Boden, wischten sich die Tränen ab, schlossen schaudernd die Augen, wandten den Kopf ab vor Entsetzen. Die mit köstlichem Blut besprengten Speisen mochten sie nicht!»

Die Spanier ziehen nach Tenochtitlan

Cortez marschierte nun, nachdem er seine Schiffe verbrannt hatte, mit seinen Leuten in das Landesinnere. Einige Indianervölker hatten sich den Azteken nie unterworfen oder hassten die aztekische Herrschaft. Cortez verbündete sich mit ihnen. Wo Cortez dagegen Widerstand witterte, schlug er hart und grausam zu.

Aus einem aztekischen Bericht: Cortez hat sich mit der Stadt Tlaxcala verbündet. Die Tlaxcalteken erklären ihm, die Bewohner der Stadt Cholula wollten ihm Widerstand leisten. Scheinbar friedlich ziehen die Spanier und Tlaxcalteken nach Cholula:

11 «Als sie angekommen waren, tauschten die Tlaxcalteken und Cholulteken Zurufe und Grüsse aus. Im Tempelhof hielt man eine grosse Versammlung, doch als alle gekommen waren, schlossen die Spanier die Eingänge zu, damit keiner entkäme. Und dann begann das Schlachten: Messerstiche, Schwertschläge, Tod. Das Volk von Cholula war ohne Argwohn gekommen, die Krieger waren ohne Waffen. Ohne Schwerter und ohne Schilde standen sie vor den Spaniern... Und als das Blutbad zu Ende war, brachte man Moctezuma die Nachricht... Das Volk war bestürzt durch die Kunde und konnte nichts anderes mehr tun als zittern in Furcht und Entsetzen.»

Die Spanier in Tenochtitlan

Moctezuma glaubte, diesen götterähnlichen Wesen könne und dürfe er keinen Widerstand leisten. Immer wieder schickte er Gesandte mit Geschenken zu den Spaniern. Als die Spanier schliesslich Tenochtitlan erreichten, liess er sie in die Stadt ein und liess sie in einem grossen Palast wohnen.

Modell des Hauptplatzes von Tenochtitlan. Links der Haupttempel auf der grossen Pyramide, in welchem die Menschenopfer stattfanden. Unmittelbar dahinter befand sich der Palast, in welchem die Spanier untergebracht waren.

Aus einem aztekischen Bericht:

12 «Die Spanier kamen am Eingang von Tenochtitlan an. Da legte Moctezuma seinen glänzendsten Schmuck an und bereitete sich darauf vor, ihnen zu begegnen. Auch die andern grossen Fürsten und die Edlen und die Häuptlinge und die Krieger schmückten sich. Und sie alle zusammen gingen hinaus, um die Fremden zu empfangen... Moctezuma brachte Cortez und seinen Unterführern viele Geschenke. Er überschüttete sie mit Gaben, hing ihnen Blumen um den Hals, setzte ihnen Blumenkränze auf den Kopf und schmückte sie mit goldenen Halsketten... Dann redete er Cortez mit diesen Worten an: ‹Herr, Du bist müde. Die Reise hat dich erschöpft, aber nun bist Du auf der Erde angekommen. Du bist gekommen in Deine Stadt, nach Tenochtitlan. Du bist hierhergekommen, um auf Deinem Thron zu sitzen... Willkommen in Eurem Land, meine Götter!›

Als die Spanier den Palast betreten hatten, ergriffen sie Moctezuma, nahmen ihn gefangen und stellten ihn unter Bewachung. Dann feuerten sie ein Geschütz ab, und grosse Verwirrung entstand in der Stadt. Das Volk stob auseinander, es floh ohne Sinn und Verstand. Alle waren von Angst überwältigt...

Als die Spanier sich im Palast eingerichtet hatten, fragten sie Moctezuma nach dem Staatsschatz aus. Sie bedrängten ihn hart und verlangten Gold. Moctezuma willigte ein, sie zu den Schätzen zu führen. Als sie im grossen Schatzhaus waren, wurden ihnen die Reichtümer gezeigt: der Goldschmuck, die Federn, die reichverzierten Schilde, die Geschmeide der Götterbilder, die kostbaren Kronen. Die Spanier rissen sofort die wertvollen Federn von allen goldenen Schildern und Abzeichen weg. Alles Gold rafften sie zu einem Haufen. An die anderen Kostbarkeiten legten sie Feuer, und alles verbrannte. Das Gold schmolzen sie ein zu Barren, und von den wertvollen grünen Edelsteinen nahmen sie nur die besten... Sie glaubten, im Paradies zu sein, als sie die Schatzhalle sahen. Sie durchsuchten alles und verlangten nach allem, sie waren Sklaven ihrer eigenen Gier.»

Cortez verlangte von Moctezuma, er müsse sich dem König von Spanien unterwerfen und sich zum christlichen Glauben bekennen. Er selbst zerstörte aztekische Götterbilder. Als die Azteken ein grosses religiöses Fest mit Tanz und Musik feierten, fielen die Spanier über sie her.

Aus der Bilderchronik Fray Bernardino de Sahaguns. Der spanische Mönch Sahagun liess überlebende Azteken die Eroberung Mexikos in einer Art Comic strip festhalten.

Aus einem aztekischen Bericht:

13 «Die jungen Krieger brannten vor Verlangen, das Fest zu begehen. Sie hatten geschworen, mit ihrer besten Kraft zu tanzen und zu singen, damit die Spanier die Schönheit dieses Festes bewundern könnten. Der Zug setzte sich in Bewegung. Die Sänger und Tänzer des Schlangentanzes drängten nacheinander hinein in den Tempelhof. Als alle versammelt waren, begann der Gesang und der Tanz... Als sich der Reigentanz zu den schönsten Figuren fügte und Gesang sich an Gesang schloss, an diesem Höhepunkt des Festes ergriff Mordlust die Spanier. Sie stürmten vor, bewaffnet und wie zum Krieg gerüstet. Sie verschlossen alle Ausgänge... Und dann stürzten sie in den geheiligten Innenhof, um die Feiernden zu schlachten. Sie stürmten mitten unter die Tänzer. Sie griffen den Mann an, der trommelte, und schlugen ihm die Arme ab. Dann griffen sie die Tanzenden an, erstachen sie, spiessten sie auf, erschlugen sie mit ihren Schwertern... Das Blut floss zusammen wie Wasser und sammelte sich in Pfützen... Als die Nachricht von diesem Gemetzel aus dem geheiligten Tempelhof hinausdrang, stieg ein Entsetzensschrei auf: ‹Azteken, eilt herbei. Wappnet euch, nehmt eure Speere und Schilde! Die Fremden haben unsere tanzenden Krieger ermordet!›»

Die spanischen Truppen auf dem Weg von der Küste nach Tenochtitlan

Die Spanier erschrecken die Indianer in Tenochtitlan und nehmen Moctezuma gefangen

Belagerung und Eroberung Tenochtitlans.
Oben: Die Spanier dringen mit Geschützen über den See gegen Tenochtitlan vor.
Unten: Aztekische Gegenangriffe gegen die gelandeten Spanier werden abgewehrt.

Indianische Krieger (oben) und spanischer Krieger (unten)

Letzte Kämpfe auf dem Marktplatz des Quartiers Tlatelolco

Aufstand und Untergang der Azteken

Nun erhoben sich die Azteken und belagerten die Spanier in ihrem Palast. Als Moctezuma sie beschwichtigen wollte, wurde er durch einen Steinwurf getötet. Cortez und die Spanier mussten Tenochtitlan fluchtartig verlassen. Nun wandte er sich an jene Indianervölker, mit denen er sich verbündet hatte. Diese schickten ihm über 100000 Krieger. Mit diesen und seinen Spaniern belagerte er Tenochtitlan. Drei Monate dauerte der Verzweiflungskampf. Über

200000 Azteken fielen im Kampf. Tenochtitlan wurde zerstört. Das Aztekenreich bestand nicht mehr. Mexiko war nun eine Kolonie des Königs von Spanien, Cortez sein erster Statthalter.

Ein aztekisches Trauerlied:

14 «Zerbrochene Speere liegen auf allen Wegen.
In unserem Gram haben wir uns das Haar zerrauft.
Unsere Häuser verloren die schützenden Dächer,
Sie haben jetzt rote Wände, vom Blut.

Würmer kriechen auf Strassen und Plätzen,
Mit Kot und Blut sind die Mauern getüncht.
Das Wasser ist rot wie Gerberlohe,
Und wenn wir es trinken,
Schmecken wir Tränen.

An den staubigen Ziegelmauern
Zerstossen sich die leeren Hände.
Wir haben unser Erbe verloren, unsere Stadt ist tot.
Die Schilde unserer grossen Krieger
Retteten nichts.

Wir haben trockene Zweige und Schilfgras gekaut,
Mit Staub und Ziegelbrocken stopften wir uns
den Mund,
Wir haben Eidechsen, Ratten und Würmer
gegessen...

Gold, Jade, wertvolle Kleider, Quetzalfedern,
Alles, was einst kostbar war
Jetzt ist es wertlos...»

Das Wichtigste in Kürze:
   Der Spanier Hernando Cortez eroberte das Aztekenreich 1519 bis 1521. Er nützte seine Überlegenheit in der Bewaffnung und die Überraschung der Azteken aus. Mexiko wurde spanische Kolonie.

1 Wie hiess der Anführer der Europäer, welche das Aztekenreich eroberten?
2 Für welches europäische Land wurde das Gebiet des heutigen Mexikos von den Europäern in Besitz genommen?
3 Wie wurden die Europäer von den Indianern empfangen?
4 Wie wurde der König Moctezuma von den Europäern behandelt, und wie fand er den Tod?
5 Überlege dir, weshalb wohl das kleine Häufchen der Europäer die zahlenmässig weit überlegenen Azteken besiegen konnte.
6 Beurteile das Verhalten der Spanier gegenüber den Azteken. Vergleiche die Grausamkeiten der christlichen Spanier mit dem Brauch der «Heiden», ihren Göttern Menschen zu opfern.

Die Spanier unterwerfen das Inkareich

Francisco Pizarro

   Das Beispiel von Cortez ermunterte einen anderen Spanier, Francisco Pizarro, ebenfalls ein grosses Reich zu erobern und Gold zu erbeuten. Er hatte an der Erforschung der Küste von Panama und Kolumbien teilgenommen und dabei gehört, weit im Süden befinde sich ein grosses Reich, das Inkareich. Nun sammelte er etwa 200 Krieger und fuhr der Küste des Stillen Ozeans nach bis zum heutigen Peru. Dort ging er an Land und zog in die Berge zur Stadt Cajamarca.

Die Lage im Inkareich

   Damals herrschte gerade Krieg im Inkareich. Der Inkaherrscher Atahuallpa hatte seinen Bruder Huascar abgesetzt und gefangengenommen, doch dessen Anhänger wehrten sich immer noch. Als Atahuallpa von den Fremden mit ihren merkwürdigen Wunderwaffen hörte, dachte er, diese könnten ihm gegen seine Feinde helfen. Durch Boten lud er Pizarro als Gast nach Cajamarca ein und zog mit einigen tausend Soldaten ebenfalls dorthin. Als er ankam, stürzten sich die Spanier auf seine Soldaten, töteten fast alle und nahmen ihn gefangen. Pizarro verlangte von ihm ein Lösegeld: Er sollte einen Raum von 50 Kubikmetern mit Gold füllen lassen. Da das Leben ihres Herrschers in Gefahr war, blieb den Indianern nichts anderes übrig, als diesen Befehl auszuführen. Sie brachten etwa zwei Tonnen Gold zusammen, das unter die Spanier verteilt wurde. Pizarro liess Atahuallpa aber nicht frei, sondern beschuldigte ihn, er habe durch

Der Einzug Atahuallpas in Cajamarca und dessen Gefangennahme, dargestellt in einer peruanischen Bilderchronik des 17. Jahrhunderts

Boten Huascar töten lassen. Atahuallpa wurde hingerichtet. Pizarro zog nach Cuzco und setzte einen Sohn Huascars als neuen Inka ein. Er selbst besetzte die Burg über Cuzco und beherrschte so die Hauptstadt. Als der neue Inka einen Aufstand machte, war es zu spät. Er musste sich mit seinen Anhängern in die abgelegenen Berge und Schluchten zurückziehen, wo er den Spaniern noch lange Widerstand leistete. Aber die wichtigsten Teile des Inkareiches waren nun spanisch.

Kämpfe unter den Spaniern

Kaum aber hatten die Spanier die Herrschaft erlangt, brach Streit unter ihnen aus. Jeder wollte Herrscher sein. Pizarro brachte seine gefährlichsten Gegner um, wurde dann aber selbst ermordet. Erst nach Jahrzehnten konnten die Beamten des spanischen Königs die Ordnung wiederherstellen. Während dieser Kämpfe wurden die wertvollen Lamaherden abgeschlachtet, die staatlichen Speicher geplündert. Die Bewässerungsanlagen verfielen. Das Inkareich war ruiniert.

Abbildung rechts: peruanisches Zeremonienmesser mit Götterbild aus Gold und Türkissteinen

Das Wichtigste in Kürze:
Der Spanier Francisco Pizarro eroberte 1531 bis 1535 das Inkareich und machte es zu einer spanischen Kolonie.

1 Warum wollte Pizarro das Inkareich erobern?
2 Welche Situation traf er im Inkareich an und wie nützte er diese aus?
3 Wie wirkten sich die Kämpfe der Spanier untereinander für das Inkareich aus?

4 Welche Gemeinsamkeiten bestehen zwischen der Eroberung des Aztekenreiches und der Eroberung des Inkareiches?
5 Trage auf einem Kärtchen von Amerika das Azteken- und das Inkareich sowie die Züge der Eroberer ein und beschrifte alles.

Amerika unter europäischer Herrschaft

Wer bekam amerikanische Gebiete?

Durch die Entdeckungen und Eroberungen kam ganz Amerika für etwa dreihundert Jahre unter die Herrschaft europäischer Staaten. Der Hauptteil fiel an Spanien. England, Portugal, Frankreich und die Niederlande (Holland) konnten kleinere, zum Teil aber wichtige Länder erwerben. Solche eroberte Gebiete in Übersee nennt man Kolonien. Weite Bereiche in Nord- und Südamerika blieben noch unzugänglich, weil die Vegetation (Urwälder, Steppen) und das Klima ungünstig waren oder die Indianer zu starken Widerstand leisteten.

Die Einwanderer und ihre Sprachen

In den Kolonien durften sich Europäer aus dem Staat, dem die Kolonie gehörte, niederlassen: Spanier in Spanisch-Amerika, Portugiesen in Portugiesisch-Amerika und so weiter. Dadurch verbreitete sich auch die Sprache der Einwanderer. Noch heute wird in Amerika vor allem Spanisch, Portugiesisch und Englisch gesprochen. Daneben haben sich die indianischen Sprachen zum Teil erhalten.

Nutzpflanzen und Haustiere

Die Europäer brachten viele Nutzpflanzen und Haustiere nach Amerika, die es hier vorher nicht gegeben hatte: Weizen, Reis, Weinreben, Zuckerrohr (von den Kanarischen Inseln), Kaffee (aus Arabien, erst im 18. Jahrhundert), Pferde, Rinder, Schweine. Anderseits kamen auch amerikanische Pflanzen nach Europa und wurden dort angebaut: Kartoffeln, Tomaten, Bohnen, Mais, Tabak. Die Kartoffeln wurden mit der Zeit in Europa zum billigsten Nahrungsmittel und damit zum «Brot des armen Mannes».

Ausfuhr

Die europäischen Siedler wollten möglichst reich werden. Daher produzierten sie mehr, als sie für sich brauchten. Was sie nicht selbst brauchten, verkauften sie nach Europa. Die wichtigsten Ausfuhrprodukte waren Zuckerrohr (Westindische Inseln, Brasilien), Tabak (Brasilien, Vereinigte Staaten, Kuba), Kakao (Brasilien, Mexiko), später auch Kaffee (Brasilien, Kolumbien, Zentralamerika) und Rinder (Argentinien). Am meisten Geld war durch den Zuckerverkauf zu verdienen, da man in Europa die Zuckerherstellung aus Zuckerrüben noch nicht kannte und auf den Rohrzucker angewiesen war. Dazu wurden Bodenschätze ausgebeutet: Gold (Mexiko, Peru, Brasilien), Silber (Peru, Bolivien), Edelsteine (Mexiko, Kolumbien). Etwa ein Drittel dieser Ausfuhren ging an den König des Staates, dem die Kolonie gehörte. Der König von Spanien war damals der reichste Mann der Welt.

Wer wohnt jetzt in Amerika?

Amerika wurde nun nicht mehr nur von Indianern, sondern auch von Europäern und Afrikanern (siehe Seite 32–35) bewohnt. Die Zusammensetzung der Bevölkerung veränderte sich stark. Zum Teil vermischten sich die verschiedenen Menschenrassen.

Das Schicksal der Indianer

Der starke Rückgang der indianischen Bevölkerung hat verschiedene Gründe. Viele Indianer kamen durch die Eroberungskriege um. Durch die Europäer wurden in Amerika unbekannte Krankheiten eingeschleppt wie Pocken, Tuberkulose, Masern, Typhus. Die Indianer hatten in ihren Körpern keine Abwehrstoffe dagegen und starben in grosser Zahl.

Bereits während der Belagerung Tenochtitlans (siehe Seite 27) durch die Spanier verbreiteten sich die Pocken. In einem aztekischen Bericht heisst es:

15 «In Tenochtitlan brach die grosse Seuche aus. Sie verbreitete sich rasch und wütete siebzig Tage. Geschwüre brachen in unseren Gesichtern auf, an unseren Brüsten, an unseren Leibern, mit schwärenden Wunden waren wir überkrustet von Kopf bis Fuss. So schrecklich war die Krankheit, dass niemand mehr gehen und stehen konnte. Die Kranken lagen wie Leichen hilflos auf ihren Betten... Sehr viele starben an dieser Seuche, andere starben vor Hunger... Einige hatten den Ausschlag nicht am ganzen Körper, nur an einigen Stellen bildeten sich Pusteln. Sie litten weniger, und manche wurden wieder gesund. Aber auch sie waren für ihr Leben geschlagen, denn ihre Gesichter blieben entstellt und verwüstet. Wo eine Wunde geschwärt hatte, quetschte sie eine Grube in die Haut, so tief, dass sie nie mehr verwuchs.»

Aber auch die Behandlung der Indianer trug wesentlich zu ihrem Rückgang bei. Die Europäer waren viel zu wenig zahlreich und auch zu wenig an das harte Klima gewöhnt, um selbst auf der Zuckerrohrfarm oder im Bergwerk zu arbeiten. Dafür waren sie auch nicht nach Amerika ausgewandert. So liessen sie die Indianer als Sklaven für sich arbeiten.

Aus einem Bericht des Spaniers Pedro de la Gasca über die Lage der Indianer in Peru (1549):

16 «Das Lastentragen hat zu einer grossen Sterblichkeit unter den Indianern geführt. Dieser Dienst ist unvorstellbar grausam. Nicht genug damit, dass man sie erdrückende Lasten schleppen liess in Sonnenglut und auf schwersten Wegen, man führte sie noch dazu bei Tag an einer langen Kette, und des Nachts

Versklavte Indianer als Lastenträger

steckte man ihre Füsse in den Block, damit sie nicht entlaufen konnten. Etwa 15 oder 20 gingen mit ihren Lasten an einer Kette aufgereiht, jeder den Hals in einem eisernen Ring, und wenn einer stürzte, dann fielen alle. So passierte es, dass einer von einer Brükke fiel und die anderen mit sich riss und alle ertranken... Durch diese unmenschliche Arbeit hat die Zahl der Eingeborenen im Lande erschreckend abgenommen. Viele sind geflohen, haben ihre Dörfer und Wohnstätten im Stich gelassen und verstecken sich in den Bergen und Wäldern abseits der Strassen.»

Die Lage der Indianer: Schutzversuche und Ausbeutung

Mit den Eroberern kamen auch Priester und Mönche nach Amerika. Sie hatten den Auftrag, die Indianer zum Christentum zu bekehren. Als sie sahen, wie die Indianer behandelt wurden, protestierten sie.

Aus einer Predigt von Antonio de Montesinos auf Haiti (1511):

17 «Mit welchem Recht haltet ihr diese Indianer in so grausamer und schrecklicher Knechtschaft? Wer hat euch das Recht gegeben, so verabscheuungswürdige Kriege gegen diese Menschen zu führen, die ruhig und friedlich ihre Heimat bewohnten, von denen ihr nun unzählige durch unerhörte Mord- und Gewalttaten ausgelöscht habt? Warum unterdrückt ihr sie und beutet sie aus, ohne ihnen Nahrung zu geben und sie zu pflegen, wenn sie krank sind, so dass sie von der übermässigen Arbeit, die ihr ihnen zumutet, sterben... Sind dies nicht Menschen? Haben sie keine vernünftige Seele? Seid ihr nicht verpflichtet, sie zu lieben wie euch selbst?»

Der Protest wirkte bei den europäischen Siedlern nicht. Der König von Spanien aber hörte darauf. Er verbot die Versklavung der Indianer. Es dauerte aber lange, bis die Beamten des Königs den Befehl auch durchsetzten. Auch wurden die Indianer nun nicht völlig frei. Sie lebten zwar in ihren eigenen Dörfern, mussten aber zeitweise auf den Gütern der Europäer arbeiten oder ihnen Abgaben abliefern. In den Bergbaugebieten wurden sie zwangsweise zur Arbeit gegen sehr niedrigen Lohn verpflichtet.

Ein spanischer Bericht über die Verhältnisse in der Quecksilbermine Huancavelica in Peru (1616). Das Quecksilber wurde in den Silberbergwerken benötigt, um das Silber aus dem silberhaltigen Erz herauszuschmelzen:

18 «Auf dem Berg leben an die 3000 bis 4000 Indianer und arbeiten in der Mine. Sie liegt in einem grossen Bergkegel und wühlt sich in immer grössere Tiefen hinein. Heute erstreckt sie sich in eine Tiefe von 450 Meter. Die Indianer brechen mit Pickeln und Hämmern das Erz. Wenn sie den Tragsack voll haben, steigen sie beladen mit dem Erz die Leitern hinauf. Diese sind teilweise aus Holz, teils aus Stricken. Das ist so mühselig, dass selbst ein Mensch, der nichts trägt, den Aufstieg kaum schafft. Die Arbeit da drinnen spielt sich ab in einem wirren Flackern von unzähligen Lichtern und unter dem ohrenbetäubenden Lärm eiserner Schlagwerkzeuge.

Sind nun diese Zustände und körperlichen Strapazen schon schlimm genug, so schrecken die betrügerischen Grubenverwalter in ihrer blinden Habgier auch vor dem Äussersten nicht zurück. Bei der fortschreitenden Ausbeutung des Materials muss man den Berg absichern, damit nicht die Stollen über den Arbeitern zusammenstürzen. Man tut das, indem man von dem Erz, auch wenn es noch so reichhaltig ist (an Quecksilber), Stützpfeiler und Galerien stehen lässt... Nun gibt es aber derart gewissenlose Menschen, welche, um etwas von dem wertvollen Metall zu stehlen, ausserhalb der Arbeitszeit hinunter-

Zwangsarbeit der Indianer in den Silberbergwerken von Potosi (Bolivien); Querschnitt

steigen, unschuldige Indianer mit sich führen und von dem Erz, das die Stützpfeiler bildet, etwas abbauen. Manchmal kommt dann das halbe Gewölbe herunter und erschlägt die Indianer, hie und da auch die habgierigen Verwalter.»

Ein anderer Spanier berichtet über dieselbe Quecksilbermine:

19 «Die Arbeit unter der Erde geschieht in Stollen, für die keinerlei Entlüftung besteht, durch die der Quecksilberstaub oder -dampf abziehen kann. Die Dämpfe und der Staub dringen den Indianern in Mund, Nasen, Augen und Ohren. Sie verursachen Quecksilbervergiftung. So vergiftet kommen die Armen aus der Mine. Keiner heilt sie, krank erreichen sie die Heimat. Keinen lässt diese Krankheit wieder los. Die Betroffenen leben noch sechs oder acht Monate, vielleicht ein oder eineinhalb Jahre. So siechen sie dahin und sterben.»

Auch heute gibt es bedrohte Indianer. Es sind vor allem jene Stämme, die in abgelegenen Gebieten leben, in die die Europäer erst jetzt vordringen.

Immer wieder wird gemeldet, dass vordringende Kautschukpflanzer im Westen Brasiliens Indianer mit der Ausrottung bedrohen. Eine Londoner Zeitschrift meldete am 15. Mai 1968:

20 «Zwei Indianerstämme in der Provinz Bahia wurden durch Pocken ausgerottet, die mit Bonbons übertragen wurden. In Matto Grosso wurden die Stämme der Cintas Largas vernichtet, indem man sie zunächst systematisch von Tieffliegern aus mit Dynamit bombardierte und die Überlebenden von den Forstaufsehern mit Maschinengewehren niederschiessen liess. Ferner hat man unter die Nahrungsmittel der Indianer Arsenik und Typhusviren gemischt. Hier die zahlenmässige Situation der Indianerstämme: von 19 000 Mundurucu sind nicht mehr als 1200 übrig, die Nhabicuara sind von 10 000 auf knapp 1000 zurückgegangen, von 4000 Caraja gibt es heute noch 600.»

Dagegen bemühten sich vor allem die christlichen Missionare, die Indianer zu schützen und jenen Stämmen, die nur von Jagd und Fischfang lebten, Landwirtschaft und den Bau von Häusern beizubringen.

Der österreichische Missionar Florian Paucke, der im 18. Jahrhundert in Paraguay tätig war, berichtet:

21 «Ich sagte zum Indianerhäuptling: ‹Ich will nicht, dass du arbeitest, sondern dass du dein Volk zur Arbeit anleiten sollst. Das wird nicht mir, sondern euch nützen.› ‹Ich und meine Leute›, sagte der Häuptling, ‹sind niemals gewohnt gewesen, zu arbeiten...› Als die Indianer sahen, dass ich mich nicht scheute, Lehm zu Ziegeln zu formen, fingen einige an, mir zu helfen..., andere aber setzten sich und schauten nur zu. Da machte ich mit Fleiss gelegentlich etwas falsch und fragte den nächsten Indianer, ob er auch so arbeiten könne wie ich. Dieser konnte vor Lachen kaum antworten: ‹Doch, so gut könnte ich es, bevor ich es gelernt hätte! Du willst uns lehren und machst

selbst die Arbeit falsch!›...‹So komm her›, sagte ich, ‹und probier, ob du es besser kannst.› Der Indianer kam in Eifer, alles besser zu machen als ich, und arbeitete fleissig mit.»

Das Wichtigste in Kürze:

Das spanisch gewordene Amerika wurde von Europäern besiedelt, deren Sprache und deren Religion sich bis heute durchsetzten. Auch andere europäische Staaten, wie Portugal, England und Frankreich, gründeten in Amerika Kolonien. Die Europäer betrieben Landwirtschaft und Bergbau. Die Zahl der Indianer nahm durch Krankheiten und schlechte Behandlung ab. Die Indianersklaverei wurde mit der Zeit abgeschafft, doch erhielten die Indianer nicht die gleichen Rechte wie die europäischen Siedler.

1 Erkläre den Ausdruck «Kolonien».
2 Welche europäischen Länder besassen früher Gebiete in Amerika?
3 Zähle einige Nutzpflanzen und Haustiere auf, welche die Europäer nach Amerika brachten.
4 Welche bei uns heute bekannten Nutzpflanzen stammen ursprünglich aus Amerika?

5 Welches sind die heute in Amerika am meisten verbreiteten Sprachen?
6 Nenne einige Gründe, welche dazu führten, dass die indianische Bevölkerung ständig abnahm. Weisst du etwas über die Situation der Indianer im heutigen Amerika?
7 Wer setzte sich früher für die Rechte der indianischen Urbevölkerung ein? Welche Organisationen bemühen sich heute um das Schicksal der Benachteiligten?

Negersklaverei

Das Verbot der Indianersklaverei brachte die Europäer auf die Idee, Negersklaven aus Afrika zu kaufen. Allmählich entwickelte sich ein immer grösserer Handel mit Sklaven von Afrika nach Amerika. Erst im 19. Jahrhundert wurden zuerst der Sklavenhandel und dann auch die Sklaverei verboten.

Anzahl der Negersklaven, die in die einzelnen Länder Amerikas zwischen 1492 und 1870 eingeführt wurden:

Brasilien	3,7 Millionen
Westindische Inseln	3,9 Millionen
Vereinigte Staaten	0,6 Millionen
Mexiko	0,2 Millionen
Guayana, Surinam, Cayenne	0,5 Millionen
Kolumbien	0,2 Millionen
Peru	0,1 Millionen
Venezuela	0,1 Millionen
Andere Gebiete	0,3 Millionen
	9,6 Millionen

Zahl der Negersklaven, die in Amerika eingeführt wurden, gegliedert nach Jahrhunderten:

1492–1600	0,1 Millionen
1601–1700	1,4 Millionen
1701–1810	6,2 Millionen
1810–1870	1,9 Millionen
	9,6 Millionen

Sklavenhandel

Der Sklavenhandel wurde von europäischen Unternehmern durchgeführt, zuerst vor allem von Portugiesen, später von Niederländern und Engländern. Ein Sklavenhändler fuhr von Europa mit Branntwein, Gewehren, Schiesspulver und billigem Schmuck an die Küste Westafrikas. Hier verkaufte er diese Waren an die Häuptlinge der Stämme an der Küste. Diese bezahlten mit Sklaven. Die Sklaven waren meistens Angehörige von Stämmen im Innern Afrikas, die im Krieg gefangengenommen oder gekauft worden waren. Oft führten die Häuptlinge nur Krieg, um Sklaven fangen und an die Europäer verkaufen zu können. Die europäischen Sklavenhändler brannten nun jedem Sklaven mit einem Brenneisen ein Zeichen ein. Bis zu 700 Sklaven wurden auf ein Schiff geladen. Hier wurden sie eng aneinandergereiht und meistens angekettet.

Quer- und Längsschnitt eines Sklavenschiffs um 1800; Grundriss des untersten Decks

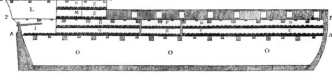

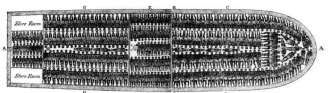

1   Sklaven werden auf dem Transport nach Amerika auf dem
    Schiffsdeck zum Tanzen gezwungen. Man glaubte, dass sie so
    gesund blieben (Zeichnung, Anfang 19. Jahrhundert).
2   Im Innern eines Sklavenschiffes (Lithographie um 1835)

Sklaven auf der Fahrt über den Atlantik

*Aus dem Bordtagebuch des englischen Sklaven-
händlers John Newton (1751):*

22 «10. Juni: Bewölktes Wetter und sehr kalt. Habe
aus diesem Grund die Sklaven während zwei Tagen
nicht an Deck gelassen und kann sie kaum in ihren
Räumen warmhalten...

12. Juni: Die Sklaven diesen Morgen heraufgeholt
und mit frischem Wasser gewaschen. Die Leiche eines
männlichen Sklaven (Nr. 84) in der See beigesetzt;
der Mann litt an Ruhr.

13. Juni: Diesen Morgen eine Sklavin beigesetzt.
Kann nicht sagen, woran sie starb.

20. Juni: Diesen Morgen zwei Sklaven beigesetzt.
Der eine (Nr. 140) ist an Ruhr gestorben, der an-
dere, ein Knabe, an Nierenstein und Harnverschluss.
Sklaven mit frischem Wasser gewaschen.

29. Juni: Verschiedene Albatrosse gesehen, Tölpel
und andere Vögel sowie verschiedentlich kleinere
Vögel. Ebenso eine grosse Menge fliegender Fische
rundum. Kein Land in Sicht. Einen männlichen Sklaven (Nr. 2) beigesetzt, der während annähernd drei
Monaten an Ruhr gelitten hat. Sklaven mit frischem
Wasser gewaschen...»

*Sklavenverluste durch Tod auf dem Transport von
Afrika nach Amerika anhand von Beispielen:*

Sklavenschiff	in Afrika geladen	auf Überfahrt gestorben
St. Jan	219	110
Arthur	417	88
Marta	447	62
The Coaster	150	37
Hannibal	700	320

*Aus einer Sammlung von Berichten über Sklaven-
transporte nach Amerika:*

23 «Ein Sklavenschiff mit 400 Negern stiess gegen die
Nacht auf eine Sandbank..., 11 Meilen vor Jamaica.
Die Offiziere und Matrosen landeten in einem Boot
auf einer der kleinen, sandigen Inseln... Am andern
Morgen bemerkte man, dass die Neger Mittel gefunden hatten, sich ihrer Eisen zu entledigen, und sich
nun Flösse bauten, worauf sie die Weiber und Kinder
setzten, während die Männer, welche zu schwimmen
verstanden, die Flösse gegen die Insel hintrieben,
worauf sich die Matrosen befanden. Nicht ohne
Grund befürchteten die letzteren, dass die vielen
hundert Neger ihnen die wenigen Lebensmittel gar
bald aufzehren würden. Sie beschlossen daher, um ihr
eigenes Leben zu retten, die Neger beim Landen zu
erschiessen und niederzustossen. Auf diese Weise töteten sie wirklich zwischen drei- und vierhundert
derselben; nur 34 blieben am Leben erhalten...»

«Ein Sklavenschiff hatte gegen 500 Neger eingehandelt und lag anderthalb Meilen vor der Küste auf der Reede, unweit des Forts Accra, zur Abfahrt fertig. An einem schönen Tag waren viele Neger auf das Verdeck gebracht worden, um die frische Luft zu geniessen. Die Weiber und Kinder gingen frei umher, aber die Männer waren wie gewöhnlich zwei und zwei an den Füssen zusammengefesselt und überdies noch durch zwei lange Ketten alle miteinander zusammengebunden. Ein Matrose zapfte in der dunklen Proviantkammer bei der Lampe Branntwein; das Fass bekam plötzlich einen Riss, und der herausfliessende Branntwein fing Feuer. Binnen zehn Minuten verbreitete es sich mit solcher Heftigkeit, dass die Matrosen verzweifelten, es eher löschen zu können, bevor es die Pulverkammer ergriff. In dieser allgemeinen Not sprang fast jeder ins Meer... Jeder, der es vermochte, war bereits über Bord gesprungen, als das Schiff in die Luft flog und mit ihm die unglücklichen, noch angeketteten Neger. Portugiesische Fahrzeuge, welche in der Nähe lagen, sandten sofort ihre Boote zu Hilfe; sie fischten 250 der noch lebenden, aber zerschmetterten Neger wieder auf. Fünfzig von diesen starben indessen später, denn die Fusseisen hatten ihnen beim Auffliegen die Beine gebrochen...»

«Natürliche Folgen dieser schrecklichen Behandlung der Neger sind denn ihre Versuche, sich selbst das Leben zu nehmen oder durch einen allgemeinen Aufstand ihr Schicksal zu ändern. Die Männer... suchen bei vielen Gelegenheiten sich ins Meer zu stürzen... Andere enthalten sich durchaus aller Nahrung. Wenn ihnen auch ihre Henker selbst die Zähne aufbrechen oder sie durch die Daumenschraube oder durch vorgehaltene glühende Kohlen zum Essen zwingen, so verschlingen sie es dennoch nicht und schwinden dann langsam durch Hunger hinweg...»

In Amerika verkaufte der Sklavenhändler die Sklaven und kaufte dafür Zucker, Baumwolle, Tabak und andere Waren. Dabei konnten hohe Gewinne erzielt werden, vor allem dann, wenn nur wenige Sklaven unterwegs gestorben waren.

Aus der Abrechnung eines Sklavenhändlers (Schiff «Fortuna» im Jahr 1827, als der internationale Sklavenhandel bereits verboten war):

Kosten:	
Schiff und Inventar	6 000 Dollar
Proviant	1 115 Dollar
Löhne	7 750 Dollar
Ankauf von 220 Sklaven	10 900 Dollar
Zölle, Gebühren, Verschiedenes	13 361 Dollar
Anzüge für 217 Sklaven	434 Dollar
	39 760 Dollar
Einnahmen:	
Verkauf von 217 Sklaven	77 469 Dollar
Verkauf des Schiffes	3 950 Dollar
	81 419 Dollar

Die Lage der Sklaven in Amerika

Nach der Ankunft in Amerika gehörte der Sklave seinem Käufer. Dieser konnte ihn so behandeln, wie es ihm richtig schien. Der Sklave genoss kaum einen Schutz. Die meisten Sklaven wurden auf den Zuckerrohrplantagen der Westindischen Inseln und Brasiliens sowie auf den Baumwollfarmen der Vereinigten Staaten (Britisch-Amerika) eingesetzt (siehe Seite 32).

Hier war die Arbeit vor allem zur Erntezeit ausserordentlich hart; oft musste bis zu 18 Stunden im Tag gearbeitet werden.

Inserat in einer Zeitung von New Orleans:

24 «Neger zu verkaufen: Eine Negerin, 24 Jahre alt, und ihre beiden Kinder, das eine acht Jahre alt, das andere drei. Die erwähnten Neger werden getrennt oder zusammen verkauft – je nach Wunsch. Die Frau ist eine gute Näherin.»

Aus einem Bericht des englischen Pfarrers Hugh Jones über die Lage der Negersklaven in Virginia (Britisch-Amerika, heute Vereinigte Staaten von Amerika) um 1730:

25 «Die Neger sind sehr zahlreich; einige Herren besitzen Hunderte von ihnen, welche grossen Gewinn einbringen. Um diesen Gewinn zu erhalten, sind die Herren genötigt, die Neger gut zu halten, vor Überarbeiten und Hunger zu schützen... Allerdings sind in der Tat einige Sklavenhalter, denen nichts an ihrem Interesse und ihrem guten Ruf liegt, allzu grausam und zu nachlässig... Die Neger werden, wenn nötig, durch strenge Disziplin gefügig gehalten und durch gute Gesetze daran gehindert, davonzulaufen, den Herren Schaden zuzufügen oder ihre Arbeit zu vernachlässigen. Ihre Arbeit ist nicht sehr mühselig..., ihre grösste Belastung besteht darin, dass sie und ihre Kinder nicht frei, sondern Eigentum ihrer Besitzer sind... Ihre Arbeit besteht darin, Mais, Tabak, Früchte usw. anzupflanzen... Zwar sind sie bei extremer Hitze draussen, was ihnen aber gefällt; bei feuchtem oder kaltem Wetter aber ist wenig Gelegenheit, auf dem Feld zu arbeiten, und es werden wenige draussen belassen, weil man befürchtet, dass sie krank werden oder sterben könnten, was ein grosser Verlust für ihre Besitzer bedeuten würde... Manche Neger werden angeleitet, Sägereiarbeiter, Zimmerleute, Schmiede, Küfer usw. zu werden...»

Aus einem Bericht des französischen Pfarrers Guillaume-Thomas Raynal über die Lage der Negersklaven auf den Westindischen Inseln (um 1770):

26 «Nichts ist erschreckender als der Zustand der Neger... Eine enge, ungesunde Hütte ist seine Wohnung. Sein Bett ist eine Hurde, die den Körper eher zerschlägt als ihm Ruhe verschafft. Einige Töpfe und Schüsseln machen den ganzen Hausrat aus... Was man ihm an Kartoffeln, Rindfleisch, Fisch, Früchten und Wurzeln gibt, reicht kaum aus, sein trauriges Leben zu erhalten. Von allem beraubt, ist er, unter einer brennenden Sonne und unter der immer aufgehobenen Peitsche eines unmenschlichen Verwalters, zu beständiger Arbeit verdammt...»

1

2

Aus dem Bericht eines aus Kuba geflohenen Sklaven (19. Jahrhundert):

27 «Ich habe viele Greuel bei den Strafen in der Sklaverei gesehen. Deswegen passte mir auch dieses Leben nicht. Im Kesselhaus (wo der Zuckerrohrsaft gesotten wurde) war der Block, das war das Grausamste. Es gab Blöcke zum Liegen und zum Stehen. Sie wurden aus grossen Brettern mit Löchern gemacht, da zwangen sie den Sklaven, die Füsse, die Hände und den Kopf hineinzustecken. So hielten sie sie zwei oder drei Monate lang eingesperrt wegen irgendeines unbedeutenden Vergehens... Die üblichste Strafe war das Auspeitschen. Das besorgte der Aufseher selbst mit einem Riemen aus Rindsleder, der Striemen auf der Haut verursachte... Das stach wie

1 Zuckerrohrverarbeitung durch Negersklaven auf Haiti. Das Zuckerrohr wurde zerstossen, in einem Kessel gesotten und anschliessend in Krügen an der Sonne getrocknet.
2 Auspeitschung eines Sklaven in Spanisch-Amerika

der Teufel und riss die Haut in Fetzen hinunter. Ich habe viele kräftige Neger mit roten Rücken gesehen. Nachher legten sie ihnen auf die Wunden Kompressen aus Tabakblättern mit Urin und Salz.»

Das Wichtigste in Kürze:

Weil die Indianersklaverei verboten wurde und die Zahl der Indianer zurückging, wurden Negersklaven aus Afrika nach Amerika eingeführt. Die Behandlung der Sklaven war oft schlecht. Erst im 19. Jahrhundert wurde die Sklaverei abgeschafft.

1 Weshalb wurden Negersklaven nach Amerika gebracht?
2 Was tauschten die Europäer in Afrika gegen die Negersklaven ein?
3 Was kauften die Europäer in Amerika für das Geld, das sie für die Negersklaven erhalten hatten?
4 Für welche Arbeiten wurden die Negersklaven in Amerika vor allem eingesetzt?
5 Weisst du etwas über die Situation der schwarzen Bevölkerung im heutigen Amerika (Nord- und Südamerika)?
6 In welchen Bereichen haben die Schwarzen der USA heute grosse Erfolge?

Von der Atlantikfahrt zum Flug ins Weltall

Neue Entdeckungen

Mit der Entdeckung und Eroberung Amerikas waren den Menschen noch lange nicht alle Gebiete der Erde bekannt. Das Innere Afrikas, grosse Gebiete Asiens, weite Teile Amerikas blieben ihnen noch lange unzugänglich. Noch unerforscht war aber auch der riesige Pazifische Ozean. Man wusste nicht, ob es auf der Erde nicht noch weitere Kontinente gab, vielleicht ebenso reich wie Indien oder Amerika. Daher hörte die Erforschung der Erde mit der Entdeckung Amerikas nicht auf, sondern fing erst recht an.

Magellans Weltumseglung

Einem portugiesischen Seefahrer in spanischem Dienst, Fernando Magellan (auch: Magalhaes), gelang es 1519 bis 1522, um die Südspitze Amerikas herumzufahren und über den Pazifischen Ozean, die Philippinen und das Kap der Guten Hoffnung wieder Spanien zu erreichen; er selbst kam allerdings unterwegs ums Leben. Später stiegen die Niederländer zur führenden Entdeckernation auf; ihre Seefahrer sichteten erstmals die Küste Australiens und Neuseelands. Im 18. Jahrhundert traten jedoch die Engländer an ihre Stelle.

James Cook

James Cook (1728–1779) war Sohn eines englischen Tagelöhners und wuchs mit vielen Geschwistern in einer zweizimmerigen Lehmhütte auf. Er wurde Gehilfe eines Kohlenhändlers und lernte dabei, die Kohlenschiffe der englischen Küste nach zu steuern. Dann trat er in die königliche Marine ein und stieg bald zum Kapitän auf. Bald galt er als hervorragender Navigator und Vermesser. Daher schickte ihn der englische König auf eine Forschungsreise in den Pazifischen Ozean, der später noch zwei weitere folgten. Cook sollte herausfinden, ob es auf der Südhälfte der Erdkugel noch einen grossen Kontinent gebe und ob Australien und Neuseeland vielleicht dazu gehörten. Weiter sollte er abklären, ob man zwischen der Ostspitze Asiens und der Westspitze Amerikas hindurchfahren und das Gebiet zwischen Nordpol, Sibirien und Kanada befahren könne. Die von ihm entdeckten Gebiete sollte er zum englischen Besitz erklären.

Cook selber hat in den von ihm entdeckten Gebieten keine Siedlungen angelegt. Wenig später aber begannen die Engländer, in Australien Sträflinge anzusiedeln. Im 19. Jahrhundert setzte eine grössere Einwanderung von Europäern nach Australien und Neuseeland ein.

Aus dem Schiffsbuch Cooks (Australien, 1770):

28 «Mr. Gore ging an Land und schoss ein Tier. Der Kopf, der Hals und die Schultern dieses Tieres waren sehr klein im Verhältnis zu den übrigen Teilen. Der Schwanz war fast so lang wie der Körper, er war dick am Rumpf und wurde gegen das Ende dünner. Die Vorderbeine massen 20 Zentimeter und die hinteren 65. Seine Fortbewegung erfolgt durch Hüpfen oder Springen, wobei es nur die Hinterbeine benutzt, die vorderen scheinen nur zum Kratzen in der Erde usw. zu dienen. Die Haut ist von einem kurzhaarigen Pelz von dunkler Mausfarbe oder grauer Farbe bedeckt. Mit Ausnahme des Kopfes und der Ohren, welche an den Hasen erinnern, weist es keinerlei Ähnlichkeiten mit irgendeinem europäischen Tier auf, das ich je gesehen habe.»

Aus dem Bericht eines Begleiters Cooks über die Ankunft auf Tahiti:

29 «Ein Morgen war's, schwerlich hat ihn je ein Dichter schöner beschrieben, an welchem wir die Insel Tahiti zwei Meilen vor uns sahen... Waldgekrönte Berge erhoben ihre stolzen Gipfel in mancherlei majestätischen Gestalten und glühten bereits im ersten Morgenstrahl der Sonne. Unterhalb derselben erblickte das Auge Reihen von niedrigeren, sanft abhängenden Hügeln, die den Bergen gleich bewaldet waren... Vor diesen lag die Ebene, von Brotfrucht-Bäumen und unzähligen Palmen beschattet. Noch erschien alles in tiefstem Schlaf. Allmählich aber konnte man unter den Bäumen eine Menge von Häusern und Kanus unterscheiden, die auf den sandigen Strand hinaufgezogen waren. Nunmehr fing die Sonne an, die Ebene zu beleuchten. Die Einwohner erwachten. Kaum bemerkten sie unsere grossen Schiffe, so eilten einige unverzüglich zum Strand, stiessen ihre Kanus ins Wasser und ruderten auf uns zu... Ein Kanu fuhr dicht unter das Hinterteil des Schiffs, und wir liessen sogleich ein Geschenk von Glaskorallen, Nägeln und Medaillen herab. Sie wiederum reichten uns einen Bund von Bananenblättern, der bei ihnen ein Sinnbild des Friedens ist, und baten, ihn so ans Schiff zu befestigen, dass er jedem ins Auge fiele...

In weniger als einer Stunde umgaben uns Hunderte von Kanus, in denen sich ein, zwei, drei oder auch vier Mann befanden. Ihr Vertrauen zu uns ging so weit, dass sie sämtlich unbewaffnet kamen. Von allen Seiten erschallte das willkommene ‹Taya!›, und wir erwiderten es herzlich... Sie brachten uns Kokosnüsse und Bananen im Überfluss, daneben Brotfrucht und andere Gewächse, welche sie gegen Glaskorallen

1

2

1 Cook besucht die Südseeinsel Amanooka (Freundschaftsinseln) 1777
2 Cook an der Küste der Antarktis im Januar 1773

und Schnee vor sich her, welcher in der Takelage gefror, wodurch alles um uns herum mit kleinen Eisstückchen übersät wurde. Unsere Seile glichen blanken Drähten, die Segel Metalltafeln, die Kälte war so gross, dass sie kaum zu ertragen war... Unter all diesen ungünstigen Umständen war es natürlich für mich, an eine Rückkehr nach Norden zu denken, da ja keine Wahrscheinlichkeit bestand, hier irgendwelches Land zu finden.»

David Livingstone

Ins Innere Afrikas wagte man sich erst im 19. Jahrhundert. Der erste und bedeutendste Erforscher des südlichen Afrika war der Engländer David Livingstone (1813–1873). Auch er war wie Cook Kind armer Leute. Bereits mit zehn Jahren musste er in einer Fabrik arbeiten. Seinen ersten Wochenlohn verwendete er zum Kauf eines Lehrbuchs der lateinischen Sprache. Trotz zwölfstündiger täglicher Arbeitszeit besuchte er jeweils zwischen 20 und 22 Uhr eine Abendschule und las zudem die Werke lateinischer Dichter sowie Reisebeschreibungen. Er setzte sich das Ziel, Missionar zu werden. Eine Missionsgesellschaft ermöglichte es ihm, Medizin und Theologie zu studieren. 1840 fuhr er nach Südafrika. Nachdem er einige afrikanische Sprachen gelernt hatte, begann er mit der Erforschung der Gebiete zwischen Südafrika und dem Kongo. Die Erforschung war für ihn aber nur die Voraussetzung für seine eigentlichen Ziele: die Verbreitung des christlichen Glaubens und die Besserstellung der Afrikaner. Er reiste immer nur mit wenigen Begleitern und wandte kaum Waffengewalt an. Ein wichtiges Ziel war für ihn die Bekämpfung des Sklavenhandels. Dieser wurde hier vor allem von arabischen Händlern betrieben, doch beteiligten sich

und kleine Nägel tauschten... Die Leute waren ungefähr von unserer Grösse, mahagonibraun, hatten schöne schwarze Augen und Haare... Das ungewöhnlich sanfte Wesen, welches ein Hauptzug ihres Charakters ist, leuchtete sogleich aus allen ihren Gebärden und Handlungen. Einige ergriffen unsere Hände, andere lehnten sich auf unsere Schultern, noch andere umarmten uns. Zu gleicher Zeit bewunderten sie die weisse Farbe unserer Haut und schoben uns zuweilen die Kleider von der Brust, als ob sie sich erst überzeugen wollten, dass wir ebenso beschaffen seien wie sie.»

Aus dem Schiffsbuch Cooks (1773):
30 «Thermometer mittags 32° Fahrenheit (= 0° Celsius), südliche Breite 67° 19', westliche Länge 138° 15'. Um 4 Uhr morgens gerieten wir in eine grosse Menge von losem Eis, das die gesamte See von Süden bis Norden bedeckte, und es war so dick, dass es unsere Weiterfahrt verhinderte... Erst um 8 Uhr blies der Wind wieder kräftig aus Norden, und wir machten gute Fahrt. Der Wind trieb dichten Nebel, Hagel

37

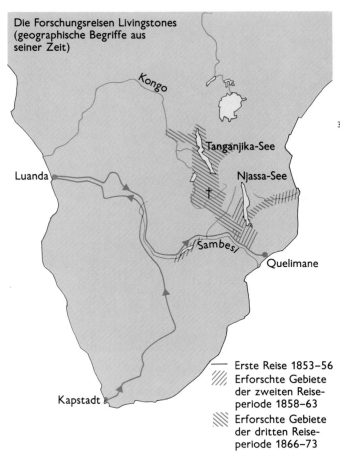

Die Forschungsreisen Livingstones
(geographische Begriffe aus
seiner Zeit)

Kongo

Tanganjika-See

Njassa-See

Luanda

Sambesi

Quelimane

Kapstadt

——— Erste Reise 1853–56

//// Erforschte Gebiete
der zweiten Reise-
periode 1858–63

\\\\ Erforschte Gebiete
der dritten Reise-
periode 1866–73

hatte sie aus Mangel an Lebensmitteln am Weg liegen lassen. Sie waren zu schwach, um sprechen und sagen zu können, woher sie kämen. Einige waren noch ganz jung.»

Livingstone über die Grundsätze der Missionsarbeit (Tagebücher 21. Juni bis 10. Juli 1872):
32 «Nur eine lange Reihe guter Handlungen vermag den Afrikanern Vertrauen zu den Europäern einzuflössen... Güte und Selbstlosigkeit macht auf sie mehr Eindruck als jede Manifestation der Macht oder Geschicklichkeit... Die Missionare sollen in möglichst geringer Zahl unter den Eingeborenen leben und diesen die Besorgung der gewöhnlichen Dienstleistungen anvertrauen: Holz und Wasser holen, das Feld bestellen, ernten, Schmiede-, Zimmermanns- und Töpferarbeit, Körbe flechten... In ein paar Monaten bringt man etliche Eingeborene so weit, dass sie andere lesen lehren, auch lernt man selbst von ihnen viele Dinge... Es scheint mir unerlässlich, dass jede Missionsstation sich ihre eigene Hilfsmannschaft erziehe...»

Eroberung der Antarktis

Am Ende des 19. Jahrhunderts waren auch die riesigen Gebiete Afrikas, Asiens, Amerikas und Australiens einigermassen erforscht. Nur ein Erdteil war noch kaum bekannt: die Antarktis. Dieser Kontinent, in dessen Mitte der Südpol liegt, ist sehr gebirgig und fast völlig von Gletschern bedeckt. Allein Ehrgeiz und Wissensdurst führte die Forscher in dieses Gebiet.

Nachdem frühere Expeditionen schon recht weit ins Innere der Antarktis eingedrungen waren, starteten 1911 gleich zwei Forscher von verschiedenen Küstenpunkten aus zum Wettlauf auf den Südpol: der Norweger Roald Amundsen und der Engländer Robert Scott. Beide hatten etwa 1400 Kilometer zurückzulegen, zuerst etwa 800 Kilometer über gefrorenes Meer, dann den Rest durch die Berge bis auf etwa 3000 Meter Höhe. Die Temperaturen lagen, obwohl Sommer war, um minus 20 Grad Celsius. Beide Expeditionsteams gingen so vor, dass sie mit sehr viel Material ausrückten und unterwegs in bestimmten Abständen Nahrungsmittel- und Materialdepots für den Rückweg anlegten. Von Zeit zu Zeit wurde auch ein Teil der Mannschaft wieder zurückgeschickt. Das Material wurde auf Schlitten transportiert, die Männer hatten Skis. Amundsen liess seine Schlitten ausschliesslich von Schlittenhunden ziehen, die sich sehr gut bewährten, Scott dagegen hatte zwei Motorschlitten und für die übrigen hauptsächlich Ponys. Die Motorschlitten kamen wegen Pannen jedoch nicht weit, und auch die Ponys waren schliesslich den Strapazen nicht gewachsen. Scott gab jedoch nicht auf und zog mit seinen letzten vier Leuten zu Fuss weiter, wobei sie die Schlitten hinter sich herzogen.

Amundsen war der Schnellere. Obwohl er und Scott fast gleichzeitig Ende Oktober gestartet waren, erreichte er den Südpol schon am 14. Dezember, Scott dagegen erst am 18. Januar des folgenden Jahres. Am 26. Januar war Amundsen wieder in sein Ausgangslager zurückgekehrt. Für Scott dagegen

auch die einheimischen Häuptlinge daran. Er war die Ursache vieler Kriege und Grausamkeiten. Livingstone wollte aber auch bei den Europäern mehr Verständnis für die Lebensweise der Afrikaner bewirken. Auf seiner letzten, siebenjährigen Reise starb er.

Aus dem Tagebuch David Livingstones (26. Juni 1866):
31 «Wir kamen an der Leiche einer Sklavin vorbei, die mit einem Schuss oder Stich durch den Leib am Wege lag. Eine Gruppe Männer stand hundert Schritte davor gaffend auf einer Seite, eine Gruppe Frauen auf der anderen. Sie sagten, ein heute morgen durchgekommener Araber habe die Tat verübt, aus Wut über den Verlust des für sie bezahlten Preises, da sie nicht mehr in der Lage gewesen sei, weiterzugehen... Einer unserer Leute, der vom Weg abgekommen war, fand eine Anzahl Sklaven in Jochen; ihr Herr

Von Livingstone entdeckte Sklavengruppe

38

1

2

1 Amundsen erreicht am 14. Dezember 1911 den Südpol
2 Gebirge in der Nähe des Südpols

wurde der Rückweg, den er nun ausschliesslich zu Fuss mit angehängten Schlitten zurücklegen musste, zur Katastrophe. Das Wetter verschlechterte sich ständig. Ende März 1912 starben Scott und seine beiden letzten Begleiter, nur 17 Kilometer vom nächsten Depot und nur 200 Kilometer vom Ausgangslager entfernt. Ein halbes Jahr später wurden sie mit ihren Aufzeichnungen in ihrem Zelt von einem Suchtrupp gefunden.

Aus den letzten Tagebucheintragungen Robert Scotts:
33 «14. März: Kein Zweifel daran, dass nun alles schiefgeht. Gestern sind wir bei starkem Wind und minus 37 Grad aufgewacht. Unmöglich, dagegen anzumarschieren. Wir blieben bis gegen zwei Uhr nachmittags im Zelt. Dann legten wir noch fünf Meilen und eine Viertelmeile zurück...

19. März: Wir sind 15,5 Meilen vom Depot entfernt und müssten es in drei Tagen erreichen. Wir haben noch Lebensmittel für zwei Tage, aber nur noch für einen Tag Brennmaterial...

29. März: Seit dem 21. hatten wir unaufhörlich Sturm aus West-Südwest und Südwest. Am 20. hatten wir noch Brennstoff, um jedem zwei Tassen Tee zuzubereiten, und Trockenkost für ein oder zwei Tage. Jeden Tag waren wir gefasst, zu unserem noch 11 Meilen entfernten Depot aufzubrechen, aber draussen vor der Zelttür ist alles ein durcheinanderwirbelndes Schneegestöber. Ich glaube nicht, dass wir noch irgendwie auf Besserung hoffen können. Wir werden bis zum Ende durchhalten, aber wir werden immer schwächer, und der Tod kann nicht mehr fern sein. Es tut mir leid, aber ich glaube nicht, dass ich noch weiterschreiben kann.»

Das Wichtigste in Kürze:
Fernando Magellan unternahm als erster eine Weltumseglung, die seine Begleiter vollendeten. James Cook erforschte im 18. Jahrhundert die Inselwelt des Pazifischen Ozeans und die Küsten der angrenzenden Erdteile. David Livingstone drang im 19. Jahrhundert in das Innere des südlichen Afrika vor. Roald Amundsen gelangte 1911 als erster Mensch zum Südpol.

1 Wie hiess der Flottenkommandant der ersten Weltumseglung?
2 Welche Teile der Erde wurden von James Cook entdeckt?
3 Von welchem europäischen Land wurde Australien in Besitz genommen? Wozu wurde dieses zuerst gebraucht?
4 Welche beiden Forscher starteten zu einem Wettlauf zum Südpol? Wie endete dieses Rennen?

5 Erzähle das Leben David Livingstones und hebe einige Punkte hervor, welche dir besonders Eindruck machen.
6 Vergleiche die Gründe, welche Livingstone zum Erforschen unbekannter Gebiete der Erde trieben, mit denjenigen der Polarforscher.

Erde und Weltall

Schon in früher Zeit erkannten die Menschen, dass ohne Sonne kein Leben möglich ist. Man unterschied Tag und Nacht und fragte sich, wo die Sonne in der Nacht wohl sei. Man fragte sich auch, warum der Mond manchmal ganz, manchmal zur Hälfte und manchmal gar nicht sichtbar sei. Sonne und Mond schienen sich um die Erde zu bewegen. Später wandte man sich auch den Sternen zu. Die meisten schienen fest am Himmelszelt angebracht zu sein und sich nur mit diesem zu bewegen. Man nannte sie Fixsterne. Einige Sterne aber bewegten sich offenbar auf besonderen Bahnen und waren einmal da, einmal dort am Himmel zu erblicken. Man taufte sie Wandelsterne oder Planeten.

Ptolemaios

All diese Beobachtungen fasste der griechische Astronom Ptolemaios (2. Jahrhundert n.Chr.) in einem System zusammen: Die Erdkugel ist der Mittelpunkt des Weltalls und bewegt sich nicht. Um sie herum kreisen ihr am nächsten der Mond, dann die Planeten Merkur und Venus, dann die Sonne (mit einer Umkreisung pro Tag), dann die Planeten Mars, Jupiter und Saturn und endlich, zuäusserst, der Sternenhimmel mit den Fixsternen.

Als man sich in Europa wieder mit den Schriften der alten griechischen Geographen und Astronomen zu beschäftigen begann (siehe Seite 10), übernahm man die Vorstellung des Ptolemaios. Seine Auffassung, die Erde sei eine Kugel, wurde ja durch die Entdeckungsfahrten als richtig erwiesen. Warum sollte er nicht auch im übrigen recht haben!

Kopernikus

Erst ein polnischer Astronom, Nikolaus Kopernikus (1473–1543), begann am System des Ptolemaios zu zweifeln. Er kritisierte, dass die Sonne ein unglaubliches Tempo entwickeln müsste, um täglich die Erde zu umkreisen. Auch der beobachtete Lauf der Planeten schien ihm mit dem System des Ptolemaios nicht übereinzustimmen. Daher entwickelte er eine ganz neue Theorie:
- Die Erde dreht sich täglich einmal um sich selbst.
- Die Erde läuft einmal im Jahr um die Sonne.
- Der Mond läuft um die Erde.
- Die Planeten laufen ebenfalls um die Sonne. Der Sonne am nächsten ist der Merkur, es folgen Venus, Erde, Mars, Jupiter und Saturn.
- Der Himmel mit den Fixsternen bewegt sich nicht.

Kopernikus konnte seine Theorie aber noch nicht beweisen. Dazu waren genauere Beobachtungsinstrumente als das Auge notwendig.

Nikolaus Kopernikus   Galileo Galilei

Galilei

Als erster Astronom konstruierte der Italiener Galileo Galilei (1564–1643) ein Fernrohr, mit dem er bereits einige um den Planeten Jupiter kreisende Monde entdeckte. Er erkannte auch, dass die Mondoberfläche aus Tälern und Bergen besteht.

Galileo Galilei über das Fernrohr (1610):
34 «Vor ungefähr zehn Monaten drang zu meinen Ohren das Gerücht, dass von einem Belgier ein Glas zum Hindurchsehen hergestellt sei, mit dessen Hilfe gesehene, wenn auch vom Auge des Sehenden weitentfernte Gegenstände deutlich wie nah wahrgenommen würden... Das gab mir die entscheidende Veranlassung, alle meine Gedanken darauf zu richten, die Ursachen zu erforschen und die Mittel ausfindig zu machen, um zur Erfindung eines ähnlichen Instrumentes zu kommen, und zu dieser bin ich bald darauf... gekommen. Zunächst stellte ich mir ein Rohr aus Blei her, an dessen Enden ich zwei Glaslinsen anbrachte, beide auf der einen Seite eben, auf der andern die eine kugelförmig konvex, die andere konkav. Als ich dann das Auge an das Hohlglas brachte, sah ich die Gegenstände beträchtlich gross und nahe; sie schienen dreimal näher und neunmal grösser, als sie vom natürlichen Auge gesehen wurden.»

Moderne Astronomie

Immer bessere Instrumente ermöglichten immer genauere Beobachtungen. Neue Planeten, die von Auge nicht sichtbar waren, wurden entdeckt. Mond- und Planetenbahnen konnten immer genauer berechnet werden. Auch der Bereich der Fixsterne wurde genauer untersucht. Man erkannte, dass die Fixsterne nichts anderes als Sonnen sind, zum Teil viel grösser und strahlungskräftiger als unsere Sonne, und dass sie sich zum Teil aufeinander zu, zum Teil voneinander weg bewegen.

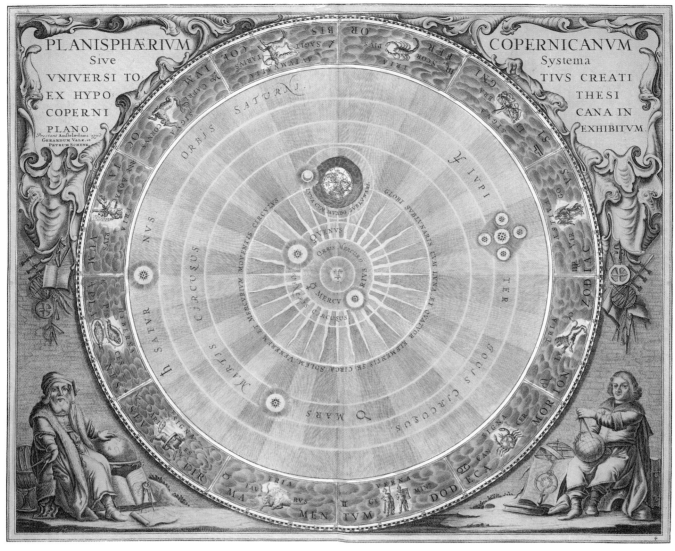

Das Weltbild des Kopernikus; Darstellung im Werk des Cellarius (17. Jahrhundert), Harmonia Macrocosmica

Solange der Mensch die Erde nicht verliess, hatten die Erkenntnisse des Kopernikus keinen praktischen Nutzen. Dies änderte sich mit dem Vorstoss des Menschen ins Weltall in unserer Zeit. Nur mit richtigen Vorstellungen über die Erd-, Mond- und Planetenbahnen war es möglich, Raketen zum gewünschten Ziel abzuschiessen.

Das Wichtigste in Kürze:

Nikolaus Kopernikus behauptete als erster Forscher der Neuzeit, die Erde drehe sich um sich selbst und laufe um die Sonne, nicht die Sonne um die Erde. Galileo Galilei erfand ein für die Astronomie brauchbares Fernrohr.

1 Zeichne das Weltbild des Ptolemaios.
2 Nenne die fünf Thesen von Nikolaus Kopernikus.
3 Welcher Astronom konstruierte als erster ein für die Astronomie brauchbares Fernrohr? Welche Entdeckungen machte er damit?
4 Worin weichen die Erkenntnisse der neueren Forschung von der Theorie des Kopernikus ab?
5 Zähle die Planeten unseres Sonnensystems auf in der Reihenfolge ihrer Entfernung von der Sonne, und informiere dich darüber, wann sie entdeckt wurden. Welche waren also Kopernikus nicht bekannt?
6 Überlege, welche Folgen die Entdeckung des Kopernikus (dass die Erde nicht Zentrum des Weltalls ist) für das Denken der Menschen und für die Religion hatte.

41

Vom Segelschiff zur Rakete

Die grossen Entdecker Kolumbus und Vasco da Gama führten ihre Fahrten auf Schiffen durch, die uns heute sehr klein vorkommen (siehe Seite 15). Der zunehmende Handel zwischen Amerika, Europa und Indien erforderte grössere Schiffe. Grössere Schiffe brauchten mehr Segel. Daher wurden bis zu Beginn unseres Jahrhunderts ständig grössere und besser betakelte Segelschiffe konstruiert.

Dampfschiffe

Den heutigen Verkehr auf den Weltmeeren könnten aber auch die grössten Segelschiffe nicht mehr bewältigen. Zu Beginn des 19. Jahrhunderts wurde das erste brauchbare Dampfschiff erfunden. Eine Dampfmaschine trieb zwei Schiffsräder an. Die ersten Dampfer waren noch langsamer als die Segelschiffe, pannenanfällig und verbrauchten viel Kohle. Daher wurden sie zur Ergänzung noch lange mit Segeln ausgerüstet. Bald aber erkannte man die Vorteile des Dampfantriebes: Unabhängigkeit vom Wind, Pünkt-

lichkeit und grösseres Fassungsvermögen. Erst jetzt wurden regelmässige Passagierfahrten nach Amerika möglich. Mit der Zeit wurden die Räder durch die Schiffsschraube, die Kohle durch das Dieselöl ersetzt. Grösse und Tempo stiegen. 1840 brauchte der erste Passagierdampfer von Europa nach Amerika 14 Tage und 8 Stunden, 1938 benötigte die «Queen Mary» noch 3 Tage und 20 Stunden. Am Ende des 19. Jahrhunderts verschwand das Segelschiff von den Weltmeeren. Heute transportieren alle Schiffe zusammen im Jahr 5 Milliarden Tonnen Güter über die Weltmeere, darunter 3 Milliarden Tonnen Erdöl.

1 Das kombinierte Segeldampfschiff «Savannah» überquerte als erstes maschinengetriebenes Schiff 1819 den Atlantik. Während der Fahrt von 27 Tagen fuhr es jedoch nur 85 Stunden unter Dampf.
2 Eines der letzten und grössten Segelhandelsschiffe, die «Preussen» (1902). Das Schiff war 132 Meter lang, die total 47 Segel machten eine Fläche von 4650 Quadratmetern aus.
3 Der 1975 in Dienst gestellte Tanker «S.S. Linga»; 183 000 RT

1

3

2

Entwicklung des Fassungsvermögens der Schiffe:

		Registertonnen (RT)*
1492	Schiff «Santa Maria» des Kolumbus	100
um 1700	Segelschiffe	1 000
um 1800	Segelschiffe	2 000
19. Jh.	Segelschiffe	5 000
1850	grösster Dampfer	20 000
1914	grösster Dampfer	40 000
1976	französischer Öltanker «Batilus»	274 000

* Der Begriff «Registertonne» bezeichnet das Fassungsvermögen der Schiffe (1 Registertonne = 2,83 Kubikmeter). Zu unterscheiden davon ist die Tragfähigkeit. Die Tragfähigkeit des «Batilus» beträgt zum Beispiel 550 000 Tonnen.

Flugzeuge

Neben das Schiff trat als Weltverkehrsmittel das Flugzeug. 1903 gelang den amerikanischen Brüdern Wilbur und Orville Wright der erste Flug mit einem motorgetriebenen Flugzeug. Er dauerte 59 Sekunden. Um 1920 wagten sich die ersten tapferen Passagiere in die Flugzeuge der ersten Fluggesellschaften. Nach dem Zweiten Weltkrieg wurde das Flugzeug zum weitaus wichtigsten Verkehrsmittel über grosse Distanzen. 1976 flogen allein 11,5 Millionen Passagiere auf Linienflügen über den nördlichen Atlantik. Dagegen spielt die Passagierschiffahrt nur noch für kurze Strecken oder für touristische Zwecke eine Rolle.

Raumfahrt

Nach dem Zweiten Weltkrieg gelang es dem Menschen auch, die Erdatmosphäre zu verlassen. Dies wurde möglich durch die moderne Raketentechnik. 1957 wurde der erste Satellit in eine Umlaufbahn um die Erde geschossen, bis 1979 folgten 2000 weitere.

1 Das Flugzeug der Gebrüder Wright «Flyer I», 1903
2 Eines der ersten Passagierflugzeuge war die Junkers F 13, die seit 1919 gebaut wurde
3 Ein modernes Passagierflugzeug, Airbus A 310 der Swissair

Satelliten werden gebraucht für die Wetterbeobachtung, die Übermittlung von Fernsehsendungen, die Forschung, die militärische Spionage und vieles andere. Menschen umflogen die Erde in Raumschiffen und betraten den Mond. Unbemannte Raketen landeten auf den Planeten Venus und Mars und stiessen in die Nähe der Planeten Jupiter, Saturn und Uranus vor. Was an der Küste Nordafrikas begann (siehe Seite 13), endete im Weltraum.

Entwicklung der Raumfahrt:

4. 10. 1957	Erster Satellit im Weltraum
12. 9. 1959	Erste unbemannte Mondlandung
12. 4. 1961	Erster bemannter Raumflug um die Erde (Gagarin)
16. 11. 1965	Erste unbemannte Landung auf der Venus
26. 10. 1968	Erste Koppelung zweier Raumkapseln im Weltraum
16. 7. 1969	Erste bemannte Landung auf dem Mond (Armstrong und Aldrin)
2. 12. 1971	Erste unbemannte Landung auf dem Mars
19. 4. 1971	Anlegung der ersten Raumstation
4. 12. 1972	Erster unbemannter Vorbeiflug am Jupiter
12. 4. 1981	Start des ersten «Space Shuttle» (vergleiche Bild 4)
24. 12. 1986	Erster unbemannter Vorbeiflug am Uranus
7. 12. 1996	Das Raumschiff «Galileo» schwenkt nach über vierjährigem Flug auf eine Umlaufbahn um den Jupiter ein.

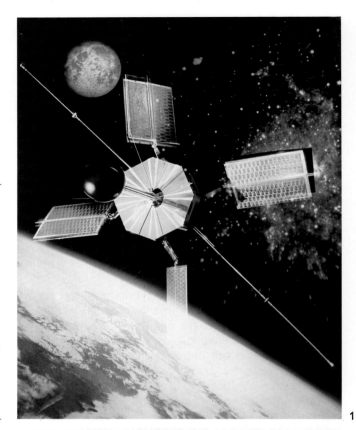

1

Das Wichtigste in Kürze:
  Durch den Bau immer grösserer und schnellerer Schiffe nahm der Welthandel von den Entdeckungen bis zur heutigen Zeit ständig zu. Im 20. Jahrhundert kam als neues Weltverkehrsmittel das Flugzeug hinzu. Der Bau von Raketen ermöglichte seit 1957 die Entwicklung der Weltraumfahrt.

🦉

1 Zähle einige Verbesserungen auf, welche im Laufe der Zeit an den Schiffen vorgenommen wurden.
2 Wann gelang der erste Flug mit einem motorgetriebenen Flugzeug?
3 Welche Technik ermöglichte es den Menschen, die Erdatmosphäre zu verlassen?
4 Nenne einige Aufgaben, für welche man die Satelliten braucht.

🦉🦉

5 Überlege dir, welchen Sinn die Raumfahrt hat.
6 Ordne die Namen den Entdeckungen oder Erfindungen zu:

a	Erste Weltumsegelung	A	Gebrüder Wright
b	Australien	B	Gagarin
c	Inneres von Afrika	C	Cook
d	Antarktis	D	Livingstone
e	Kugelform der Erde	E	Kopernikus
f	Heliozentrisches Weltbild	F	Magellan
g	Jupitermonde	G	Amundsen
h	Motorgetriebenes Flugzeug	H	Armstrong
i	Bemannter Raumflug	I	Ptolemaios
k	Mondlandung	K	Galilei

2

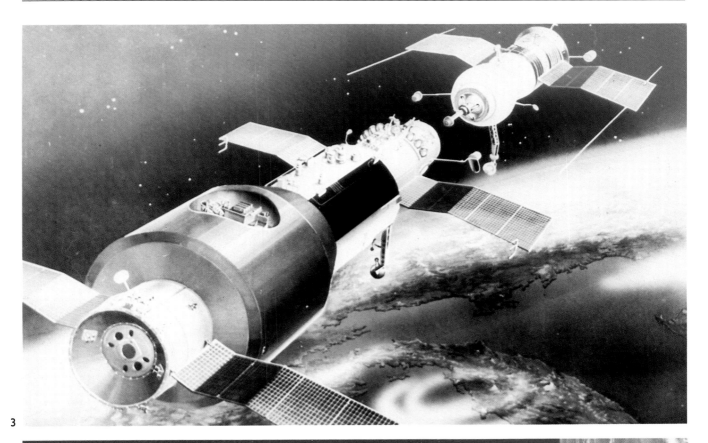

3

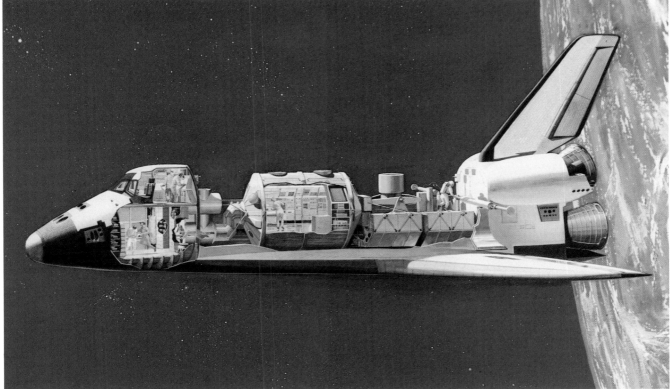

4

1 Der Erdsatellit «Explorer 21» mit zahlreichen Messinstrumenten. Da der Satellit keinen Luftwiderstand zu überwinden hat, spielt seine Form keine Rolle.

2 Die ersten Menschen auf dem Mond: Astronaut Aldrin, fotografiert von seinem Kollegen Armstrong (1969)

3 Links das russische Raumfahrzeug Sojus, rechts die russische Raumstation Saljut, die gekoppelt werden. Die Raumstation kreist als Satellit um die Erde, das Raumfahrzeug bringt Passagiere und bringt sie wieder zurück (1978).

4 Die amerikanische Weltraumfähre «Space Shuttle» («Orbiter Challenger»), 1983. Dieses Fahrzeug kann unbeschädigt zur Erde zurückkehren und wieder verwendet werden. Es kann Satelliten auswerfen, aber auch Satelliten reparieren oder zur Erde zurückbringen.

Die Zeit der Kirchenspaltung

Katholischer Gottesdienst

Reformierter Gottesdienst

Die Vergangenheit der Kirche

So entstand das Christentum

Unsere Jahreszählung

Im Geschichtsunterricht sind uns schon einige Jahreszahlen begegnet. So lasen wir etwa im Kapitel über die Entdeckungen:
- 600 vor Christus bis 500 nach Christus: Griechen und Römer durchfahren das Mittelmeer.
- 1497 bis 1498: Vasco da Gama fährt nach Indien.
- 1957: 1. Satellit im Weltraum.

Unsere Jahreszählung hat ihren Ursprung in der christlichen Religion. Für die Christen war die Geburt von Jesus Christus ein sehr wichtiges Ereignis. Deshalb wählten sie dieses zum Ausgangspunkt ihrer Jahreszählung. Weil sich die christliche Religion über die ganze Welt verbreitete, setzte sich die christliche Jahreszählung durch. Sie wird heute auch von den Nichtchristen verwendet.

Auch der Sonntag und viele unserer Feiertage gehen auf die christliche Religion zurück. In den meisten Ländern der Erde wird an diesen Tagen möglichst wenig gearbeitet. Die Ursache dafür ist ebenfalls die weite Verbreitung des Christentums.

Jesus von Nazareth

Die Geschichte des Christentums beginnt mit Jesus von Nazareth. Dieser zog als Prediger mit einer kleinen Schar von Anhängern (Jüngern) durch Palästina, das heutige Israel. Palästina gehörte damals zum Römischen Reich, das das ganze Mittelmeer umfasste. Der römische Statthalter Pontius Pilatus liess um das Jahr 30 Jesus in Jerusalem am Kreuz hinrichten. Man warf Jesus vor, er habe sich zum König der Juden machen und gegen die Römer auflehnen wollen. Die Jünger aber hielten Jesus für den Sohn Gottes und nannten ihn «Christos» und «Messias» (griechisch bzw. hebräisch für «den Gesalbten»). Sie verkündeten, er sei zwei Tage nach der Hinrichtung aus dem Grab auferstanden und ihnen erschienen, wenige Wochen später aber zum Himmel aufgefahren. Sie glaubten, dass Jesus am baldigen Weltende wieder kommen und über die Menschen Gericht halten werde. Jene, die an ihn glaubten, werde er erlösen, die andern aber auf ewig verdammen.

Christliche Gemeinden entstehen

Von Jerusalem aus zogen die Anhänger Jesu als Apostel durch das Römische Reich und weitere Gebiete, um möglichst viele Menschen zum Glauben an Christus zu bekehren. In vielen Städten entstanden christliche Gemeinden. Die Christen organisierten sich. An der Spitze der Christen einer Stadt stand der Bischof, welcher die Priester, die Gemeindehelfer (Diakone) und gewöhnlichen Mitglieder leitete. Als Grundlage ihres Glaubens besassen die Gemeinden

Darstellungen des Lebens Jesu (Evangelien) und Briefe der wichtigsten Apostel. Aus diesen Schriften wurde später das «Neue Testament» zusammengestellt.

Der Christ Justin (2. Jahrhundert n.Chr.) berichtet über den damaligen christlichen Gottesdienst:

1 «An dem nach der Sonne genannten Tag versammeln wir uns an einem gemeinsamen Ort, und es werden die Aufzeichnungen der Apostel oder die Schriften der Propheten vorgelesen. Wenn dann der Vorleser aufgehört hat, hält der Priester eine Rede, in der er uns mahnt und auffordert, diesen schönen Lehren und Beispielen nachzufolgen. Dann stehen wir alle zusammen auf und schicken Gebete zum Himmel... Dann wird dem Priester Brot gebracht und

Elfenbeintafel: Auferstehung Christi und Himmelfahrt; um 400 n.Chr. (19 × 11 cm)

ein Becher, in dem Wasser mit Wein gemischt ist. Dieser nimmt beides und sendet Lob und Preis zum Vater aller Dinge empor... Ist er mit den Gebeten und den Dankhandlungen zu Ende, so stimmt das ganze anwesende Volk ein, indem es spricht: ‹Amen›. Das ‹Amen› aber bedeutet in der hebräischen Sprache so viel als ‹Es geschehe!›. Nachher reichen die Diakone jedem der Anwesenden von dem gesegneten Brot und Wein, und den Abwesenden bringen sie davon... Die Wohlhabenden aber geben nach eigenem Belieben, so viel sie wollen. Das Gesammelte wird beim Priester hinterlegt. Es kommt den Waisen und den Witwen, den Kranken und sonstigen Bedürftigen zugute. Unsere Zusammenkunft ist aber deshalb am Sonntag, weil dies der erste Tag ist, an dem Gott die Welt schuf, und weil Jesus Christus, unser Erlöser, am gleichen Tag von den Toten wieder auferstanden ist.»

Christen und Heiden

Im Römischen Reich gab es damals viele verschiedene Religionen. Ihre Anhänger duldeten sich gegenseitig. Auch der Kaiser hatte nichts dagegen. Er verlangte aber, dass man auch ihn selbst als Gott verehren müsse. Die meisten Leute taten dies, wenn es verlangt wurde, ohne sich viel dabei zu denken. Die Christen aber erklärten, ihr Gott sei der einzig wahre Gott, während die zahlreichen übrigen im Land verehrten Götter gar nicht existierten. Sie weigerten sich auch, zum Kaiser zu beten und ihm ein Opfer zu bringen. Dadurch machten sie sich unbeliebt. Merkwürdige Gerüchte über sie gingen um.

Minucius Felix: Die Vorwürfe eines Heiden gegen die Christen:

2 «Die Christen sammeln aus den allereinfachsten Leuten Unwissende und leichtgläubige Weiber und bilden eine ruchlose Verschwörerbande. Sie verbrüdern sich in nächtlichen Zusammenkünften... Unsere Tempel verachten sie, vor unsern Göttern speien sie aus, über unsere Opfer lachen sie... Man sagt sogar, dass sie den Kopf eines Esels für heilig halten und verehren... Wenn ein neues Mitglied aufgenommen wird, muss es ein Kind töten, das dann von allen gegessen und dessen Blut getrunken wird. Durch dieses Opfer verbrüdern sie sich... Warum haben sie keine Tempel, keine Götterbilder, warum versammeln sie sich nicht öffentlich? Eben darum, weil das, was sie tun, strafbar und schändlich ist!»

Christenverfolgungen

Die römischen Kaiser fürchteten, dass durch die Christen die Ordnung im Reich untergraben werde. Es kam zu immer umfangreicheren Christenverfolgungen. Wer als Christ verdächtigt wurde, musste dem Kaiser etwas Wein opfern. Damit anerkannte er ihn als Gott und erwies sich selbst als zuverlässiger Staatsbürger. Tat er es nicht, so wurde er enthauptet, verbrannt, gesteinigt oder wilden Tieren zum Frass vorgeworfen. Die Christen nannten ihre standhaften Glaubensgenossen «Märtyrer» (Zeugen des wahren Glaubens) und verehrten sie später als Heilige.

Gemeindebibel einer frühen christlichen Gemeinde in griechischer Sprache

Bericht über den Tod des Bischofs Polykarp von Smyrna (heutige Türkei), 155 n.Chr.:

3 «Als Polykarp in die Arena geführt wurde, erhob sich ein grosser Lärm. Der römische Statthalter ermahnte ihn: ‹Nimm Rücksicht auf dein Alter! Schwöre beim Glück des Kaisers, sprich: 'Fort mit den Gottlosen!', lästere Christus, und ich lasse dich frei!› Da sprach Polykarp: ‹86 Jahre diene ich nun Christus, und er hat mir nie ein Leid getan. Wie kann ich meinen König lästern, der mich erlöst hat!› Der Statthalter drohte: ‹Ich werfe dich wilden Tieren vor, wenn du nicht nachgibst.› Polykarp sprach: ‹Rufe sie nur herbei. Wir lassen uns nicht vom Besseren zum Schlechteren bekehren.› Noch einmal wandte sich der Statthalter an ihn: ‹Wenn dich auch die Tiere nicht schrecken und du hartnäckig bleibst, lasse ich dich verbrennen!› Polykarp sprach: ‹Du drohst mir mit einem Feuer, das nur einige Zeit brennt und bald wieder erlischt. Du weisst aber nichts vom Feuer des künftigen Gerichts und der ewigen Strafe, die den Gottlosen bestimmt sind. Was zögerst du? Hole nur herbei, was du willst!› Da schickte der Statthalter einen Herold in die Mitte der Arena und liess ihn dreimal ausrufen: ‹Polykarp hat sich selbst als einen Christen bekannt!› Die Menge lärmte und rief einstimmig, Polykarp solle lebendig verbrannt werden. Eilends holte man aus Werkstätten und Bädern Holz und Reisig. Dann zündeten die Männer das Feuer an... Wir Christen aber sammelten später die Gebeine Polykarps, die kostbarer sind als Edelsteine und wertvoller als Gold, und bestatteten sie an würdiger Stätte.»

Das Christentum wird Staatsreligion

Die Verfolgungen führten nicht zum Ziel. Durch die Tapferkeit der Märtyrer verbreitete sich der christliche Glaube immer mehr. Die Menschen dachten, nur wer den richtigen Glauben habe, könne so standhaft sein. Schliesslich sah Kaiser Konstantin (306–337) ein, dass man das Christentum nicht ausrotten konnte, und gab die Verfolgungen auf. Er förderte die Christen und wurde schliesslich selbst Christ; auch seine Nachfolger waren fast ausnahmslos Christen. Nun wurden die nichtchristlichen Religionen unterdrückt.

Der Christ Firmicus Maternus über die heidnischen Religionen (um 347):

4 «Die heidnischen Gebräuche müssen ausgemerzt und abgestellt werden, heiligster Kaiser, durch scharfe Verfügungen... Auch wenn die Heiden selbst nicht den Wunsch haben, zum richtigen Glauben angehalten zu werden, wie ja auch die Kranken die bitteren Arzneien nicht lieben, so hat Gott doch den Kaisern die Pflicht auferlegt, sie auch gegen ihren Willen zu retten... Es ist besser, sie gegen ihren Willen zu retten, als zuzulassen, dass sie ins Verderben stürzen... Hinweg, heiligster Kaiser, mit all dem Tempelschmuck! Lasst die Glut eurer Münzstätten oder die Flamme eurer Schmelzöfen diese Götter rösten! Überführt die Tempelabgaben in eure Kontrolle! Mit der Zerstörung der Tempel macht ihr weitere Fortschritte in der göttlichen Tugend!»

Der Widerstand der Nichtchristen war nicht sehr gross. Die meisten Bewohner des Römischen Reiches wurden nun mindestens nach aussen hin Christen. Die Tempel wurden zerstört oder in christliche Kirchen umgewandelt. Das Christentum war jetzt die vorgeschriebene Staatsreligion.

Das Wichtigste in Kürze:
Jesus von Nazareth predigte und starb im heutigen Israel. Nach seinem Tod verbreiteten seine Anhänger seine Lehre im ganzen Römischen Reich. Die römischen Kaiser hielten das Christentum für gefährlich und verfolgten die Christen. Erst Kaiser Konstantin wechselte die Einstellung und begann, die Christen zu dulden und zu fördern. Nun stieg das Christentum zur allein erlaubten Religion im Römerreich auf.

1 Mit welchem Ereignis beginnt unsere Jahreszählung? Worauf gehen unsere Sonn- und Feiertage zurück?
2 Erkläre folgende Begriffe: Apostel, Evangelien, Märtyrer.
3 Welcher römische Kaiser gab die Christenverfolgungen auf und förderte das Christentum?

4 Es heisst, Christus sei zwischen 4 und 7 v. Chr. geboren. Kannst du diesen scheinbaren Widerspruch erklären?
5 Zähle einige griechisch-römische Götter auf. Wo trifft man ihre Namen noch heute an (einige Beispiele)?

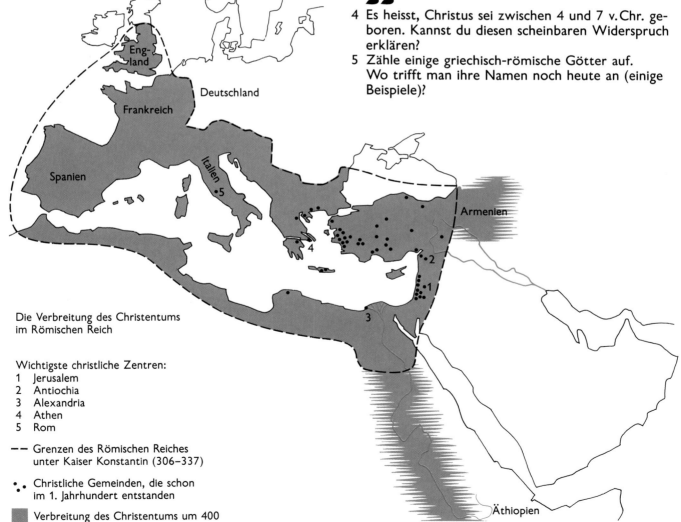

Die Verbreitung des Christentums im Römischen Reich

Wichtigste christliche Zentren:
1 Jerusalem
2 Antiochia
3 Alexandria
4 Athen
5 Rom

—— Grenzen des Römischen Reiches unter Kaiser Konstantin (306–337)

•. Christliche Gemeinden, die schon im 1. Jahrhundert entstanden

▨ Verbreitung des Christentums um 400

Klöster

Benediktinerkloster Saint-Martin-du-Canigou in den Pyrenäen,
gegründet um 1000

Was ist ein Kloster?

Ein einsames Kloster in den Bergen. In diesem
Kloster leben Mönche. Sie wohnen gemeinsam, sie
beten gemeinsam, sie arbeiten gemeinsam. Das
Kloster ist eine Welt für sich. Es gibt Männerklöster
(Mönche) und Frauenklöster (Nonnen).

Wer Mönch oder Nonne wird, verzichtet auf
Heirat, Familie, berufliche Laufbahn und persönlichen
Besitz. Er ist ganz Mitglied der Klostergemeinschaft.
Als Vorsteher wählen die Mönche einen Abt, die
Nonnen eine Äbtissin. Mönche und Nonnen tragen
vorgeschriebene Kleidung.

Tageslauf eines Mönchs oder einer Nonne von heute:
4.40	Aufstehen
5.00	Gemeinsames Chorgebet in der Klosterkirche mit Messfeier
6.30	Persönliche Besinnung (Meditation) in der Zelle
7.00	Gemeinsames Frühstück, anschliessend Arbeit (Landwirtschaft, Garten, Werkstatt, Unterricht usw.)
8.00	Gemeinsames Chorgebet in der Klosterkirche
8.30	Arbeit
12.00	Gemeinsames Chorgebet in der Klosterkirche
12.20	Gemeinsames Mittagessen
13.00	Freizeit
14.00	Gemeinsames Chorgebet in der Klosterkirche
14.30	Gemeinsamer Kaffee
15.00	Arbeit
18.00	Gemeinsames Chorgebet in der Klosterkirche
19.00	Gemeinsames Abendessen, anschliessend Freizeit
20.30	Gemeinsames Chorgebet in der Klosterkirche
21.00	Tagesschluss

Organisation und Lebensgrundlage

Der Tageslauf in einem Kloster ist für alle gleich.
Die Pflichten des Mönchs und der Nonne sind in der
Klosterregel festgehalten. Viele Klöster leben von
der Landwirtschaft. Manchen ist eine Schule angegliedert, in welcher die Mönche oder Nonnen unterrichten. Andere Mönche helfen den Kirchgemeinden
der Umgebung als Prediger oder Seelsorger. Nicht alle
Klöster liegen einsam. Um viele haben sich Dörfer
oder Städte entwickelt. Andere wurden in bereits
vorhandenen Städten errichtet.

Warum gibt es Mönche?

Um das Jahr 300 lebte in Ägypten **Antonius**. Er
war Christ und entstammte einer reichen Familie. Da
las er in der Bibel die Geschichte vom Gespräch zwischen Jesus und dem reichen Jüngling:

5 «Und siehe, es kam einer herbei und sagte zu ihm:
‹Meister, was muss ich Gutes tun, damit ich das ewige Leben erlange... ?› Jesus sprach zu ihm: ‹Willst du
vollkommen sein, so geh hin, verkaufe, was du hast,
und gib es den Armen, und du wirst einen Schatz im
Himmel haben; und komm, folge mir nach.›»
(Matthäus 19; Markus 10; Lukas 18)

Antonius kam zur Überzeugung, man müsse auf
jeden Genuss – gutes Essen und Trinken, bequeme
Kleidung und Wohnung, sexuelle Befriedigung – verzichten, wenn man nach dem Jüngsten Gericht in den
Himmel kommen wolle. Er zog in die Wüste, lebte
allein in einer Höhle, ass nur einmal im Tag etwas
Brot, das ihm gespendet wurde, und trank nur
Wasser. So soll er hundert Jahre alt geworden sein.

In dieser Zeit gab es viele Kriege. Das Römische
Reich wurde von zahlreichen Feinden bedrängt. Viele
Menschen erwarteten wenig vom Leben und konzentrierten sich auf die Zeit nach dem Tod. Antonius
wurde ihnen zum Vorbild. Immer mehr Leute gingen
in die Einsamkeit. Mehr und mehr begannen sie
aber, nicht einzeln zu leben, sondern sich zu Gruppen
zusammenzuschliessen. So entstanden die ersten
Mönchsgemeinschaften, die ersten Klöster.

Benedikt von Nursia

Oft gab es in diesen Mönchsgemeinschaften Streit
und Unordnung. Daher wurden **Regeln** notwendig.
Die bedeutendste Regel schuf der Italiener Benedikt
von Nursia (480–547).

Aus der Mönchsregel des Benedikt von Nursia:
6 «Abt und Mönche: Der Abt... soll jederzeit durch
sein Benehmen seine Stellung als Vorgesetzter rechtfertigen. Die Mönche sollen ihn als Stellvertreter von
Christus betrachten... Ist eine wichtige Angelegenheit zu beraten, so soll der Abt alle Mönche zusammenrufen. Hat er dann den Rat vernommen, so muss

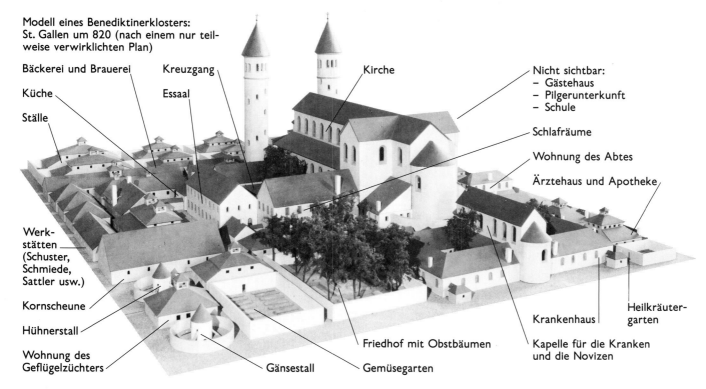

Modell eines Benediktinerklosters:
St. Gallen um 820 (nach einem nur teilweise verwirklichten Plan)

Bäckerei und Brauerei

Kreuzgang

Kirche

Nicht sichtbar:
– Gästehaus
– Pilgerunterkunft
– Schule

Küche

Essaal

Schlafräume

Ställe

Wohnung des Abtes

Ärztehaus und Apotheke

Werkstätten
(Schuster, Schmiede, Sattler usw.)

Kornscheune

Hühnerstall

Wohnung des Geflügelzüchters

Gänsestall

Friedhof mit Obstbäumen

Gemüsegarten

Krankenhaus

Heilkräutergarten

Kapelle für die Kranken und die Novizen

er entscheiden, was er für richtig hält... Sobald der Abt ihm etwas befohlen hat, soll der Mönch kein Zögern im Ausführen kennen, als habe Gott den Befehl selbst gegeben.

Lebensweise des Mönches: Vor allem den Herrn lieben aus ganzem Herzen..., sodann den Nächsten wie sich selbst... Keinem Menschen antun, was man selbst nicht erdulden möchte. Sich selbst verleugnen, um Christus nachzufolgen... Mit dem Treiben der Welt brechen.

Beten: Wir halten uns an das Bibelwort des Propheten: ‹Siebenmal im Tag singe ich dein Lob!› Dieses Gebot erfüllen wir, wenn wir siebenmal im Tag das Chorgebet verrichten. Über den Gottesdienst in der Nacht aber heisst es in der Bibel: ‹Um Mitternacht erhob ich mich, um dich zu preisen.› Daher wollen wir zusätzlich auch bei Nacht aufstehen, um Gott zu preisen.

Arbeit: Müssiggang ist der Feind der Seele. Deshalb sollen sich die Brüder zu bestimmten Zeiten mit Handarbeit und zu bestimmter Zeit mit dem Lesen der Heiligen Schrift beschäftigen... Ganz besonders soll man jedoch für Arme und Pilger sorgen...»

Benedikt gründete selbst ein Kloster auf Monte Cassino (in Italien, nördlich von Neapel) und führte dort diese Regel ein. Sie wird nach ihm Benediktinerregel genannt. Später übernahmen viele weitere Klöster diese Regel. Man nennt sie deshalb **Benediktinerklöster.**

Mönche als Missionare

Einige Benediktinermönche wurden Missionare. Um 600 n.Chr. zogen sie nach England, das noch kaum christlich war. Die Bewohner liessen sich bekehren. Viele neue Klöster wurden gegründet. Von England aus zogen hundert Jahre später Benediktiner-

mönche nach Deutschland, verbreiteten auch dort den christlichen Glauben und gründeten ebenfalls zahlreiche Klöster.

Was tun die Mönche?

Viele Mönche arbeiteten in der Landwirtschaft oder in der Werkstatt des Klosters. Andere waren Schreiber, ja sogar Gelehrte. Sie studierten die Bibel und die Schriften berühmter griechischer und römischer Schriftsteller. Diese Werke waren handgeschrieben und nicht unbegrenzt haltbar. Daher mussten die Mönche sie immer wieder abschreiben. So blieb ihr Inhalt erhalten. Manche Mönche schrieben auch eigene Bücher, und zwar in lateinischer Sprache.

Nicht jedem Mönch fiel das Leben im Kloster leicht. Ein Mönch berichtet:

7 «Unsere Speise ist knapp und unsere Kleidung rauh. Wir trinken aus dem Fluss und schlafen oft über den Büchern ein. Unter unsern Gliedern liegt nur eine harte Matte; wenn der Schlaf am süssesten ist, müssen wir auf einer Glocke Geheiss aufstehen... Überall herrscht Friede, überall Heiterkeit und eine wunderbare Freiheit von der Unruhe der Welt. Eine solche Einheit und Harmonie herrscht unter den Brüdern, dass jedem alles und alles jedem zu gehören scheint.»

Ein anderer Mönch berichtet:

«Alles hier steht im Gegensatz zu meiner Natur. Ich ertrage die täglichen Pflichten nicht... Die Länge der Gottesdienste bedrückt mich. Oft breche ich unter der Arbeit zusammen. Das Essen klebt mir im Mund, bitterer als Galle. Rauhe Kleidung schneidet mir durch Haut und Fleisch bis auf die Knochen. Mein Wille sehnt sich nach anderem, verlangt nach den Freuden der Welt.»

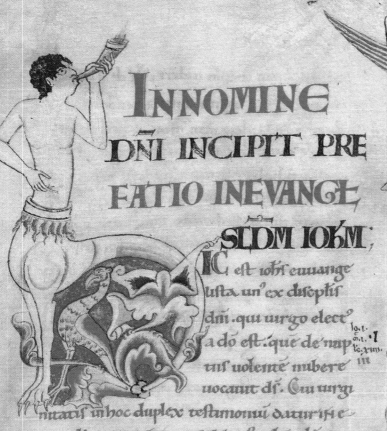

IN NOMINE DNI INCIPIT PRE FATIO IN EVANGL SCDM IOHM

HIC est iohs euange
lista un ex discplis
dni. qui uirgo elect
a do est. que de nup
tis uolente nubere
uocauit ds. Cui uirgi
nitatis inhoc duplex testimoniu datur ise
uanglio. qd̄ ex p ceteris dilect a dno dr̄. &
huic matre sua de cruce commendauit dns.
ut uirgine uirgo seruaret. Deniq; manifestan
in euanglio qd̄ erat ipse incorruptibilis uerbi
op inchoar s. solus uerbu carne factu esse. nec
lum a tenebris comphensu fuisse testatur.
Primu signu ponens qd̄ innuptiis fecit dns. ut
ostendens qd̄ ipse erat legentib demonstrare. qd̄ubi
dns inuitat. deficere uinu nuptiaru debeat.
& ueterib innutatis. noua omnia que axpo
instituunt appareant. Hoc aut euanglium scrip
sit in asia. postea qua inpathmos insula apo
calipsin scripserat. ut cui in pncipio canonis
incorruptibile pncipiu ingenesi. & ita incorrup
tibilis finis puirgine in apocalipsi redderetur.
dicente xpa. Ego su a & ω. & hic est iohs. qui
sciens supueniisse die recessus sui contuocatis
discplis suis in epheso. p multa signox experi
menta p̄mens xpm. descendens inde fossum se
pulture sue locu. facta oratione positus est
ad patres suos. ta extraneus a dolore mortis.
qua a corruptione carnis muenitur alienus.
Tam post omnis scripsit euanglium. & hoc uirgine
debebatur. Quox tam ut scriptox tempori s
dispositio. ut librox ordinatio. ideo p singl a
a nob n exponitur. ut sciendi desiderio collo

EXPL PFATI

INCIP EVA SCDM IOH

IN PNCIPIO ERAT VE

bu. & uerbu erat apud
& ds erat uerbu; hoc
in pncipio apud dm;
p ipsum facta sunt o
ipso factu est michil.
tu e. in ipso uita erat.
erat lux hominu. &
tenebris lucet. & tenebr
n cophendert. Fuit hom
a do. cui nomen erat ioh
uenit in testimoniu. ut
moniu phiberet & de lumi
ut omnis crederent p ill
erat ille lux. sed
testimoniu phiber
de lumine. Erat l
ra. que illumina
homine ueniente
mundu. In mundo erat. & mundus p ip
fact est. & mundus eu n cognouit. In p
uenit. & sui eu n receperunt. Quotqz
receperunt eu. dedit eis potestate fil
fieri his qui credunt innomine ei. Qui
sanguinib neq; ex uoluptate carnis nec
luntate uiri. sed ex do nati sunt. Et uer
caro factu e. & habitauit innob. & uidi

cat o. & querentib fruc
bous. & do magisteri
trina seruetur. amen.

2

3

1 Buchillustration aus einem französischen Kloster
   (Anfang 12. Jahrhundert)
2 Ein gelehrter Mönch im Mittelalter in der Bibliothek
   (Illustration aus einer um 700 in England entstandenen Bibel-
   handschrift)
3 Porträt des heiligen Franz von Assisi (Unterkirche Assisi,
   vielleicht von Cimabue)

Mönche und Könige

Zur Zeit, als die Benediktinermönche nach England
und Deutschland kamen, bestand das Römische Reich
in Westeuropa nicht mehr. Es gab mehrere Königreiche. Die Könige hatten aber nicht viel Macht. Ständig
führten adelige Herren Krieg gegeneinander, oft verwüsteten fremde Völker das Land. Die meisten Menschen lebten sehr einfach und konnten weder lesen
noch schreiben. Die Könige waren daher sehr froh,
dass die Mönche kamen, die Leute zum Christentum
bekehrten und Klöster gründeten. Die Mönche bildeten Priester aus, brachten Bibeln mit und halfen so,
eine christliche Kirche im Land aufzubauen. Sie predigten den Bewohnern, sie sollten miteinander in
Frieden leben und dem König gehorchen.

Oft wurden die Klöster von den Königen und anderen begüterten Leuten mit Land beschenkt. Viele
Klöster wurden so sehr reich. Mönche und Nonnen
liessen Knechte auf den Feldern arbeiten, nahmen es
auch mit den Gebeten nicht mehr so genau und führten ein behagliches Leben. Es gab aber auch immer
wieder Leute, die dies kritisierten. Manche von ihnen
gründeten neue Mönchsgemeinschaften mit Regeln,
die noch mehr verlangten als jene Benedikts.

Franz von Assisi

Der berühmteste unter diesen war Franz von
Assisi (1182–1226). Er war der verwöhnte Sohn eines
reichen Tuchhändlers in Italien. Die grosse Zahl der
Armen und Kranken gab Franz zu denken. Er hörte
auf das Bibelwort:

8 «Heilet Kranke, wecket Tote auf, machet Aus-
sätzige rein, treibet Dämonen aus... Verschaffet euch
nicht Gold noch Silber noch Kupfer in eure Gürtel,
keine Tasche auf den Weg, auch nicht zwei Röcke,
auch nicht Schuhe noch Stab...»
(Matthäus 10, 8 ff.)

Er verliess sein Elternhaus und zog barfuss, im Kleid
eines Hirten, durch Italien. Er lebte von milden
Gaben, predigte und versuchte, Armen und Kranken
zu helfen. Immer mehr Gefährten schlossen sich ihm
an. So entstand die Mönchsgemeinschaft der **Franziskaner.** Bei ihnen durfte nicht nur der einzelne
Mönch, sondern auch die ganze Gemeinschaft keinen
Besitz haben. Ein Franziskanerkloster war ganz auf
die Gaben der Umgebung angewiesen.

Aus der Franziskanerregel:
9 «Die Brüder sollen nichts zu eigen haben, weder
ein Haus, noch einen Ort noch irgendeine Sache.
Und als Pilger und Fremdlinge auf dieser Welt sollen
sie dem Herrn in Armut und Demut dienen und
vertrauensvoll um Almosen bitten gehen, ohne sich
dabei zu schämen, weil sich auch Gott selbst unseret-
wegen auf dieser Welt arm gemacht hat.»

55

Mönche beim Bau eines Klosters (Holzschnitt um 1500)

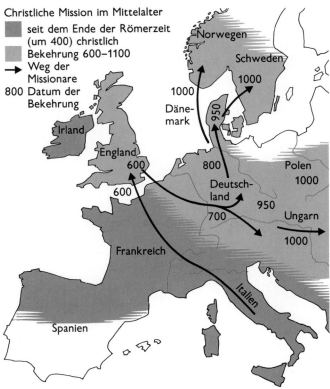

Christliche Mission im Mittelalter

- ■ seit dem Ende der Römerzeit (um 400) christlich
- ■ Bekehrung 600–1100
- → Weg der Missionare
- 800 Datum der Bekehrung

Das Wichtigste in Kürze:

Durch Gebet und Arbeit, durch Verzicht auf Besitz und Familie und durch strenge Disziplin richten Mönche und Nonnen ihr Leben ganz auf Gott aus. Die Klöster waren wichtig für die Verbreitung des Christentums und der Kultur.

1 Wer schuf die bedeutendste Klosterregel? Welches sind seine wichtigsten Forderungen an die Mönche?
2 Welches waren die wichtigsten Tätigkeiten, welche die Mönche in den Klöstern ausübten?

3 Weshalb waren die Könige der damaligen Zeit froh über die Verbreitung des Christentums und die Gründung von Klöstern?
4 Wer gründete die Mönchsgemeinschaft der Franziskaner? Wie lautet ihre wichtigste Regel?

5 Trage folgende Ereignisse auf einem Zeitstrahl ein:
- Geburt Jesu
- Tod Jesu
- Regierungszeit von Kaiser Konstantin
- Leben von Benedikt von Nursia
- Leben von Franz von Assisi
- Erster erhaltener eidgenössischer Bundesbrief
- Entdeckung Amerikas
- Erstes Motorflugzeug
- Erste bemannte Mondlandung

Die Macht der Kirche

Organisation

Die Christen hatten sich schon in römischer Zeit eine gute Organisation gegeben. Über den Mitgliedern einer Gemeinde stand der **Priester,** über den Priestern einer Stadt der **Bischof.** Je mehr das Christentum sich ausbreitete, desto mehr wurde auch die Organisation ausgebaut. Überall sorgten die christlichen Missionare für die Einsetzung von Priestern und Bischöfen. Die Bischöfe der wichtigsten Städte wurden als **Erzbischöfe** den andern übergeordnet. Am meisten Bedeutung gewann aber der **Bischof von Rom,** der von den Stadtrömern «Papa», **Papst** genannt wurde.

Der Papst

Der Papst genoss grosses Ansehen, weil Rom die Hauptstadt eines Weltreichs war und weil man glaubte, der Apostel Petrus sei der erste Bischof von Rom gewesen und dort hingerichtet und begraben worden. An seiner Grabstätte wurde im 4. Jahrhundert die erste Peterskirche erbaut. Dieses Ansehen blieb auch bestehen, als das Römische Reich in Westeuropa auseinanderfiel. Es gelang dem Papst sogar, die Stadt Rom und einen Teil Italiens unter seine alleinige Herrschaft zu bringen. Dies war der Kirchenstaat (siehe Karte Seite 64). Heute ist er auf einen Teil der Stadt Rom, den Vatikan, zusammengeschrumpft.

Der Papst erhob den Anspruch, als Nachfolger des Apostels Petrus über allen Erzbischöfen und Bischöfen zu stehen. In Westeuropa erreichte er dieses Ziel. Die Christen in Griechenland, in Russland und im Orient unterordneten sich ihm dagegen nicht. Daher bezeichnete man die Kirche in jenem Teil der christlichen Welt, der den Papst als Oberhaupt anerkennt, als «**römisch-katholische Kirche**».

Die Organisation der römisch-katholischen Kirche:

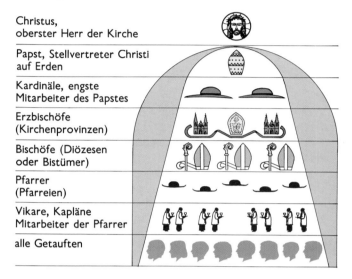

Christus, oberster Herr der Kirche

Papst, Stellvertreter Christi auf Erden

Kardinäle, engste Mitarbeiter des Papstes

Erzbischöfe (Kirchenprovinzen)

Bischöfe (Diözesen oder Bistümer)

Pfarrer (Pfarreien)

Vikare, Kapläne Mitarbeiter der Pfarrer

alle Getauften

So unterstanden zum Beispiel alle Kirchgemeinden und Priester im Gebiet des heutigen Kantons Zürich dem Bischof von Konstanz, dieser dem Erzbischof von Mainz und dieser endlich dem Papst.

Aus einer Erklärung des Papstes Gregor VII. (1075):
10 «Der Bischof von Rom allein kann andere Bischöfe absetzen und wieder einsetzen... Der Papst kann Kaiser absetzen... Sein Entscheid kann von niemandem aufgehoben werden... Über ihn besitzt niemand richterliche Gewalt... Die römisch-katholische Kirche hat nie geirrt und wird nach dem Zeugnis der Heiligen Schrift auch in Ewigkeit nicht irren... Wer nicht mit der römisch-katholischen Kirche übereinstimmt, ist nicht rechtgläubig.»

Aus einer Erklärung von Papst Bonifaz VIII. (1302):
11 «Es gibt nur eine heilige, katholische, von den Aposteln gegründete Kirche... Ausserhalb von ihr gibt es kein Heil und keine Vergebung der Sünden. Von dieser einzigen Kirche gibt es nur... ein Haupt, nämlich Christus und dessen Stellvertreter, den Nachfolger des Petrus... Dieser hat zwei Schwerter zur Verfügung, das kirchliche und das politische... Das kirchliche gehört dem Papst, das politische ist zu führen von der Hand der Könige, aber nur wenn und solange der Papst es will.»

Welches ist der richtige Glaube?

Aufgabe der Kirche war es, den Menschen den christlichen Glauben zu lehren. Der Inhalt dieses Glaubens stand in der Bibel. Aber über die richtige Auslegung der Bibel gab es oft Streit. Auf manche

Fragen gab die Bibel keine oder keine klare Auskunft:
- Wenn Jesus der Sohn Gottes war, war dann seine Mutter Maria auch etwas Göttliches?
- Waren jene Christen, die den Märtyrertod erlitten hatten, Heilige, zu denen man beten konnte?
- Hat Jesus beim Abendmahl mit den Jüngern gesalzenes oder ungesalzenes Brot verwendet?
- Dürfen Priester heiraten?

Der Papst erhob den Anspruch, auf solche und andere Fragen allein die massgebende Antwort zu erteilen. Bei wichtigen Problemen berief er allerdings eine Versammlung der Erzbischöfe und Bischöfe, das **Konzil**, ein. Wer sich nicht an den Entscheid des Papstes oder des Konzils hielt und eine andere religiöse Meinung vertrat, galt nicht mehr als Christ. Er war ein «Ketzer» und konnte nach dem Tod und dem Jüngsten Gericht unmöglich ins Paradies gelangen.

Verbrennung religiöser Schriften von Ketzern durch ein Inquisitionsgericht (Gemälde von Pedro Berruguete, 15. Jahrhundert)

Kirche und Ketzer

Seit etwa 1200 versuchte die Kirche, durch die **Inquisition** (lateinisch; deutsch: Untersuchung) alle Ketzer zu ermitteln. Sie fürchtete, dass falsche Lehren verbreitet würden und immer mehr Leute zum Irrglauben verführt werden könnten.

Über die Organisation der Inquisition (1229):
12 «Die Bischöfe müssen in jeder Pfarrgemeinde... einen Priester und mehrere Laien verpflichten, dass sie fleissig in ihren Gemeinden nach Ketzern for-

57

schen... Haben sie einige Ketzer oder Beschützer von Ketzern entdeckt, so müssen sie diese... dem Bischof und dem Herrn des Orts schleunigst anzeigen... Wer künftig noch auf seinem Gebiet einen Ketzer verweilen lässt,... der verliere sein Gebiet auf immer... Wenn ein Ketzer seinen falschen Glauben aufgibt..., muss er auf seinem Kleid zwei Kreuze tragen... Wer erwachsen ist, muss dreimal im Jahr seinem Priester seine Sünden beichten...; wer dies nicht tut, ist der Ketzerei verdächtig.»

Der Inquisitor Bernhard Guidonis (1261–1331) über das Ziel der Inquisition:

13 «Zweck der Inquisition ist die Zerstörung des Unglaubens. Der Unglaube kann aber nur durch die Vernichtung der Ketzer zerstört werden... Auf zweierlei Arten aber werden die Ketzer vernichtet: indem sie sich von der Ketzerei zur katholischen Religion zurückwenden, und indem man sie dem Gericht des Fürsten übergibt, das sie zur Verbrennung verurteilt.»

Kirche und Könige

Die damaligen Könige und Fürsten hielten es für ihre Pflicht, die Kirche zu unterstützen und gegen Leute, die falsche religiöse Lehren verbreiteten, vorzugehen. Ihre Gerichte verurteilten die Ketzer zum Tode. Umgekehrt lehrte die Kirche die Gläubigen, die Macht der Könige und Fürsten anzuerkennen.

Glaube und Freiheit heute

Erklärung des Zweiten Vatikanischen Konzils der römisch-katholischen Kirche (1965):

14 «Somit verfolgt die Kirche in Treue zur Wahrheit des Evangeliums den Weg Christi und der Apostel, wenn sie anerkennt und dafür eintritt, dass der Grundsatz der religiösen Freiheit der Würde des Menschen und der Offenbarung Gottes entspricht.»

Artikel 49 der Schweizerischen Bundesverfassung lautet:

15 «Die Glaubens- und Gewissensfreiheit ist gewährleistet.»

Das Wichtigste in Kürze:

Im Mittelalter stieg der Bischof von Rom als Papst zum Haupt der westeuropäischen Kirche auf. Papst und Konzil bestimmten, was die Gläubigen zu glauben hatten. Wer in seinem Glauben von der Lehre der Kirche abwich, wurde durch die Inquisition zur Änderung seiner Einstellung gezwungen oder der Hinrichtung zugeführt.

1 Womit begründete der Papst den Anspruch, über den anderen Bischöfen und Erzbischöfen zu stehen?
2 Wie bezeichnet man die Kirche, welche den Papst als Oberhaupt anerkennt?
3 Erkläre die Begriffe «Konzil», «Inquisition» und «Ketzer».
4 Welche Stellung nahm der Papst gegenüber Königen und Fürsten in Anspruch?
5 Überlege dir, weshalb wohl der Papst den Anspruch erhob, allein oder durch die Konzilien die Bibel richtig auslegen zu können?
6 Werden auch heute noch Menschen wegen ihres Glaubens oder ihrer Überzeugung verfolgt oder benachteiligt? Gibt es solche Fälle vielleicht auch in deiner Umgebung?

Kernthema:

Die Spaltung der Kirche

Mensch und Kirche um 1500

Das Jüngste Gericht

Wenn ein Mensch um das Jahr 1500 in eine Kirche trat, erblickte er über dem Eingang oft ein Relief wie Bild 1. Es erinnerte ihn an die wichtigsten Punkte der christlichen Lehre, an die er glaubte: Der Mensch ist ein Sünder. Immer wieder verstösst er gegen die Gebote Gottes in der Bibel. Er kann anderseits auch Gutes tun. Zur Zeit des Weltendes wird Gott über alle Menschen Gericht halten. Jene, die mehr Sünden begangen haben als gute Taten, werden auf ewig in die Hölle kommen, die andern in den Himmel zu Gott.

Der Mensch war aber nicht nur am Jüngsten Gericht auf Gott angewiesen, sondern auch im täglichen Leben. Immer wieder gab es tödliche Seuchen, Hungersnöte, Naturkatastrophen, Missernten, die man aus eigener Kraft nicht verhindern konnte. Von Gott hing es ab, ob sie geschahen und ob man sie überlebte.

Heiligenverehrung

Daher unternahmen die Menschen alles Mögliche, um Gott gnädig zu stimmen. Sie gingen zum Priester und beichteten ihre Sünden. Dann durften sie in der Messfeier vom heiligen Brot essen, wodurch ihnen

1 Hauptportal der Kathedrale von Bourges (Frankreich, 13. Jahrhundert)
2 Detail von Bild 1: mittleres Band des Reliefs über dem Portal

1

2

die Sünden vergeben wurden. Sie beteten auch, nicht nur zu Gott, sondern vor allem zu den Heiligen. Heilige waren Menschen, die ein besonders gutes Leben geführt hatten und nun bei Gott im Himmel lebten. Man glaubte, die Heiligen könnten für einen bei Gott ein gutes Wort einlegen. Daher errichtete man ihnen Altäre in den Kirchen. Jeder Heilige hatte seinen Anhängerkreis, der dann am Namenstag seines Heiligen einen Umzug durchführte und ein Fest feierte.

Heiligenverehrung (kleine Auswahl):

Heiliger	Anhängerkreis	Grund der Verehrung
St. Michael	Apotheker und Krämer	St. Michael wägt am Jüngsten Gericht die Seelen mit einer Waage. Wer im Beruf mit einer Waage zu tun hat, verehrt ihn.
St. Hubertus	Jäger	Hubertus begegnete auf der Jagd einem Hirsch mit einem Kreuz im Geweih und bekehrte sich darauf zum Christentum.
St. Christophorus	Reisende, Fuhrleute	Christophorus trug das Jesuskind über einen Fluss. Er beschützt also die Reisenden.
Hl. Barbara	Dachdecker, später auch Kanoniere und Bergleute	Barbara wurde von ihrem Vater, der ein Gegner des Christentums war, in einem hohen Turm eingesperrt. Der Turm wurde später als Kanonenrohr angesehen.
Hl. Sebastian	Bogenschützen	Er wurde bei einer Christenverfolgung von Pfeilen durchbohrt.

Aus einem Erlass des Zürcher Rates (1520):

16 «Die Meister der Schneiderzunft haben sich beklagt, dass die Schneidergesellen begonnen haben, einen eigenen Heiligen, nämlich den Sankt Gutmann, zu verehren, und an dessen Namenstag nicht gearbeitet haben. Dies hat den Schneidermeistern Schaden gebracht, denn sie sind mit Arbeit überlastet. Daher beschliesst der Rat, dass jeder Schneidergeselle, der statt zu arbeiten mit der Trommel herumgezogen ist, eine Busse von 5 Schilling bezahlen muss. Und wenn die Schneidergesellen schon ihren St. Gutmann verehren wollen, dann sollen sie das in Zukunft mit Beten und Spenden tun, nicht mit Festen und Tanzen.»

Reliquien

Mit grossem Eifer wurden Reliquien (lateinisch; deutsch: Überreste) gesammelt. Dies waren Körperteile von Heiligen oder Gegenstände, mit denen Jesus oder ein Heiliger zu tun gehabt hatte. Man glaubte, dass diese Reliquien Wunder bewirken und einem vor Unglück bewahren konnten. Daher waren sie sehr wertvoll, und man unternahm alles, um sie zu erwerben. Als zum Beispiel ein Dieb in Köln den Schädel des heiligen Vinzenz stahl und nach Bern brachte, erhielt er von den Bernern zum Dank eine Anstellung als Beamter und eine Alterspension.

Aus der Reliquiensammlung Kurfürst Friedrichs von Sachsen:

Dieser Fürst legte eine Sammlung von 5005 Reliquien an, die in der Schlosskirche von Wittenberg aufbewahrt wurden. 1509 erschien ein vollständiger Katalog seiner Sammlung. Unter anderem besass er:
- von Jesus: 13 Stücke von der Krippe; 1 Stück des Wickeltuches; 2 Heuhalme; 4 Steine des Berges, auf dem Jesus gefastet hatte; 2 Stücke vom Schweisstuch vor der Kreuzigung; 1 Barthaar; 8 Dornen der Dornenkrone; 33 Splitter des Kreuzes usw.
- von Maria: 4 Haare; 14 Stücke ihrer Kleider; 7 Stücke ihres Schleiers; 5 Milchtropfen, die zu Boden fielen, als sie Christus säugte; 1 Stück des Baumes, unter dem sie Christus säugte, usw.
- von den Märtyrern, die bei Christenverfolgungen ums Leben gekommen waren: Tausende von Körperteilen.

Ausschnitt aus dem «Wittenberger Heiligtumsbuch» (Reliquienverzeichnis des Kurfürsten von Sachsen, Anfang 16. Jahrhundert)

Wallfahrten

Häufig gingen die Menschen auf Wallfahrten. An den Wallfahrtsorten hatten sich Wunder zugetragen. Oft befanden sich dort auch besonders wertvolle Reliquien. Indem man die Mühe einer Pilgerfahrt zum Wallfahrtsort unternahm, vollbrachte man eine gute Tat und büsste seine Sünden ab. Am Wallfahrtsort selbst betete man und hoffte, dass sich das früher ge-

schehene Wunder auch zu den eigenen Gunsten aus-
wirken würde. Für die meisten Leute war die Pilgerfahrt auch die einzige Möglichkeit, einmal ihren
Geburtsort zu verlassen und etwas von der Welt zu
sehen.

Einsiedeln

Die berühmtesten Wallfahrtsorte waren Jerusalem
und Rom. Sehr beliebt war aber auch Einsiedeln im
Kanton Schwyz. Hier war an der Stelle, wo der heilige Meinrad in der Einsamkeit gelebt hatte, ein Kloster entstanden. In der Klosterkirche befand sich eine
kleine Kapelle (Gnadenkapelle) und in dieser eine
heute noch vorhandene, rauchgeschwärzte Holzsta-
tue der Maria. Diese Statue galt als wundertätig. Daher zogen zum Beispiel jedes Jahr die Bürger der
Stadt Zürich am Pfingstmontag nach Einsiedeln. Aus
jedem Haushalt musste mindestens ein Erwachsener
mit, so dass der Zug jeweils aus über 1500 Menschen
bestand. Sie fuhren mit zahlreichen Schiffen bis nach
Richterswil und marschierten dann zu Fuss weiter. In
Einsiedeln opferten sie in der Kapelle eine grosse
Wachskerze mit dem Zürcher Wappen. Damit hofften sie, den Schutz Gottes, gutes Wetter und eine
gute Ernte zu erlangen. – Von der Gnadenkapelle
glaubte man, bei ihrer Einweihung seien Christus
selbst und die Engel vom Himmel herab erschienen.
Darum wurde alle sieben Jahre während zwei Wochen (13. bis 27. September) das Fest der Engelweihe
gefeiert. In diesen Tagen strömten riesige Pilger-
massen nach Einsiedeln. Im Jahr 1466 waren es über
130 000!

1 Marienstatue in der
  Einsiedler Gnadenkapelle
2 Einsiedeln um 1500

Fegefeuer und Ablass

Wenn ein Mensch zwar ein gläubiger Christ war, aber bis zu seinem Tod nicht alle Sünden durch gute Taten ausgeglichen hatte, kam er, so glaubte man, vor dem Jüngsten Gericht in das Reinigungs- oder Fegefeuer. Dort musste er für seine restlichen Sünden büssen, damit er nach dem Jüngsten Gericht doch noch in den Himmel kam. Vor diesem Fegefeuer hatten die Menschen grosse Angst. Sie konnten sich aber durch Geldspenden an die Kirche von den Strafen im Fegefeuer befreien. Diesen Straferlass nannte man Ablass. Für die Kirche war dies ein gutes Geschäft, so dass sie immer häufiger Ablassaktionen veranstaltete.

Darstellung des Ablasshandels um 1500 (Holzschnitt)

Die Bedeutung der Kirche

Um Fegefeuer und Jüngstes Gericht zu überstehen, war der Mensch auf die Kirche angewiesen. Nur ein Priester konnte ihm die Beichte abnehmen und die Messfeier durchführen. Die Kirche organisierte die Wallfahrten und behütete die Reliquien. Die Kirche gewährte den Ablass. Die Zahl der Kirchen und Klöster war gross. Dies zeigt ein Rundgang durch die damalige Stadt Zürich, die etwa 5000 Einwohner zählte und eine Fläche von weniger als 1 Quadratkilometer umfasste.

Klöster und Kirchen in Zürich – ein Stadtrundgang um 1500

Der Besucher fährt mit seinem Schiff durch das Grendeltor und legt am rechten Limmatufer, auf der Höhe des Wellenbergs, an der Schifflände an. Gleich vor sich hat er die Wasserkirche. Wenige Schritte darüber steht er vor der Grossmünsterkirche. Sie gehört dem Stift der Grossmünster-Chorherren, einer Vereinigung von Priestern. Er schreitet die Kirchgasse aufwärts. Die Häuser links und rechts gehören alle dem Chorherrenstift. Vor dem Lindentor biegt er nach links ab, folgt der Stadtmauer und geht am

Bild unten: Plan der Stadt Zürich von Jos Murer (1576); violette Bereiche: kirchlicher Besitz

1 Grossmünster mit etwa 40 Häusern
2 Fraumünster mit 15 Häusern
3 Barfüsserkloster
4 Predigerkloster
5 Augustinerkloster
6 Dominikanerinnenkloster Oetenbach
7 St. Peter
8 Kloster St. Verena
9 Wasserkirche (zum Grossmünsterstift)

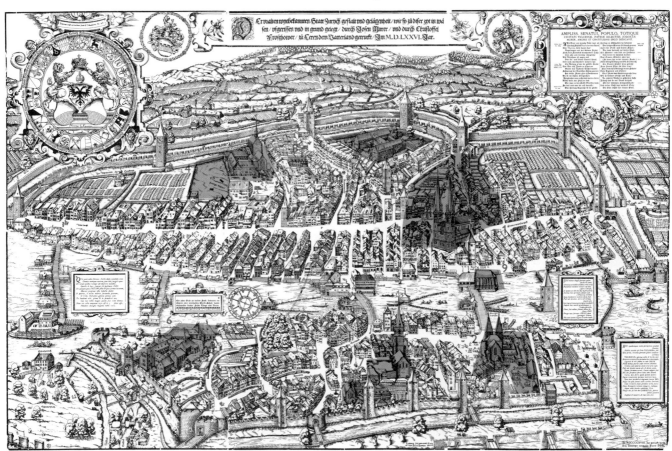

Kloster der Franziskaner oder Barfüsser vorbei. Vom Neumarkttor aus marschiert er den Neumarkt abwärts und biegt dann nach rechts in die Froschaugasse ein. Rechts erblickt er durch einen Torbogen das kleine Kloster der Nonnen von St. Verena. Er gelangt zur Brunngasse und hat das Prediger- oder Dominikanerkloster vor sich. Durch die Brunngasse kommt er zur Hauptstrasse, der Münstergasse. Auf ihr geht er einige Schritte in Richtung Grossmünster, biegt dann aber nach rechts zum Rathaus und zur unteren Brücke ab. Er überquert die Limmat und gelangt über die Strehlgasse zum Lindenhof. Von dort blickt er in das Areal des Klosters Oetenbach, wo die Dominikanerinnen leben. Er kehrt zur Strehlgasse zurück und wendet sich abwärts gegen die Stadtmauer. Bevor er das Augustinertor erreicht hat, erblickt er links das Augustinerkloster. Gleich dahinter auf einem Hügel steht die St.-Peter-Kirche. In den Häusern darum herum wohnen die Priester. Wenn er von da aus durch die engen Gassen gegen die obere Brücke hinuntersteigt, gelangt er auf den Münsterhof und hat das Fraumünster vor sich. Dieses Kloster wird von Benediktinerinnen bewohnt. Die Häuser um das Kloster und gegen den See gehören zum grossen Teil dazu. Über die obere Brücke kehrt der Besucher zu seinem Schiff zurück.

Wovon lebte die Kirche?

Auch auf der Zürcher Landschaft gab es recht viele Klöster. Jedes grössere Dorf hatte seine eigene Kirche. Die Klöster, besonders das Grossmünster und das Fraumünster, besassen viel Land. Die Bauern, die das Land bebauten, mussten dafür dem Kloster Zins bezahlen. Die Priester der einzelnen Kirchen wurden aus dem Zehnten entschädigt. Dies war eine Abgabe von etwa zehn Prozent des Ernteertrages, welche alle Bauern jährlich entrichten mussten. Daneben gab es noch weitere Kirchensteuern, die nur gelegentlich eingezogen wurden.

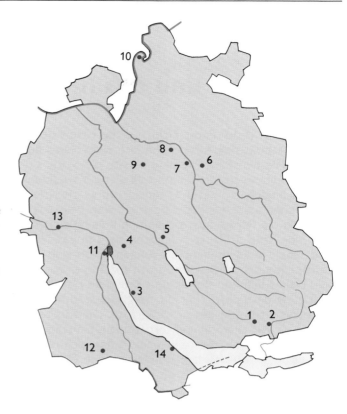

Klöster auf dem Gebiet des heutigen Kantons Zürich
(ohne Klöster in der damaligen Stadt Zürich)

1	Bubikon	8	Beerenberg-Wülflingen
2	Rüti	9	Embrach
3	Küsnacht	10	Rheinau
4	St. Martin auf dem Zürichberg	11	Selnau-Zürich
5	Gfenn-Dübendorf	12	Kappel
6	Heiligenberg bei Winterthur	13	Fahr (Kanton Aargau)
7	Töss-Winterthur	14	Wädenswil

Das Wichtigste in Kürze:

Durch die Verehrung von Heiligen und Reliquien, durch Wallfahrten und den Kauf von Ablass versuchten die Menschen des Spätmittelalters, am Jüngsten Gericht die Seligkeit zu erlangen. Dies war nur mit Hilfe der Kirche möglich.

1 Wer wird nach dem Glauben der Christen in den Himmel kommen und wer in die Hölle?
2 Erkläre die Begriffe «Heilige» und «Reliquien».
3 Welche Bedeutung hatten die Wallfahrten?
4 Wie beurteilst du den Ablasshandel?
5 Welche Aufgaben konnte in der damaligen Zeit nur die Kirche erfüllen? Nenne einige Aufgaben, welche die Kirchen heute haben.

Die Kirche und das liebe Geld...

Der Papst

Um 1500 war der Papst nicht nur das Haupt der römisch-katholischen Kirche, sondern auch Herrscher über den Kirchenstaat. Dieser umfasste die Stadt Rom und einen grossen Teil Mittelitaliens. Zwischen den verschiedenen Staaten in Italien gab es oft Kriege, an denen auch der Papst beteiligt war. Meistens stammten die Päpste aus vornehmen italienischen Familien. Ihr Amt als Papst benützten sie, um ihre Verwandtschaft in angesehene Stellungen zu bringen und ihre Familie noch reicher und noch mächtiger zu machen. Daher bildeten Politik und Krieg die Hauptbeschäftigung der Päpste. Für die religiösen Bedürfnisse des Volkes interessierten sie sich kaum. Die Kirche war für sie vor allem eine internationale Einnahmequelle. Sie achteten aber sehr darauf, dass sich niemand gegen ihre Autorität auflehnte, denn dies hätte zu Einnahmenverlusten führen können.

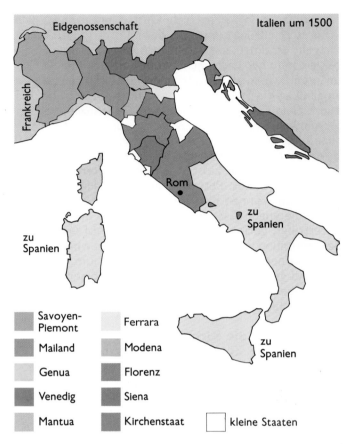

Wichtige Einnahmen und Ausgaben der Päpste:

Einnahmen pro Jahr	in Gulden
Einnahmen aus dem Kirchenstaat:	
– Zölle	100 000
– Steuern	180 000
– Bergwerke und Salinen	200 000
Kirchliche Einkünfte aus ganz Europa:	
– Abgaben der Bischöfe	100 000
– Abgaben anderer Personen für Gebühren, Bewilligungen	80 000
– Verkauf von Ämtern, besonders Bischofs- und Abtstellen	400 000
– Ablassverkauf	60 000

Ausgaben pro Jahr	in Gulden
– Zahlungen an Söldner*	900 000
– Feiern, Feste	100 000
– Bauten	10 000–50 000

Aus einem Brief des Kanzlers von Mainz (1457):

17 «Rom gewährt zahllose Gnadengeschenke, aber es fordert dafür die Abgaben oder Vermittlungsgelder ohne Zeitaufschub ein, ja es erpresst sie. Die Kirchenämter werden nicht mehr dem übertragen, der sie verdient, sondern dem, der am meisten dafür bietet. Es werden tausend Arten ausgesonnen, mit denen der römische Stuhl... das Gold aus uns herauspresst.»

Die Bischöfe

Wer Bischof oder Erzbischof werden wollte, musste sich dieses Amt vom Papst erkaufen. Oft wurden so Leute zu Bischöfen, die keinerlei Ausbildung hatten und gar nie Priester gewesen waren. Die Bischöfe ihrerseits verkauften nun wieder die Pfarrstellen in den Kirchgemeinden. Oft kauften Leute solche Pfarrstellen, die gar nicht die Absicht hatten, das Pfarramt auszuüben. Manche erwarben gleichzeitig mehrere Pfarrstellen. Es ging ihnen nur um die Einnahmen, die mit dem Pfarramt verbunden waren. Als ihre Stellvertreter setzten sie dann Vikare mit einem Hungerlohn ein.

Aus der kritischen Schrift «Reformatio Sigismundi» (um 1440):

18 «Sehet an, was die Bischöfe jetzt tun: Sie führen Krieg und allen Unfrieden wie weltliche Fürsten. Das tun sie mit Hilfe der Abgaben, die in dem Bistum... auf Grund der Priestersteuer hereinkommen... Ein Bischof sollte keine Schlösser haben. Er sollte in der Hauptkirche seines Bistums leben und ein geistliches Leben führen, so dass er allen Priestern ein Vorbild ist. Jetzt aber reiten die Bischöfe in der gleichen Rüstung herum wie die Fürsten...»

Die Priester

Die Pfarrer und die Vikare in den Dörfern und Städten waren oft schlecht ausgebildet. Sie kannten häufig nur die vorgeschriebenen Mess- und Gebetstexte, besassen aber keine Bibel und konnten keine

* Monatslohn eines Söldners: etwa 5 Gulden

Predigt halten. Auch charakterlich befriedigten sie nicht immer. Heirat war ihnen verboten. Meistens aber lebten sie mit einer Frau zusammen und hatten auch Kinder. Im allgemeinen liess der vorgesetzte Bischof dies zu und kassierte dafür Dispensationsgebühren.

Aus einer Erhebung über die Lage der Kirche in Bayern (1522):

19 «Die Bauernschaft auf dem Land besonders lässt öffentlich hören, sie wolle die Pfaffen alle totschlagen, und gibt dafür folgende Ursache an: Die Priester führen sich so unpriesterlich und unordentlich auf, dass es unmöglich und gegen den christlichen Glauben ist, dies zu dulden. Sie liegen Tag und Nacht in den öffentlichen Wirtshäusern, trinken mit andern Leuten, werden voll und veranlassen dann Rumor und Aufruhr mit Schlagen, Raufen und dergleichen Gewalttätigkeiten... Oftmals gehen sie nach solchem Trinken und Rumoren, ohne zu schlafen, zum Altar, um ihre göttlichen Pflichten zu vollbringen... Sie spielen auch öffentlich in den Schenken Tag und Nacht mit Karten und Würfeln... Sie tragen auch gegen die Ordnung verbotene Waffen wie Schwerter und Messer... Wenn jemand stirbt, verlangen sie von den Erben für die Bestattung und die Trauergottesdienste so viel, dass arme Leute es kaum bezahlen können...»

Die Klöster

In zahlreichen Klöstern herrschte ein gemütlicher und lustiger Betrieb. Viele waren reich und nahmen daher nur reiche Leute auf, die noch mehr Reichtum

1 Christus jagt die Händler aus dem Tempel
2 Der Papst in der Kirche kassiert Geld für den Verkauf von Ämtern usw. (Holzschnitte von Lucas Cranach)

Kirchliche Abgaben vor der Reformation:

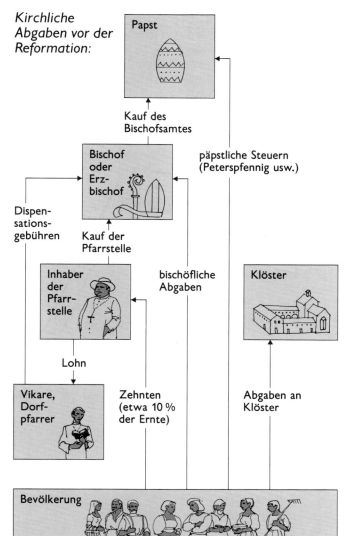

ins Kloster brachten. Daher gab es in manchen Klöstern nur noch ganz wenige Mönche. In Einsiedeln waren es noch zwei: der Abt und sein Stellvertreter. Andere Klöster dienten vornehmen Familien als Versorgungsanstalt für Söhne oder Töchter, mit denen man keine anderen Pläne hatte.

Aus dem Gedicht «Das Narrenschiff» von Sebastian Brant (1494):

20 «Man stösst manch Kind in einen Orden,
Eh es zum Manne noch geworden;
Eh es versteht, ob dies ihm sei
Nütz oder unnütz, steckt's im Brei.
Viel leistet die Gewöhnung zwar,
Doch manchen reut's im spätern Jahr,
Der die Verwandten dann verflucht,
Die ihm dies Leben ausgesucht.
Gar wen'ge erst ins Kloster gehn,
Wenn sie so alt, dass sie's verstehn...
S'ist besser, kein Gelübd getan,
Als sein ein schlechter Ordensmann.»

Eine «Reformation»

Im Leben der damaligen Menschen spielte die Kirche wirtschaftlich und geistig eine sehr wichtige Rolle. Daher wurde der schlechte Zustand der Kirche oft kritisiert. Viele Leute forderten eine Reform oder, wie man damals sagte, eine Reformation. Es gab auch einige Bischöfe, Äbte und Pfarrer, die sich darum bemühten. Sie setzten sich mit ihren Bemühungen aber nicht durch.

Das Wichtigste in Kürze:
In der spätmittelalterlichen Kirche hatte das Bedürfnis nach Geld oft den Vorrang vor den religiösen Aufgaben.

1 Welches waren die Hauptbeschäftigungen der Päpste um das Jahr 1500?
2 Wozu wurden die Kirche und ihre Gläubigen von den Päpsten vor allem benutzt?
3 Wie gelangte man damals zu einem Bischofssitz oder zu einer Pfarrstelle?
4 Trage in einem Kärtchen von Italien den Kirchenstaat und einige andere bedeutende Staaten um 1500 ein und beschrifte sie.
5 Stelle alle Missstände in der Kirche von damals zusammen, und überlege dir, wie diese hätten behoben werden können.

Neues Denken und neue Kunst

Schulen im Mittelalter

Seit das Römerreich in Westeuropa nicht mehr bestand (5. Jahrhundert), waren hier Mönche und Priester fast die einzigen Menschen, die lesen und schreiben konnten. Sie wurden in Kloster- und Bischofsschulen ausgebildet. Hier lernten sie Latein, vor allem die vorgeschriebenen Texte des Messbuches und der Gebete, die sie für den Gottesdienst kennen mussten. Sie studierten auch Auszüge aus der Bibel und die Schriften christlicher Denker über die Bibel. Ziel der Ausbildung war eine möglichst gute Kenntnis des christlichen Glaubens.

Neben der Bibel und den Werken christlicher Schriftsteller besass man zwar noch Werke berühmter griechischer und römischer Dichter und Wissenschafter, die vor der Zeit Christi gelebt hatten. Aber weil diese noch keine Christen gewesen waren, las man ihre Werke nur mit Vorsicht und legte den Schülern höchstens Ausschnitte vor, welche nicht im Widerspruch zur christlichen Lehre standen.

Universitäten

Im 13. Jahrhundert entstanden die ersten Universitäten. Hier wurden nun neben der Theologie (Lehre vom Glauben) auch andere Wissenschaften unterrichtet: Rechtswissenschaft, Dichtkunst, Mathematik, Naturwissenschaften, Medizin. Die Kirche achtete aber darauf, dass sich diese in den Rahmen der christlichen Religion einfügten.

Humanisten (14. bis 16. Jahrhundert)

Seit dem 14. Jahrhundert interessierten sich aber immer mehr Gelehrte für die Werke der vorchristlichen griechischen und römischen Schriftsteller. Sie wollten sie vollständig, ohne kirchliche Brille und kirchlichen Filter, lesen. Sie wollten sich auch ein eigenes, selbständiges Urteil darüber bilden. Auch die Bibel wollten sie vollständig, im ursprünglichen griechischen (Neues Testament) und hebräischen (Altes Testament) Wortlaut, studieren. Daher lernten sie nicht nur Latein, sondern auch Griechisch und Hebräisch. Sie entdeckten auch viele römische und griechische Werke wieder, die in schlecht unterhaltenen Klosterbibliotheken vermoderten, und retteten sie vor dem Verfall. Diese Gelehrten waren der Ansicht, dass man durch das selbständige Lesen auch zum selbständigen Denken komme. Man nannte sie Humanisten (lateinisch: «humanum»: das Menschliche), weil es ihnen um die Bildung des Menschen ging. Dabei lehnten sie die christliche Religion nicht ab, kritisierten aber die Missstände in der Kirche.

Aus dem Schreiben eines Vaters an seinen Sohn (aus Rabelais: «Gargantua und Pantagruel», 1532):

21 «Alle Künste und Wissenschaften sind bei uns wieder heimisch, vorab das Griechische, ohne das kein Gelehrter bestehen kann, und mit ihm das Hebräische und Lateinische... Darum ermahne ich Dich, geliebter Sohn, Deine Zeit erspriesslichen Studien zu

66

widmen, und wünsche mir, dass Du diese Sprachen vollständig lernst. Im Griechischen bilde Deinen Stil an Platon, im Latein an Cicero. Vervollkomme Dich in Geometrie, Arithmetik und Musik, erforsche auch die Astronomie... Vertiefe Dich ernsthaft in die Naturkunde, damit Dir kein Fisch, kein Gewässer, kein Vogel, Baum, Busch, Gesträuch, Metall und Edelgestein fremd bleibt.»

Ein Brief des italienischen Humanisten Petrarca an einen Freund in Konstantinopel (1354):

22 «Du hast mir das Werk Homers geschenkt... und zwar nicht in eine fremde Sprache übersetzt. Rein und unverfälscht kommt es aus der sprudelnden griechischen Sprache... Das allerherrlichste Geschenk... halte ich in Händen.»

Neue Schulen

Gleichzeitig entstanden in den Städten zahlreiche neue Schulen. Sie unterstanden dem Rat der Stadt, nicht der Kirche. Nicht nur künftige Priester, sondern möglichst viele Bürgerkinder sollten eine Schule besuchen. Die Schüler lernten zum Teil in lateinischer, zum Teil in der eigenen Sprache lesen und schreiben. Oft wurden Humanisten als Lehrer angestellt. So nahm die Bildung unter der Stadtbevölkerung zu.

Der Rat der Stadt Brugg über die Pflichten des Schulmeisters (um 1500):

23 «Zunächst soll der Schulmeister das Schulhaus in guter Ordnung und Pflege halten. Er soll die Schüler fleissig beaufsichtigen, so dass sie von Geschrei, Schlägereien... nach Möglichkeit abgehalten werden. Er soll sich im Sommer am Morgen ungefähr um fünf Uhr, im Winter um sechs Uhr in der Schule einfinden. Dann soll er jedem Schüler entsprechend seinem Ausbildungsstand und seinem Alter eine Lektion erteilen, ihn auch darüber abfragen und die Fehler korrigieren... Nach dem Imbiss soll er um elf Uhr wieder erscheinen und in gleicher Weise weiterfahren. Und er soll die Schüler nicht vor vier Uhr entlassen, ausser am Abend vor einem Feiertag... Er soll den Kindern auch befehlen, möglichst wenig zu schwatzen und unter sich Lateinisch zu reden, sowohl in der Schule als auch ausserhalb... Er soll sich auch bemühen, dass sich die Kinder in der Kirche, im Kirchturm und auf dem Friedhof anständig aufführen und nicht zu den Glocken hinauf klettern, bei Strafe der Ausziehung ihrer Kleider und Rutenschlag auf den ganzen Leib.»

Renaissance (15. und 16. Jahrhundert)

Nicht nur für die Gelehrten, sondern auch für die Künstler war das griechisch-römische Altertum das grosse Vorbild. Die Werke der mittelalterlichen Kunst, die zwischen dem Altertum und der eigenen Zeit entstanden waren, galten als unnatürlich, hässlich und wertlos. Erst jetzt, glaubte man, entstand wieder wirkliche Kunst. Man sprach daher von der **Renaissance** (deutsch: Wiedergeburt) der Kunst. Der Stil der Renaissance setzte sich in Italien im 15., im übrigen Europa im 16. Jahrhundert durch.

Schulunterricht um 1500

Das Wichtigste in Kürze:
Durch Humanismus und Renaissance rückte der einzelne Mensch mehr in den Mittelpunkt. Literatur und Kunst des Altertums galten als Vorbild.

1 Welches war das Lernziel an den Klosterschulen?
2 Welche Fächer wurden an den Universitäten unterrichtet? Welches war das wichtigste?
3 Wie bezeichnet man die Gelehrten, welche sich im 14. Jahrhundert für die griechischen und römischen Schriftsteller zu interessieren begannen?
4 Erkläre den Begriff «Renaissance».

5 Weshalb lernten die Gelehrten der damaligen Zeit Griechisch, Lateinisch und Hebräisch? Welche Folgen hatte dies wohl für die Lehren der Kirche?
6 Vergleiche auf den folgenden Seiten die sich jeweils gegenüberstehenden Kunstwerke und halte die Unterschiede fest. Ordne sie auf Grund ihrer Entstehungszeit und ihres Entstehungsortes dem Mittelalter oder der Renaissance zu. Versuche, die wesentlichen Merkmale der Kunst der Renaissance zu beschreiben.

1

2

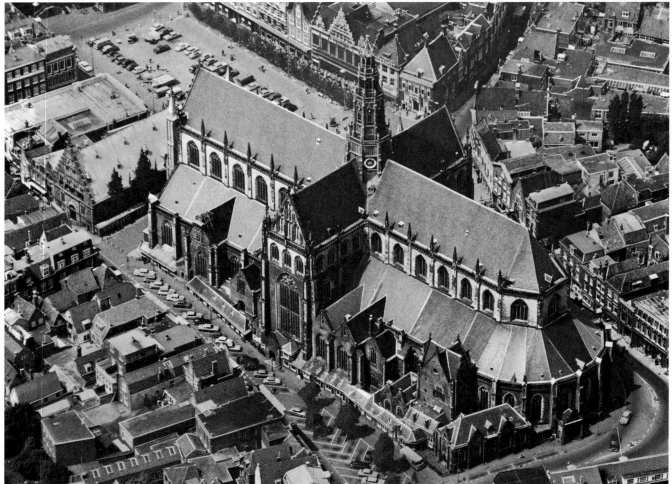

5

3

4

1 Kathedrale von Reims, Westfassade (Frankreich, 13. Jahrhundert)
2 Sant'Andrea in Mantua (Italien), erbaut um 1470 von Leone Battista Alberti
3 Das Rathaus von Löwen (Belgien), erbaut 1448–1463
4 Palazzo Rucellai in Florenz (Italien), erbaut von Leone Battista Alberti nach 1457
5 St. Bavo in Haarlem (Niederlande), erbaut 1390 bis 1520
6 Santa Madonna di San Biagio bei Montepulciano (Italien), erbaut nach 1518 von Antonio Sangallo
7 Grundriss der Kirche Santa Madonna di San Biagio

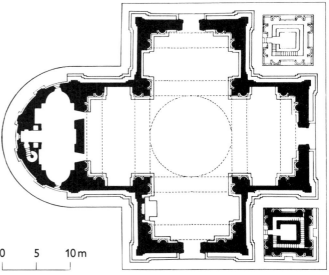

0   5   10 m

6

7

1 Griechische Bronzestatue (um 340 v.Chr.)
2 Darstellung Davids; Steinplastik an der Kathedrale von
  Santiago de Compostela (13. Jahrhundert)
3 Michelangelo: David (1501–1504)
4 Margaritone: Thronende Madonna mit Kind (um 1270)
5 Albrecht Dürer: Maria mit Kind (1512)
6 Christus am Kreuz (unbekannter Künstler, um 1330)
7 Masaccio: Dreifaltigkeit (1426–1427)

1

2

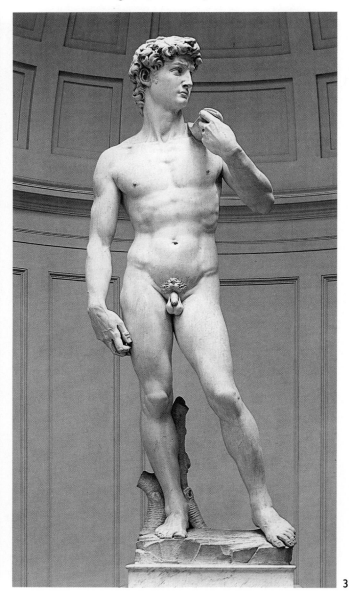

3

4

5

6

7

Der Buchdruck

Schrift

Die ersten Schriften wurden in Ägypten und in Mesopotamien um 3000 v.Chr. erfunden. Zuerst hatte man für jedes Wort ein eigenes, bildähnliches Zeichen (Bilderschrift). Um 1300 v.Chr. entwickelten die Phönizier eine Laut- oder Buchstabenschrift. Diese Art zu schreiben war viel einfacher, denn in den meisten Sprachen gebraucht man zwar Tausende von Wörtern, unterscheidet aber höchstens dreissig verschiedene Laute. Die Phönizier schrieben nur die Mitlaute, die Selbstlaute nicht. Von ihnen verbreitete sich die Schrift einerseits zu den Juden und Arabern, anderseits zu den Griechen. Diese begannen als erste, auch die Selbstlaute zu schreiben. Von ihnen aus gelangte die Schrift nach Italien, wo das heute noch bei uns übliche Alphabet entwickelt wurde. Durch die Eroberungen der Römer und später durch die christliche Mission verbreitete sich die Kenntnis der Schrift allmählich über ganz Europa. Jedoch konnten in allen Gebieten nur wenige Leute lesen und schreiben.

Schreibmaterial

Das wichtigste Schreibmaterial für längere Texte war zur Zeit der Griechen und Römer der Papyrus, der aus dem in Streifen geschnittenen Mark der Papyruspflanze gewonnen wurde. Diese Pflanze kam fast nur in Ägypten vor. Weil man in der Zeit nach dem Ende des Römerreiches mit Ägypten kaum Verbindung hatte, verwendete man nun in Europa Pergament, das aus Tierhäuten hergestellt wurde. Da aus der Haut eines geschlachteten Tieres nur etwa 1 bis 2 Quadratmeter Pergament hergestellt werden konnten, war dies ein sehr teures Schreibmaterial. Seit dem 12. Jahrhundert verbreitete sich in Europa allmählich eine chinesische Erfindung: das Papier. Es wurde aus Lumpen, die in einer Papiermühle zu Brei zerstampft wurden, hergestellt und war viel billiger als Pergament.

Kopieren

Wenn Menschen etwas schreiben, möchten sie oft, dass möglichst viele Leute es lesen. Daher stellte sich schon früh die Frage, wie man Texte kopieren könne. Bereits die Babylonier kannten das Siegel, mit welchem der König Urkunden und Gesetze unterzeichnete. Die Griechen und Römer entwickelten den Münzstempel, mit dem auf eine grosse Zahl von Gold- oder Silberstücken dasselbe Bild mit demselben Text eingeprägt wurde. Längere Texte konnten aber immer nur durch Abschreiben kopiert und verbreitet werden. Es gab also nur handgeschriebene und dementsprechend seltene und teure Bücher.

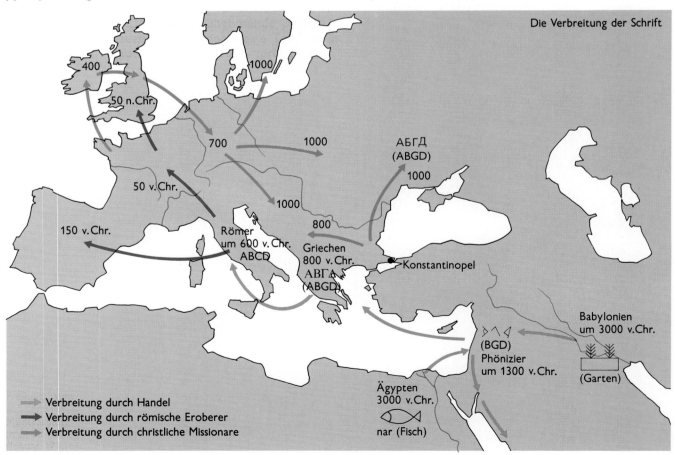

Die Verbreitung der Schrift

Verbreitung durch Handel
Verbreitung durch römische Eroberer
Verbreitung durch christliche Missionare

Nachfrage nach Büchern

Solange nur wenige Leute lesen und schreiben konnten und auch das Schreibmaterial fast unerschwinglich war, war die Nachfrage nach Büchern gering. Seit dem 14. Jahrhundert nahm sie aber zu. Es gab mehr Leute, die lesen konnten. Die Humanisten wollten die Bibel, die Werke der Dichter und Denker des Altertums, aber auch ihre eigenen Produkte verbreiten. Das Schreibmaterial war billiger geworden. Aber die berufsmässigen Abschreiber, die Kopisten, waren teuer. Die Anfertigung einer vollständigen, geschmückten Bibelabschrift dauerte ein bis zwei Jahre. So suchte man nach einer billigeren Kopiermethode.

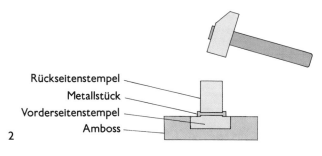

Rückseitenstempel
Metallstück
Vorderseitenstempel
Amboss

Holztafeldruck

Eine wichtige Erfindung war der Holzschnitt, der um 1400 in Europa bekannt wurde. Eine Zeichnung, manchmal mit einem kurzen Text, wurde auf eine Holzplatte eingeritzt. Was auf dem Papier weiss erscheinen sollte, wurde abgetragen, der Rest eingefärbt. Auf einer Presse wurde die Holzplatte auf das Papier aufgedruckt. Man konnte etwa hundert oder zweihundert Abzüge herstellen; dann hatte sich die Holzplatte meist abgenützt oder war verzogen. Aus mehreren Holzschnitten wurden auch schon kleine Bücher zusammengebunden. Da jedoch das Holzschneiden schwierig war und für jede Seite eine neue Tafel geschnitten werden musste, waren auch solche Bücher teuer. Für die Verbreitung längerer Texte kam diese Technik nicht in Frage.

Johannes Gutenberg (1397–1468)

Johannes Gutenberg aus Mainz kam zwischen 1440 und 1450 auf die Idee, nicht ganze Tafeln, sondern Einzelbuchstaben (Lettern) aus Metall herzustellen. Diese konnte man aus einem Setzkasten in einem «Winkelhaken» zu Zeilen und schliesslich zu Druckseiten zusammensetzen (Satz). Die so entstandene Druckvorlage konnte nun für beliebig viele Abzüge verwendet werden. Wenn man sie nicht mehr brauchte, konnte man die Lettern auseinandernehmen und für eine neue Seite verwenden. Bis die Idee verwirklicht war, musste er allerdings noch viele Probleme lösen: die Zusammensetzung des Schriftmetalls, die Einrichtung von Schmelzöfen, die Konstruktion der Setzkästen, die Konstruktion einer geeigneten Druckerpresse, das Einrichten freier Räume für Kapitelüberschriften und Randverzierungen, die Mischung der Druckerschwärze und die Suche nach geeignetem Papier. Zudem brauchte er Geld für Material und Gesellenlöhne. Der reiche Johann Fust lieh es ihm. Nun plante Gutenberg den Druck einer vollständigen lateinischen Bibel von 1282 Seiten Umfang. Die Arbeit zog sich in die Länge; schliesslich verlangte Fust sein Geld zurück. Gutenberg musste ihm die Druckerei abtreten, die nun von Fust und

1 Babylonisches Rollsiegel (etwa 2040–1870 v.Chr.); rechts das Siegel, links der Abdruck; Höhe 2,7 cm, Durchmesser 1,4 cm
2 Münzprägung in griechisch-römischer Zeit
3 Römische Münze des Kaisers Galba (68/69 n.Chr.), aus Kupfer
4 Holztafeldruck: Neujahrswunschkarte (um 1465)

Gutenbergs Gesellen Peter Schöffer geführt wurde. 1455 oder 1456 erschien die Bibel in einer Auflage von 200 Exemplaren. Etwa sechs Arbeitskräfte hatten daran ungefähr drei Jahre lang gearbeitet. Ein Exemplar wurde für 30 Gulden verkauft. Eine handgeschriebene Bibel hatte das Fünf- bis Zehnfache gekostet.

Wirkungen der Erfindung Gutenbergs

Die Erfindung Gutenbergs war eine Sensation. Seine und Fusts Gesellen eröffneten sehr rasch in anderen Städten eigene Druckereien. Um 1475 gab es in Europa bereits etwa vierzig, um 1500 etwa 1100 Druckereien. Diese druckten nicht nur grössere Bücher, sondern vor allem auch dünne Flugschriften von 16 (= 1 Bogen) oder 32 Seiten Umfang. Diese enthielten aktuelle Ereignisse und spielten eine ähnliche Rolle wie heute die Zeitungen. Sie waren rasch hergestellt und konnten wegen des niedrigen Preises Auflagen von mehreren tausend Exemplaren erreichen. So vernahmen die Menschen viel schneller als früher, was in der Welt geschah. Neue Ideen konnten rasch und weit herum verbreitet werden.

1 Druckerwerkstatt im 16. Jahrhundert
2 Eine Seite aus der Gutenbergbibel von 1455/56. Die Bemalung erfolgte von Hand.

1

74

Die wichtigsten Geräte zur Herstellung der Lettern und des Satzes bei Gutenberg

Zeichnungen unten:
Die Herstellung der Lettern (Buchstaben):

Werkzeuge:
A Punzenstempel, mit dem innere Vertiefungen herausgearbeitet werden können
B Stichel
C Hammer
D Feile
E Giesslöffel

Herstellung eines Buchstabens (Type):
1 Patrize herstellen
2 gehärtete Patrize in weiches Messing eingeschlagen (Matrize)
3 verstellbarer Gusshohlraum für breite und schmale Lettern
4 Giessgerät mit eingeschobener Matrize
5 flüssiges Blei
6 Querschnitt durch das Giessgerät
7 fertig gegossener Buchstabe
8 gedruckter Buchstabe

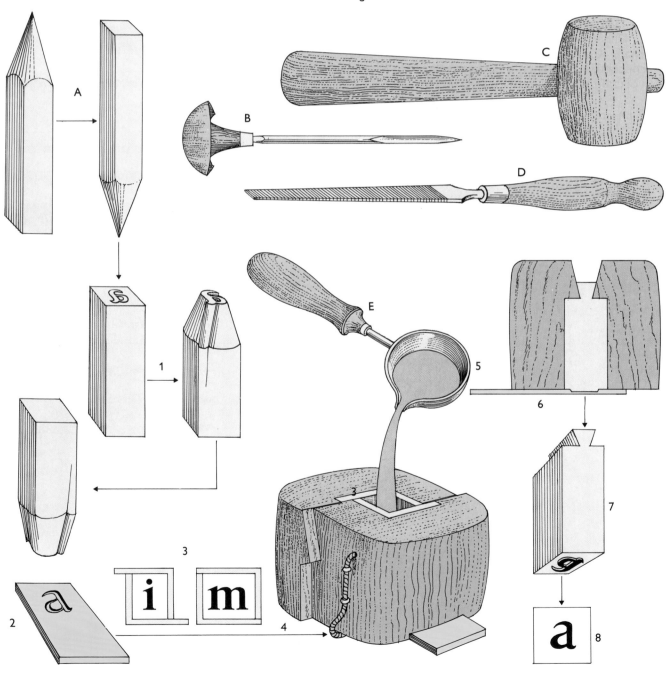

Der Erzbischof von Mainz über die Druckerkunst (1485):

24 «Wenngleich die Druckerkunst es leicht macht, die Werke der einzelnen Wissenschaften zur Bildung der Menschen zu beschaffen, so haben wir doch erfahren, dass gewisse Leute diese Kunst missbrauchen... Wir haben nämlich Bücher gesehen, welche die Texte der Messe Christi enthalten und von göttlichen Dingen und dem Heiligsten unseres Glaubens handeln: die waren aus der lateinischen in die deutsche Sprache übersetzt und sind nun nicht ohne Entwürdigung der Religion in der Hand des Volkes... Solche Übersetzer... müssen gestehen, dass die Armut unserer Sprache dazu nicht ausreicht und dass sie daher unbekannte Begriffe bilden müssen und... den Sinn der Wahrheit verfälschen, was wir wegen der Grösse der Gefahr besonders für die Heilige Schrift befürchten. Wer wird Laien und ungelehrte Menschen und das weibliche Geschlecht, in deren Hände die Heilige Schrift fällt, das wahre Verständnis herauslesen lassen... Daher befehle ich, keine Werke, welcher Wissenschaft, Kunst oder Kenntnis auch immer, aus der griechischen, lateinischen oder sonst einer Sprache in das volkstümliche Deutsch zu übersetzen...»

Die erste Setzmaschine (Erfinder: Othmar Mergenthaler, um 1880)

Schreibmaterial im Laufe der Zeit:

Ägypter
Babylonier
Phönizier

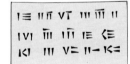

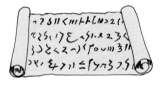

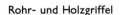

Tontafel, Papyrus

Rohr- und Holzgriffel

Griechen
Römer

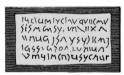

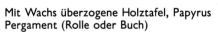

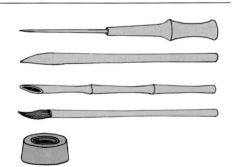

Mit Wachs überzogene Holztafel, Papyrus
Pergament (Rolle oder Buch)

Stilus für Wachstafeln
Holzgriffel
Pinsel, Tinte

Die Spaltung der Kirche

Mittelalter

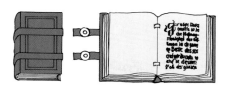

Pergament
ab 13. Jahrhundert zunehmend Papier

Gänsekiel

16. bis 19. Jahrhundert

Papier

Bleistift (ab 16. Jahrhundert)

19. Jahrhundert

Papier

Stahlfeder (ab 1800), Feder für Zier-
schriften, Federhalter, Tintenflasche
Schreibmaschine (ab 1873)

20. Jahrhundert

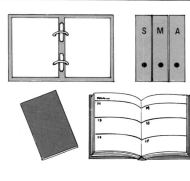

Papier

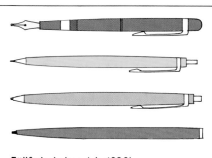

Füllfederhalter (ab 1820)
Drehbleistift (ab 1900)
Kugelschreiber (ab 1945)
Filzstift (ab 1960)

Das Wichtigste in Kürze:
**In der Mitte des 15. Jahrhunderts erfand
Johannes Gutenberg die Buchdruckerkunst.
Seither konnten Tatsachen und Ideen schnel-
ler und besser unter der Bevölkerung ver-
breitet werden.**

1 Welcher wesentliche Unterschied besteht zwischen
der Schrift der Ägypter und derjenigen der Phönizier?
2 Wodurch wurde die Schrift in ganz Europa verbreitet?

3 Auf welche Materialien schrieb man im Laufe der
Zeit? Woraus wurden diese hergestellt?
4 Auf welche Arten konnte man vor Gutenberg die
Schriften vervielfältigen?
5 Worin bestand die grundlegend neue Erfindung
Gutenbergs?

6 Überlege dir, was heute alles anders wäre, wenn
Gutenberg den Buchdruck nicht erfunden hätte.
7 Mit welchen Techniken wird heute gedruckt?

Die Reformatoren

Trotz der Missstände in der Kirche gab es nach wie vor Priester und Mönche, die ihren Glauben und ihre Aufgabe sehr ernst nahmen. Gerade diese fragten sich, warum wohl die Kirche so heruntergekommen sei. Lag es nur daran, dass die falschen Leute die falschen Ämter besetzten? Lag es nur an organisatorischen Mängeln? Oder lag es daran, dass vieles von dem, was die Kirche lehrte und predigte, nicht stimmte, nicht wahrer Glaube war?

Martin Luther (1483–1546)

Einer, der sich diese Fragen stellte, war Martin Luther. Er stammte aus Thüringen und wurde 1505 Mönch im Augustinerkloster Erfurt. Als Mönch studierte er Theologie und wurde 1512 Professor an der Universität Wittenberg. Er konnte Latein, Griechisch und Hebräisch, kannte die Bibel und die Werke späterer christlicher Denker ausgezeichnet. In Wittenberg wohnte er im dortigen Augustinerkloster, unterrichtete an der Universität die angehenden Priester und predigte oft auch in der Stadtkirche zur Bevölkerung.

Martin Luther (Kupferstich von Lucas Cranach, 1520)

Luthers Lehre

Luther stellte sich als erstes die Frage, aus welchen Büchern und Schriftstücken man den wahren Glauben kennen lernen könne. Die Antwort war:

Allein aus der Bibel!

Das Hauptproblem der damaligen Menschen war: Wie schaffe ich es, beim Jüngsten Gericht zu Gott und nicht in die Hölle zu kommen? Auch für Luther persönlich war diese Frage sehr wichtig. Seine Antwort war:

Allein durch Christus!
Allein durch Gottes Gnade!

Wie konnte man die Gnade Gottes erreichen? Durch Ablasszahlungen, durch Wallfahrten, durch das heilige Brot der Messe, durch die Wunderwirkung der Reliquien, durch ein frommes Leben als Mönch? Luther antwortete:

Allein durch den Glauben!

Luther berichtete später über sein Leben als Mönch:
25 «Wahr ist's, ein frommer Mönch bin ich gewesen, und sehr streng habe ich mich an unsere Ordensregel gehalten, so dass ich sagen darf: Wenn je ein Mönch wegen seines frommen Mönchslebens in den Himmel gekommen ist, dann wäre ich wohl auch hineingekommen... Ich aber fühlte, dass ich trotz allem tadellosen Mönchsleben ein Sünder sei, mit unruhigstem Gewissen, und dass ich nicht darauf vertrauen könne, Gott durch meine guten Taten zu versöhnen... Bis Gott sich meiner erbarmte und ich merkte:... Der Gerechte lebt aus dem Glauben... Da fühlte ich mich wahrhaftig wie neu geboren.»

Der Ablasshandel 1517

Luther drängte sich nicht an die Öffentlichkeit, sondern vertrat seine Meinung im Unterricht. 1517 aber ereignete sich ein Vorfall, der ihn empörte. Der Papst und der Erzbischof von Mainz organisierten eine grosse Ablassaktion. Beide brauchten Geld, der Papst für den Bau der Peterskirche, der Erzbischof für die Bezahlung seiner Schulden. Damit möglichst viele Ablassbriefe gekauft wurden, konnte man nicht nur für die Tilgung der eigenen Sünden, sondern auch für verstorbene Vorfahren, die im Fegefeuer für ihre Sünden büssten, Ablass kaufen. Der Organisator der Aktion, Johann Tetzel, schuf dazu den Werbe-

Karikatur auf den Ablasshandel in einer anonymen Flugschrift (1525)

spruch: «Sobald das Geld im Kasten klingt, die Seele aus dem Fegefeuer springt!» Auch aus Wittenberg liefen viele Bürger zu den Ablasshändlern und kauften Ablassbriefe. Aus Luthers Sicht wurden diese Leute irregeführt. Sie verloren ihr Geld, ohne wirklich etwas dafür zu erhalten. Denn nur der Glaube und nur die Gnade Gottes, nicht Geldzahlungen und päpstliche Erlasse, konnten den Eingang ins Paradies verschaffen. Daher schrieb Luther die «Thesen über den Ablass» und lud alle Theologen und Inhaber von Kirchenämtern ein, mit ihm über Sinn und Unsinn des Ablasses zu diskutieren. Er schrieb auch an den Erzbischof von Mainz:

Schreiben Martin Luthers an den Erzbischof von Mainz (31. Oktober 1517):
26 «Im Land wird der päpstliche Ablass zum Bau von St. Peter herumgeführt. Ich will dabei gar nicht über das grosse Geschrei der Ablassprediger Klage führen... Aber ich beklage die falsche Auffassung, die das Volk daraus entnimmt. Diese Leute glauben nun, wenn sie nur Ablassbriefe kaufen, seien sie ihrer Seligkeit sicher; weiter glauben sie, dass die Seelen unverzüglich aus dem Fegefeuer fahren, sobald man für sie zahlt... So werden die Eurer Sorge anvertrauten Seelen, teurer Vater, in die Irre geführt, und so wächst immer die schwere Verantwortung, die Ihr über sie alle werdet ablegen müssen. Darum habe ich nicht länger schweigen können... Nirgends hat Christus geboten, den Ablass zu predigen... So bitte ich Euch, Euer Hochwürden möge ein Auge väterlicher Sorge auf diese Sache haben.»

Luthers Ziele

Luther wollte die Kirche nicht zerstören, sondern in ihr mit der Bibel den wahren Glauben verkündigen. Er glaubte zu diesem Zeitpunkt, Papst, Erzbischöfe und Bischöfe von der Richtigkeit seiner Auffassung überzeugen und mit ihnen die Reform durchführen zu können.

Die Reaktion der Kirche

Die Kirchenführer hatten aber nicht die Absicht, mit Luther zu diskutieren. Für sie war Luther ein unangenehmer Kritiker, der die Ablassaktion störte und damit die kirchliche Autorität. Der Erzbischof schickte Luthers Brief unbeantwortet an den Papst. Dieser erklärte 1520 Luthers Auffassungen als falsch und stiess ihn als Ketzer aus der Kirche. Er forderte den Kaiser auf, Luther zum Tode zu verurteilen.

Luthers Wirkung

Luther erhielt aber auch Unterstützung. Seine «Thesen über den Ablass» gingen gedruckt von Ort zu Ort. Endlich hatte es jemand gewagt, gegen die kirchlichen Machthaber aufzutreten. Die unnachgiebige Haltung der Kirche führte Luther dazu, in neuen Schriften seine ganze Lehre offen zu verkünden. Auflage um Auflage musste gedruckt werden; der Erfolg stieg und stieg. Schliesslich erschien als Krönung seines Werkes nach zehnjähriger Arbeit eine vollständige Übersetzung der Bibel ins Deutsche. Jetzt konnte

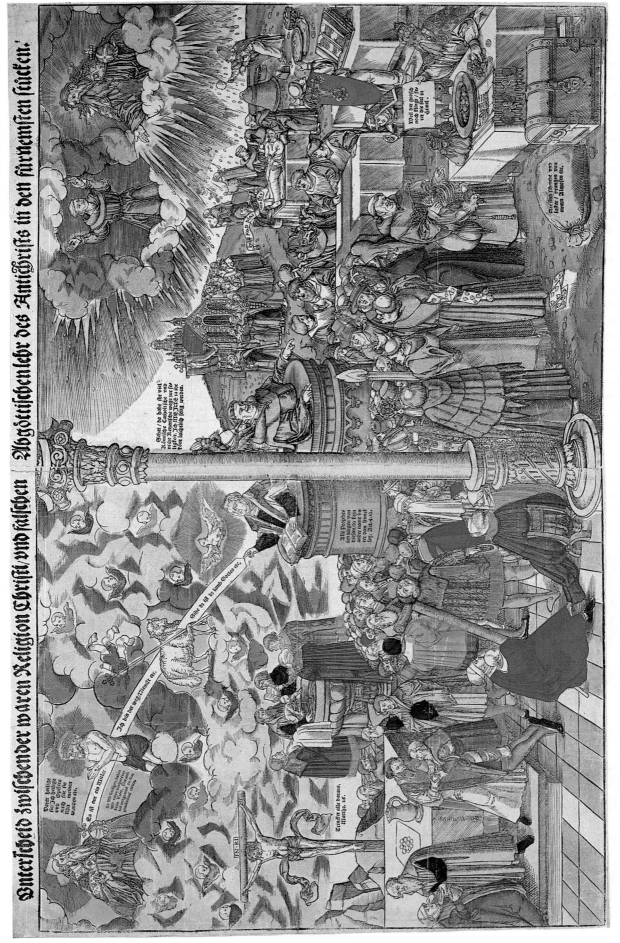

Lutherisches Flugblatt (1544)

Titelblatt der vollständigen Bibelübersetzung Luthers. Es wurden 100 000 Exemplare verkauft.

Huldrych Zwingli (Gedenkmünze von Jakob Stampfer)

stand jeder Priester vor der Frage, ob er sich nun für oder gegen Luther aussprechen solle. Zwingli erklärte, er sei im wesentlichen gleicher Meinung wie Luther, weil er, gleich wie Luther, eben die Bibel genau gelesen habe. Die meisten Zürcher Pfarrer schlossen sich Zwinglis Auffassung an. Auch in vielen andern deutschen und schweizerischen Städten erklärten sich die Priester für Luther. Damit aber waren sie nach dem Willen des Papstes ebenfalls Ketzer. Was sollte mit ihnen geschehen?

Das Wichtigste in Kürze:

Martin Luther lehrte, der Glaube gehe allein aus der Bibel hervor, und nur durch den Glauben könne man die Gnade Gottes erhalten. Huldrych Zwingli war gleicher Meinung. Die katholische Kirche lehnte diese Auffassung ab.

🦉

1 Nenne einige wichtige Stationen aus dem Leben Luthers.
2 Woraus kann man nach der Ansicht von Luther allein den wahren Glauben gewinnen?
3 Was wird dem Menschen nach Luther durch die Gnade Gottes geschenkt, und wie kann der Mensch diese erreichen?
4 Welche Ziele hatte Luther für die katholische Kirche?
Wie reagierten die Kirchenführer auf Luthers Kritik?

🦉🦉

5 Stelle den Lebenslauf Zwinglis demjenigen Luthers gegenüber. Suche nach Gemeinsamem und Unterschiedlichem.
6 Überlege dir, welche Folgen die Übersetzung der Bibel ins Deutsche hatte (Glaube, Kirche, Geistliche, Sprache, Schule).

sich jeder, der lesen und eine Bibel kaufen konnte, selbst überzeugen, ob Luther recht hatte. Jeder hatte nun die Grundlage des Glaubens in der Hand.

Huldrych Zwingli (1484–1531)

Manche Priester hatten schon ähnliche Gedanken wie Luther gehabt. Zu ihnen gehörte Huldrych (Ulrich) Zwingli. Er stammte aus Wildhaus, kam als Pfarrer zuerst nach Glarus und wirkte später in Einsiedeln, dem berühmten Wallfahrtsort. Ende 1518 wurde er ans Grossmünster in Zürich als Pfarrer berufen. Er war damals bereits bekannt als gelehrter Humanist und als Gegner des Söldnerwesens. Viele Schweizer zogen damals nämlich als Berufskrieger in fremde Heere, andere verdienten viel Geld dadurch, dass sie solche Krieger an fremde Herrscher vermittelten. Gelegentlich kämpften auf den europäischen Schlachtfeldern Schweizer gegen Schweizer. Viele Söldner kehrten krank oder verkommen zurück und konnten sich dann nicht mehr in die heimische Ordnung einfügen. Daher bekämpften manche Zürcher Bürger das Söldnerwesen und erhofften sich durch Zwingli eine Verstärkung.

Je mehr nun der Name Luthers bekannt wurde und je mehr man seine Schriften las, desto mehr

Die Reformation in der Stadt Zürich

Steigende Spannung

In vielen Städten stieg die Spannung. Einige Pfarrer galten als «lutherisch» oder bekannten sich sogar offen zu Luther, dem Ketzer. Sollte man sie aus der Stadt werfen? Sollte man abwarten? Oder sollte man die Kirche so reformieren, wie es diese Pfarrer vorschlugen? Sollte man den Streit mit Bischof, Papst und Kaiser riskieren? Diese Fragen diskutierten die Bürger und ganz besonders die verantwortlichen Ratsherren.

Auch in Zürich brodelte es. 1522 assen der Buchdruckermeister Froschauer und seine Gesellen während der Fastenzeit (von Aschermittwoch bis Ostern) Fleisch. Damit verstiessen sie eindeutig gegen ein kirchliches Gebot. Und was noch schlimmer war: Der Pfarrer vom Grossmünster,

Zwingli, war dabei gewesen und hatte nichts dagegen einzuwenden. Es war klar: Zwingli stand auf Luthers Seite. Der Bischof von Konstanz forderte seine Entlassung. Man musste sich zwischen Zwingli und der traditionellen Kirche entscheiden. In den Zunftstuben und auf den Gassen wurde eifrig debattiert.

Erfolg der Reformation

Der Grosse Rat, die Regierung Zürichs, handelte. Er veranstaltete 1523 zwei öffentliche Diskussionen zwischen Zwingli und dessen Anhängern auf der einen und den Gegnern der «neuen Lehre» auf der andern Seite. Die Ratsmitglieder hörten zu und versuchten, sich ein Urteil zu bilden. Die Mehrheit entschied schliesslich, Zwingli lehre die Wahrheit. Man beschloss, die Kirche so zu reformieren, wie

So könnte diskutiert worden sein!

Für oder gegen Zwingli? Was meinten die Bürger?

1 «All diese Steuern, die man immer nach Rom zahlen muss. Und wofür? Nur damit der Papst Krieg führen und Kirchen bauen kann!»

2 «Seit ich zur heiligen Lucia gebetet habe, geht es meinen Augen wieder besser. Ja, auf die Heiligen ist halt Verlass!»

3 «Ich freue mich auf die nächste Wallfahrt nach Einsiedeln. Da wird es lustig zu und her gehen.»

4 «Das Leben als Nonne ist zum Kotzen. Ich will raus aus dem Kloster. Meine Eltern haben mich reingesteckt, als ich noch ein Kind war und mich nicht wehren konnte.»

5 «Mit dem Papst dürfen wir es nicht verderben. Schliesslich dienen viele Zürcher im päpstlichen Heer.»

6 «Nur auf den Glauben komme es an, auf nichts anderes, heisst es jetzt. Da kann ja einer die grössten Verbrechen begehen und behaupten, er glaube an Gott, und dann kommt er am Schluss noch in den Himmel!»

7 «Dieser ganze Bilder- und Heiligenkarsumpel muss endlich aus den Kirchen. Das nützt doch alles nichts, das ist nur das Volk hinters Licht geführt!»

8 «Die Klöster sind reich, die Mönche faul und nutzlos. Man sollte sie zum Teufel jagen und die Klöster zum Besitz der Stadt machen. Das tut der Stadtkasse gut!»

9 «Unsere Stadt ist klein und hatte es schon oft mit mächtigen Feinden zu tun. Wenn wir trotzdem immer gut davongekommen sind, dann sicher nur, weil unsere Stadtheiligen Felix und Regula uns geholfen haben. Schliesslich liegen ihre Überreste noch im Grossmünster.»

10 «Warum bekommt in der Messe nur der Priester Brot und Wein, während wir andern nur Brot bekommen? Alle sollen gleich behandelt werden!»

11 «Die Pfarrer auf der Landschaft sind zum Teil halbe Analphabeten. Der Bischof unternimmt nichts, um die Situation zu verbessern. Wozu ist er eigentlich da?»

12 «In Luzern, wo ich das Vieh für meine Metzgerei einkaufe, hat man sich bereits eindeutig gegen die lutherische Lehre entschieden und die Schriften Luthers verboten. Wir wollen doch keinen Streit mit den Luzernern!»

13 «Ob Luther, ob Zwingli, ob Papst, das ist mir persönlich eigentlich gleich. Aber wovon soll ich leben, wenn ich keine Söldner mehr an den französischen König vermitteln kann?»

14 «Die meisten Pfarrer leben mit Frauen zusammen und haben Kinder. Die sollen doch heiraten dürfen, dann hat alles seine Ordnung!»

15 «Nur der Glaube sei entscheidend, sagt Zwingli. Aber mein Glaube ist immer dann am stärksten, wenn ich in der Messe erlebe, wie das Brot zum Körper von Christus wird!»

Zwingli es vorschlug. Den Bürgern wurde keine freie Wahl zwischen dem «alten» (römisch-katholischen) und dem «neuen» Glauben gelassen. Auf diese Idee kam niemand. Jedermann war überzeugt, dass es nur einen wahren Glauben geben könne und dass alle, die ihn nicht hätten, in der Hölle landen würden.

Auf diese oder ähnliche Weise setzte sich die Reformation in vielen Städten Deutschlands und der Schweiz durch, so etwa in Bern, Basel, Schaffhausen, St. Gallen, Neuenburg und Genf. Andere Städte dagegen, etwa Luzern und Freiburg, entschieden sich gegen die Reformation und behielten die bisherige kirchliche Ordnung.

So wird Zürch reformiert:

Der Zürcher Rat

sorgt für den rechten Glauben der Bürger:
- Predigtbesuch ist Pflicht.
- Die Teilnahme an einer Messe ausserhalb Zürichs oder an einer Wallfahrt ist verboten.
(Vergleiche Quellentext 27.)

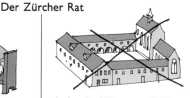

hebt die Klöster auf. Der Klosterbesitz fällt an die Stadt. Mönche und Nonnen erhalten eine Pension oder können im Kloster bleiben. Neueintritte sind nicht möglich. Zum Teil werden in den Klöstern Schulen oder Spitäler eingerichtet.
(Vergleiche Quellentext 28.)

sorgt für ein anständiges Leben der Bürger, das dem rechten Glauben entspricht:
- Verbot von Vergnügungen (Fastnacht, Tanz, Feste, Spiel, Theater)
- Strafen für Trunksucht, Fluchen, Ehebruch usw.
- Verbot, als Söldner in fremde Heere zu treten.
(Vergleiche Quellentext 27.)

lässt allen Schmuck und alle Reliquien aus den Kirchen entfernen.
(Vergleiche Quellentext 29.)

setzt die Pfarrer (die jetzt heiraten dürfen) ein und sorgt für ihre Ausbildung. Der Bischof hat nichts mehr zu sagen.

ordnet den Gottesdienst neu. Die Messe wird abgeschafft. Im Mittelpunkt steht die Predigt. An hohen Feiertagen wird das Abendmahl gefeiert.
(Vergleiche Quellentext 30.)

übernimmt an Stelle der Kirche die Fürsorge für die Armen.
(Vergleiche Quellentext 28.)

Abendmahlsfeier im reformierten Zürich in der Fraumünsterkirche (um 1700)

Aus einem Erlass des Zürcher Rates (1530):

27 «Wir... gebieten, dass jedermann... mindestens alle Sonntage rechtzeitig zur Kirche und zur Predigt gehe, es sei denn, er könne sich wegen Krankheit oder aus andern guten Gründen entschuldigen.

Messe, Altäre, Bilder, Gemälde und andere abgöttische Verführungen sind zu Stadt und Land verboten. Diese ärgerlichen Dinge müssen entfernt werden.

Kein Wirt... darf an Sonn- und Feiertagen einem Einheimischen vor der Predigt Wein, Brot oder andere Speise geben... Kein Einheimischer soll sich nachts nach neun Uhr mehr im Wirtshaus blicken lassen...

Weil das Spiel... Ursache der meisten verbotenen Wirtshausbesuche, des Frevels und Unfugs ist, haben wir... alle Spiele verboten, sei es mit Karten, Würfeln, Brettspielen, Schach, Kegeln, Wetten...»

Die Armenordnung Zürichs von 1525:

28 «Damit die armen Leute ab der Gasse gebracht werden, ist... beschlossen, dass man alle Tage einen Kessel mit Habermehl, Gerste oder anderem Gemüse im Predigerkloster koche und Mus und Brot am Morgen, wenn man die Predigerglocke ausgeläutet hat, verteilen soll...

Ferner ist beschlossen, dass in Zukunft das Betteln in der Stadt Zürich, sei es von Einheimischen oder fremden Personen, verboten sein soll...

Es ist auch beschlossen, dass man das Predigerkloster zum Spital mache... Für Pockenkranke wird ein Haus am Lindenhof eingerichtet. Die Nonnen des ehemaligen Klosters Oetenbach haben sich bereit erklärt, die Pflege zu übernehmen...

Die Pfarrer sollen immer wieder das Volk in der Kirche ermahnen, Almosen in die Opferstöcke zu tun. Wer den armen Leuten Wein, Korn, Tuch, Geld oder dergleichen geben will, kann es den Armenpflegern geben oder es direkt verteilen...»

Aus den Berichten von Bernhard Wyss und Heinrich Bullinger:

29 «1524... fing man an, Kreuze und alle Bilder von den Altären wegzutragen und die Wandmalereien mit Steinäxten abzuschlagen und zu übertünchen, damit nichts davon übrig bleibe... Innert 13 Tagen waren alle Kirchen der Stadt ausgeräumt. Dabei wurden kostbare Gemälde und Schnitzereien... zerstört. Das dauerte die Falschgläubigen sehr, die Rechtgläubigen aber hielten es für einen guten Dienst an Gott.»

Aus der Berner Kirchenordnung von 1532:

30 «Da unsere gnädigen Herren befohlen haben, dass jeder Pfarrer am Sonntag, Montag, Mittwoch und Freitag predigen solle..., haben wir Pfarrer beschlossen, dass sich jeder bemühe, die erwähnten Predigt-

1 Hans Leu der Ältere: Altarbild im Grossmünster mit den Zürcher Stadtheiligen Felix, Regula und Exuperantius (Anfang 16. Jahrhundert)
2 Dasselbe Bild nach der Übermalung in der Reformationszeit

tage einzuhalten, auch wenn nicht mehr als ein oder zwei Menschen zuhören... Wir werden auch unsere Leute von Haus zu Haus fleissig, so oft wie möglich, besuchen..., wie es unsere Vorfahren, die Apostel getan haben... Wir werden allen Fleiss anwenden, die Kranken zu besuchen...»

Das Wichtigste in Kürze:

Durch die Reformation in einer Stadt veränderten sich Gottesdienst und Kirche. Die Heiligenbilder und Reliquien verschwanden aus der Kirche. An die Stelle der Messe traten die Predigt und das Abendmahl. Die Klöster wurden aufgehoben. Die Pfarrer unterstanden nicht mehr dem Bischof, sondern dem städtischen Rat.

🦉

1 Wie stellte sich der Grosse Rat von Zürich zu den Lehren Zwinglis?
2 Welche anderen Städte der Schweiz nahmen auch die neuen Lehren an? Welche blieben beim alten Glauben?
3 Welche Beschlüsse fasste der Rat über den Predigtbesuch, die Wirtshäuser, das Spielen, die Armenunterstützung und die Krankenpflege?
🦉🦉
4 Wie veränderte sich das Leben der Bürger in den Städten, welche den neuen Glauben annahmen?
5 Was denkst du über die Zerstörung von Bildern und Statuen in den Kirchen zur Zeit der Reformation?

Wird die Reformation zur Revolution?

Die Lage der Bauern

Die meisten Menschen lebten damals nicht in den Städten, sondern auf dem Land. Sie waren Bauern. Die meisten von ihnen konnten nicht lesen und schreiben. Aber durch Predigten und Flugschriften, die ihnen vorgelesen wurden, hörten sie auch von der Lehre Luthers und Zwinglis.

Sebastian Münster über die Lage der Bauern (1544):

31 «Die Bauern führen ein gar einfaches... Leben. Jeder ist von dem andern abgeschieden und lebt für sich selbst mit seinem Gesinde und Vieh. Ihre Häuser sind aus Dreck und Holz gemacht, auf den Boden gesetzt und mit Stroh gedeckt. Ihre Speise ist schwarzes Roggenbrot, Haberbrei oder gekochte Erbsen und Linsen... Diese Leute haben nie Ruhe. Früh und spät müssen sie arbeiten. Ihre Überschüsse an Vieh oder Feldfrüchten verkaufen sie in der nächsten Stadt und kaufen dafür, was sie brauchen, denn sie haben bei sich keine oder wenig Handwerker. Ihren Herren müssen sie oft durch das Jahr hindurch dienen, ihnen das Feld bebauen, säen, ernten, Holz hauen und Gräben anlegen...»

Es gab sowohl arme wie reiche Bauern. Alle aber hatten zahlreiche Abgaben zu entrichten. Ein wichtiger Empfänger war die Kirche. (Siehe das Kapitel «Mensch und Kirche um 1500», Seite 63.) Aber die Bauern waren nicht nur mit der Kirche, sondern oft auch mit den Fürsten und Städten unzufrieden. Diese nahmen den Bauern immer mehr von ihren Rechten und ihrer Selbständigkeit weg. Daher nahm die Unzufriedenheit unter den Bauern zu.

Die Forderungen der Bauern

Die meisten Bauern waren für die Reformation. Sie erhofften sich davon nicht nur eine Erneuerung der Kirche, sondern auch eine Verbesserung ihrer Lage.

Eine Eingabe der Gemeinden Zollikon, Riesbach, Fällanden, Hirslanden, Unterstrass und Witikon an den Zürcher Rat (22. Juni 1523):

32 «Beschwerde gegen das Grossmünsterstift wegen des Zehnten: Wir werden jetzt aus der Heiligen Schrift unterwiesen, dass der Zehnten nichts anderes als ein Almosen (milde Gabe) ist. Es ist aber bekannt, dass die Chorherren des Grossmünsters (das heisst:

die Mönche) diesen Zehnten missbrauchen... Zudem müssen wir für alle kirchlichen Veranstaltungen wie Taufen, Eheschliessungen und Beerdigungen besondere Gebühren bezahlen. Wir hoffen, dass der Rat diese Missbräuche abstellt...»

Aus einer Eingabe der Landvogtei Kyburg an den Zürcher Rat (2. Mai 1525):

33 «Es ist unsere demütige Bitte an Euch, unsere Herren, unseren folgenden Forderungen nachzugeben, sofern diese der Heiligen Schrift entsprechen:
- Wir wollen nur noch von Korn und Wein den zehnten Teil als Steuer abführen, nicht aber von anderen Produkten...
- Wir wollen niemandem mehr Frondienste leisten...
- Kirchen- und Klostergut soll für die Bedürftigen verwendet werden...
- Eine Gemeinde mit einem unfähigen Pfarrer soll diesen absetzen dürfen...
- Auf Eisengeräte, besonders Pflüge, sollen keine Zölle mehr erhoben werden...
- Jedermann soll frei jagen können...»

Ähnliche Forderungen wurden auch von den Bauern in andern Gebieten der Eidgenossenschaft und in weiten Teilen Deutschlands erhoben. Luther und Zwingli waren dafür, den Bauern etwas entgegenzukommen. An der Herrschaft der Fürsten und der Städte über das Land wollten sie aber nichts ändern. Ihnen ging es um die Neugestaltung der Kirche. Dafür brauchten sie die Hilfe der Fürsten und der städtischen Räte.

Die Täuferbewegung und Thomas Müntzer

Es gab Anhänger Luthers und Zwinglis, die weiter gehen wollten. Sie sagten sich: Wenn alle Leute die Bibel lesen und sich an ihre Gebote halten, dann braucht es keine Regierung, keine Gesetze, keine Rangunterschiede mehr. In Zürich bildete sich eine Gruppe von Menschen, die allein nach den Geboten der Bibel leben wollten und Steuern und Militärdienst ablehnten. Da sie ihre Mitglieder als Erwachsene tauften, nannte man sie «Täufer» oder «Wiedertäufer». Die Täuferbewegung verbreitete sich in der Schweiz und in Süddeutschland. Ähnliche Ideen vertrat in Deutschland der ehemalige Mönch Thomas Müntzer. Er war der Meinung, dass jetzt das Reich Gottes komme und dass man daher alle staatlichen Einrichtungen, alle Unterschiede in Rang und Besitz abschaffen müsse. Luther und Zwingli lehnten das Täufertum und Thomas Müntzer ab.

Aus dem Urteil des Zürcher Rates über den Zürcher Täufer Felix Manz (5. Januar 1527):

34 «Felix Manz... bekennt, gesagt zu haben, dass er und die andern, die ganz nach dem Wort Christi leben wollten, sich durch eine zweite Taufe vereinigen wollten. Sie wollten aber die übrigen Bürger bei ihrem Glauben lassen. Dadurch haben Manz und seine Anhänger sich von der christlichen Gemeinde gelöst und eine besondere Sekte begründen wollen... Manz

hat auch bekannt, er habe gelehrt, kein Christ dürfe Vorgesetzter eines anderen Christen sein, einen andern bestrafen oder hinrichten... Er hat dies nicht nur gelehrt, sondern trotz Warnungen und Strafen Leute getauft, damit eine besondere Sekte begründet und damit einfältige Leute verführt und vom Gehorsam gegenüber der Obrigkeit abgebracht... Daher wird dem Scharfrichter befohlen, Manz die Hände zu binden, diese über die Knie zu streifen, zwischen Arme und Schenkel einen Knebel hindurch zu stossen und ihn so gebunden in die Limmat zu werfen und ihn im Wasser ertrinken zu lassen.»

Aus Predigten Thomas Müntzers:

35 «Matthäus sagt: ‹Ihr könnt nicht Gott und den Reichtümern dienen.› Wer Ehre und Güter besitzt, wird schliesslich von Gott verlassen werden. Gott sagt: ‹Die Gewaltigen und ungläubigen Menschen müssen vom Stuhl gestossen werden.› Man kann nicht das Evangelium predigen und gleichzeitig die unvernünftigen Regenten ehren und den Adligen gehorchen... Alle Dinge sollen gemeinsam sein und sollen jedem nach seinem Bedürfnis zugeteilt werden... Welcher Fürst, Graf oder Herr das nicht tut trotz Ermahnung, dem soll man den Kopf abschlagen oder ihn hängen...»

Die zurückhaltende Einstellung Luthers und Zwinglis führte dazu, dass sich viele Bauern den Täufern und Thomas Müntzer zuwandten. Sie bildeten Bauernheere, besetzten Klöster und Burgen, um so durch Druck ihre Forderungen durchzusetzen.

Die Entwicklung in Zürich

In Zürich, den meisten übrigen eidgenössischen und einzelnen deutschen Gebieten kam man den Bauern in einigen Punkten etwas entgegen und konnte so die meisten beruhigen. Die Täufer allerdings wurden verfolgt und unterdrückt.

Aus der Antwort des Zürcher Rates an die Landvogtei Kyburg (28. Mai 1525):

36 «Der Zehnten auf Korn, Wein und Heu soll bleiben. Der Rat wird sich bei den Zehntenempfängern für die Abschaffung des Zehntens auf andern Produkten einsetzen.

Wer sich durch Frondienste überlastet fühlt, kann beim Rat um Ermässigung ersuchen.

Das Kloster- und Kirchengut muss nach dem Willen der Stifter verwendet werden. In diesem Rahmen will der Rat dafür sorgen, dass es für Bedürftige verwendet werden kann.

Eine Gemeinde darf einen unfähigen Pfarrer nicht einfach absetzen. Sie kann sich beim Zürcher Rat beschweren. Dieser wird dann einen Entscheid fällen.

An den bestehenden Zöllen wird nichts geändert.

Die Jagd soll wie bis jetzt beschränkt bleiben. Ständiges Jagen ist gefährlich. Mit den heutigen Waffen wird das Wild oft nur verwundet und verendet dann irgendwo.»

Aufständische Bauern besetzen ein Kloster
(zeitgenössische Zeichnung)

Der Bauernkrieg 1525

In Deutschland blieben die meisten Fürsten hart.
Es kam in verschiedenen Gebieten zu Bauernkriegen.
Die schlecht bewaffneten und schlecht organisierten
Bauernheere wurden besiegt, Tausende von Bauern
getötet. Auch Thomas Müntzer kam dabei ums
Leben. Luther stellte sich nach anfänglichen Vermitt-
lungsversuchen ganz auf die Seite der Fürsten.

Die Reformation brachte den Bauern nicht mehr
Selbständigkeit. Die Aufgaben und Rechte der Kirche
wurden vom regierenden Fürsten oder von der
regierenden Stadt übernommen. Die Last der bäuer-
lichen Abgaben und Pflichten nahm gar nicht oder
nur wenig ab.

Das Wichtigste in Kürze:

**Die Bauern hofften, durch die Reformation
ihre Rechte zu bewahren und weniger Abgaben bezahlen zu müssen. Die regierenden
Fürsten und Städte kamen ihnen in einigen
Fällen entgegen; zum grösseren Teil aber wurde die Bewegung grausam unterdrückt.**

1 Nenne einige Forderungen, welche die Bauern an
   ihre Herrschaft stellten.
2 Womit wurde die Rechtmässigkeit dieser Forderungen durch die Bauern begründet? Was meinten
   die Reformatoren dazu?
3 Welche Ziele verfolgte Thomas Müntzer?
4 Was weisst du über die «Wiedertäufer»?

5 Welche Gründe bewogen die Reformatoren zu
   ihrem Verhalten gegenüber den aufständischen
   Bauern?
6 Wie beurteilst du das Verhalten der verschiedenen
   Beteiligten an diesen Konflikten (Bauern, Täufer,
   Fürsten, Stadtregierungen, Reformatoren)?

Die Spaltung der Kirche

1517 war Luther erstmals an die Öffentlichkeit getreten. Er glaubte damals, die Bischöfe und den Papst von der Richtigkeit seiner Lehre überzeugen zu können. Der Papst stiess ihn jedoch als Ketzer aus der Kirche und forderte den deutschen Kaiser auf, Luther zum Tod zu verurteilen. (Siehe Kapitel «Die Reformatoren», Seite 79.)

Kaiser Karl V.

Kaiser war damals Karl V. (1519–1556) aus der Familie der Habsburger. Er war gleichzeitig auch Herrscher über Spanien, die Niederlande, grosse Teile Italiens, Österreich und weitere Gebiete. Er war der mächtigste Herrscher seiner Zeit. Aber gerade deshalb hatte er auch viele Feinde. Er musste ständig von Land zu Land reisen, um für Ordnung zu sorgen oder gegen einen seiner Feinde Krieg zu führen.

Der Reichstag von Worms 1521

In Deutschland hatte Karl V. keine unbeschränkte Macht. Die Fürsten der einzelnen deutschen Länder und die grossen Städte besassen viel Selbständigkeit und strebten nach mehr. Daher rief Karl V. 1521 die Fürsten und die Vertreter der Städte zu einer Versammlung, dem Reichstag von Worms, um über den Fall Luther zu beraten. Luther erhielt freies Geleit

1 Kaiser Karl V. (Gemälde von Tizian)
2 Martin Luther vor dem Reichstag in Worms 1521 (Darstellung in dem amerikanischen Film «Martin Luther»)

nach Worms und zurück nach Wittenberg, um sich dem Reichstag zu stellen. Man forderte ihn auf, seine Lehre und seine Kritik an der Kirche zurückzuziehen. Luther lehnte dies vor dem Kaiser und den Fürsten mit den Worten ab: «Hier steh' ich, ich kann nicht anders. Gott helfe mir! Amen!»

Luther in der Reichsacht

Der Kaiser sprach über Luther und dessen Anhänger die Reichsacht aus. Das hiess: Jeder Fürst, jede Stadt hatte Luther gefangenzunehmen und dem Kaiser auszuliefern. Seine Anhänger sollten gefangengenommen und enteignet werden. Luthers Schriften waren zu vernichten. Wegen des zugesagten freien Geleits musste man Luther aber zuerst heimziehen lassen.

Die Fürsten protestieren

Eine Reihe von Fürsten und Städten hielt sich aber nicht an diesen Beschluss. Luther selbst wurde auf Befehl des Kurfürsten von Sachsen, seinem Herrn, auf dem Heimweg überfallen, auf die Wartburg (bei Eisenach in Thüringen) gebracht und dort ein Jahr in Sicherheit bewahrt, während sich alle Welt fragte, wo er wohl sei. Hier begann er mit der Übersetzung der Bibel ins Deutsche. In vielen Städten und Fürstentümern wurden seine Schriften weiter gelesen und verbreitet. Später konnte er ungehindert nach Wittenberg zurückkehren und dort bis zu seinem Tod lehren und predigen.

Als Luther im Bauernkrieg die aufständischen Bauern nicht unterstützte, sahen die Fürsten, dass ihnen von Luther keine Gefahr drohte. Gegen neue Aufforderungen des Kaisers, endlich Luther ihm auszuliefern, protestierten sie. Seither nannte man die Anhänger Luthers und seiner Lehre «Protestanten».

Die Spaltung der Kirche

Immer mehr Fürsten und Städte führten in ihrem Gebiet die Reformation der Kirche durch. Sie übernahmen die Leitung der Kirche, schafften Messe, Bilder und Klöster ab und setzten von nun an selbst die Pfarrer ein. (Siehe das Beispiel Zürichs im Kapitel «Die Reformation in der Stadt Zürich», Seite 83.) Andere Fürsten blieben beim traditionellen katholischen Glauben und verhinderten in ihrem Gebiet die Reformation. So wurde Deutschland in zwei Lager, das «protestantische» und das «katholische», gespalten. In der Schweiz setzte sich die Reformation in den meisten Städten durch, während sie vor allem von den innerschweizerischen Orten (Kantonen) abgelehnt wurde. Während dieser Entwicklung weilte der Kaiser meistens im Ausland, wo er mit zahlreichen Kriegen, vor allem gegen Frankreich, beschäftigt war.

Mit der Spaltung der Kirche war aber niemand zufrieden. Luther und Zwingli ging es um die Reform der ganzen, einheitlichen Kirche, nicht um die Gründung einer neuen. Sowohl sie als auch der Papst waren sicher, dass es nur **einen** wahren, richtigen Glauben gebe. Daher versuchten die Anhänger Luthers und Zwinglis, deren Lehre möglichst weit zu verbreiten, während die Gegner sie mit allen Mitteln bekämpften.

2. Kappeler Krieg und 2. Kappeler Landfriede (1531)

Im schweizerischen Gebiet verlangten die reformierten Orte, in der ganzen Schweiz seien protestantische Pfarrer zuzulassen. Als die Innerschweizer dies

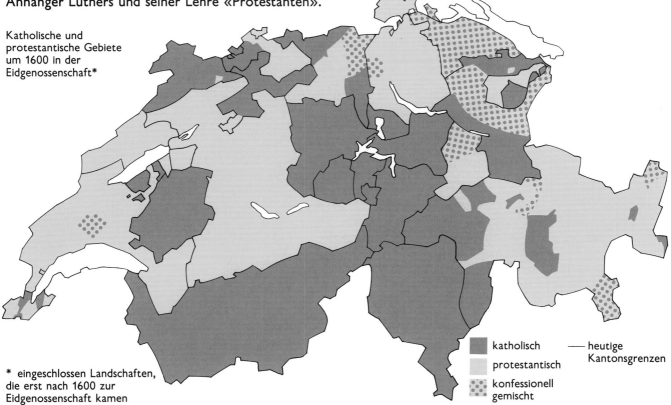

Katholische und protestantische Gebiete um 1600 in der Eidgenossenschaft*

katholisch — heutige Kantonsgrenzen

protestantisch

konfessionell gemischt

* eingeschlossen Landschaften, die erst nach 1600 zur Eidgenossenschaft kamen

89

ablehnten, setzten Zürich und Bern sie mit einer Sperre des Lebensmittelhandels unter Druck. Diese gaben nicht nach, sondern schritten zum Krieg, in welchem Zwingli in der Schlacht bei Kappel umkam. Da keine Partei die andere vollständig besiegen konnte, beschloss man im «Zweiten Kappeler Landfrieden», jeder eidgenössische Ort solle den Glauben wählen, der ihm besser passe. Einzig in den Gebieten, die von mehreren Orten gemeinsam regiert wurden, wurden zum Teil beide Richtungen zugelassen. So zerfiel die Eidgenossenschaft in zwei Teile, die sich aus religiösen Gründen feindlich gegenüberstanden.

Der Augsburger Religionsfriede 1555

In Deutschland versuchte Karl V., nachdem er seine übrigen Kriege beendet hatte, die protestantischen Fürsten und Städte zu unterwerfen. Aber die protestantische Seite war bereits zu stark geworden. Daher kam man im «Augsburger Religionsfrieden» auf eine ähnliche Lösung wie in der Eidgenossenschaft: Jeder Fürst konnte den Glauben seiner Untertanen selbst festlegen. Damit war auch in Deutschland die kirchliche Spaltung Tatsache geworden.

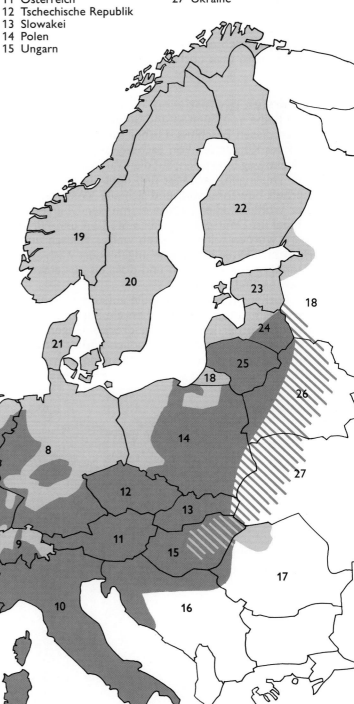

Katholische und protestantische Gebiete in Europa um 1650

— Grenzen der heutigen Staaten Europas

katholische Gebiete

protestantische Gebiete

katholisch mit protestantischer Minderheit

andere Bekenntnisse

1 Portugal
2 Spanien
3 Frankreich
4 Grossbritannien
5 Irland
6 Belgien
7 Niederlande
8 Deutschland
9 Schweiz (Vergleiche im einzelnen die Karte auf Seite 89.)
10 Italien
11 Österreich
12 Tschechische Republik
13 Slowakei
14 Polen
15 Ungarn
16 Südslawische Staaten (ehem. Jugoslawien)
17 Rumänien
18 Russland
19 Norwegen
20 Schweden
21 Dänemark
22 Finnland
23 Estland
24 Lettland
25 Litauen
26 Weissrussland
27 Ukraine

Unterdrückung von Protestanten in Frankreich: Die Bartholomäusnacht vom 24. August 1572

Die Hugenottenkriege in Frankreich 1559–1598

Von Deutschland aus verbreitete sich die Lehre Luthers in Nordeuropa. In Frankreich bildeten sich ebenfalls protestantische Gruppen, die Hugenotten. Sie wurden von Genf und dessen Reformator, Johannes Calvin, unterstützt, vom französischen König aber erbittert bekämpft. Nach 40 Jahren Bürgerkrieg erreichten es die Hugenotten, dass sie geduldet wurden. Die Mehrheit der Franzosen aber blieb katholisch.

Das Wichtigste in Kürze:

Eine Reihe von deutschen Fürsten schloss sich gegen den Willen des Kaisers dem Protestantismus an. Schliesslich musste der Kaiser den Fürsten erlauben, die Konfession für sich und ihre Untertanen selbst zu bestimmen. Daher gab es nun protestantische und katholische Gebiete. In der Eidgenossenschaft setzte sich die Reformation nur in einem Teil der Kantone durch.

1 Wie hiess der deutsche Kaiser zur Reformationszeit? Wie war seine Einstellung zur Lehre Luthers?
2 Wo fand der Reichstag statt, auf welchem Luther seine Lehren widerrufen sollte? Wie verhielt sich Luther dort?
3 Wo hielt sich Luther vor seinen Verfolgern versteckt? Weshalb unterstützten einige deutsche Fürsten den Reformator?
4 Bei welcher Schlacht fand Zwingli den Tod? Was wurde im anschliessenden Landfrieden zwischen den katholischen und den protestantischen Eidgenossen vereinbart?
5 Wie beurteilst du die Lösung der Glaubensfrage durch den «Augsburger Religionsfrieden»?
6 Welche Gebiete der Schweiz wurden protestantisch, welche blieben katholisch? Löse die gleiche Aufgabe für Europa.

Reformen in der katholischen Kirche

Als die Zahl der Protestanten ständig zunahm, begann man, sich in der katholischen Kirche nach dem Grund zu fragen. Viele Katholiken sahen im schlechten Zustand der Kirche (siehe Kapitel «Die Kirche und das liebe Geld», Seite 64) die Ursache der Spaltung. Sie überlegten: Wenn wir die Übelstände nicht beseitigen, werden Luther und Zwingli immer neue Anhänger erhalten. Wenn wir dagegen Reformen durchführen, kehren vielleicht viele Protestanten zu unserer Kirche zurück. Am Ende kann dadurch sogar die Einheit wiederhergestellt werden.

Konzil von Trient

Der Papst versammelte die Bischöfe zu einem Konzil in der italienischen Stadt Trient. Die Versammlung begann 1545, wurde zweimal aus politischen Gründen für lange Zeit unterbrochen und endete schliesslich 1563. Das Konzil befasste sich einerseits mit den Lehren Luthers und Zwinglis, anderseits mit der Reform der katholischen Kirche.

Das Konzil von Trient (Gemälde im Kloster St. Klara in Stans)

Zu den wichtigsten protestantischen Lehren erklärte das Konzil:
- Die Auslegung der Bibel ist nicht Sache des einzelnen Christen. Konzil und Papst entscheiden darüber. Daher sind die Erkenntnisse der Konzilien, der Päpste und der kirchlich anerkannten Gelehrten ebenso wichtig wie die Bibel selbst.
- Die Gnade Gottes wird dem Christen nicht direkt, sondern durch die Kirche, den Priester, vermittelt. Dies geschieht durch die Spendung der Sakramente (Kommunion, Beichte usw.).
- Um die Gnade Gottes zu erhalten, sind sowohl der Glaube wie auch gute Taten notwendig. Daher haben eine fromme Lebensführung – etwa als Mönch –, Wallfahrten, Ablasszahlungen einen Sinn. Auch das Gebet zu den Heiligen kann dazu beitragen, die Gnade Gottes zu erhalten.

Reformbeschlüsse

Um den Zustand der katholischen Kirche zu verbessern, beschloss das Konzil:
- Ein Bischof oder ein Priester darf nur eine einzige

Amtsstelle haben, damit er seine Aufgabe richtig erfüllen kann.
- Der Bischof hat die Priester in seinem Bistum (Amtsbereich) regelmässig zu überprüfen. Er muss ungenügende Priester verwarnen oder absetzen. Tut ein Bischof dies nicht, so kann der Papst durch einen Gesandten eine Inspektion durchführen.
- Zur besseren Ausbildung sollen in allen Bistümern Priesterseminarien gegründet werden.
- Das Gebot der Ehelosigkeit der Priester muss wieder beachtet werden.

Reformhindernisse

Es war nicht leicht, diese Reformen durchzuführen und die katholische Kirche wieder zu beleben.

Der Erzbischof von Mailand, Carlo Borromeo, unternahm 1570 eine Reise in die katholische Eidgenossenschaft und berichtete:

37 «Das Leben der Priester ist unehrbar und anstosserregend, weil, ganz wenige ausgenommen, sie eine Freundin im Haus halten und dies auch gar nicht zu verbergen suchen... Sie besuchen ohne Scheu Wirtshäuser, einige halten selbst solche, andere treiben Handel... Sie sind nachlässig..., beobachten die kirchlichen Zeremonien beim Gottesdienst nicht genau, haben rohe Gebärden; viele tragen selbst innerhalb der Stadt Schwerter und haben beständig Messer und Dolche bei sich... Aus all dem entspringt die geringe Achtung und Ehrfurcht, die ihnen von den Gläubigen entgegengebracht wird.»

Auf den Bericht Borromeos hin entsandte der Papst einen Botschafter in die Eidgenossenschaft, um in der Priesterschaft Reformen durchzuführen. Die Priester von Uri, Schwyz und Unterwalden wehrten sich jedoch (1579):

38 «Wenn unser Bischof (von Konstanz) zu Rom sitzt und sich selbst überhaupt nicht an die Beschlüsse des Konzils von Trient hält, wie kann man da hoffen, dass wir, seine Untergebenen, diesen nachkommen... Wenn unser Bischof selbst Freundinnen und Kinder hat, was sollen denn seine Priester anderes tun, als was sie von ihm sehen und hören... Unser Bischof hat sein Leben lang nie gepredigt... Er ist jetzt mehr als zehn Jahre nie mehr in unserem Bistum gewesen... Der Botschafter des Papstes hat uns auch verboten, in die Wirtshäuser zu gehen. Wenn wir aber keine Frauen mehr in unseren Häusern haben dürfen, die uns kochen, wo sollen wir dann essen? Bitte schön, sollen wir die Stuben heizen, kochen, beten, studieren, Gemüse bringen, Messe halten und predigen miteinander...»

In dieser Zeit entstanden neue Mönchsorden. Ihre Mitglieder zog es jedoch nicht in die Einsamkeit. Sie wollten vielmehr durch Nächstenliebe den Menschen helfen und möglichst viele zum katholischen Glauben bekehren oder bei diesem bewahren.

Ignatius von Loyola bei der Abfassung der Regel des Jesuitenordens (Gemälde von Jusepe de Ribera in Rom)

Der Jesuitenorden

Ignatius von Loyola (1491–1556) war spanischer Offizier und wurde in einer Schlacht schwer verwundet. Auf dem Krankenlager beschloss er, sein Leben von nun an Gott zu widmen. Mit sechs Freunden gründete er 1534 die «Gemeinschaft Jesu», den Jesuitenorden. Die Jesuiten verpflichteten sich wie alle Mönche zu Armut, Ehelosigkeit und Gehorsam gegenüber dem Vorgesetzten, dazu aber noch zu besonderem Gehorsam gegenüber dem Papst. Ihre Aufgabe war, sich überall dort für die katholische Kirche einzusetzen, wo es der Papst für notwendig hielt. Ihre Organisation war militärisch straff.

Aus der Regel des Jesuitenordens:

39 «Alle sollen den Gehorsam mit äusserster Gewissenhaftigkeit beachten... Dabei müssen wir aber Sorge tragen, dass der Geist der Liebe und nicht Furcht Triebkraft unseres Handelns ist... Mit äusserster Anstrengung müssen wir alle Nerven und Kräfte anspannen, um diese Tugend des Gehorsams in erster Linie dem Papst, dann auch unseren Vorgesetzten gegenüber zu erweisen. Wir müssen jederzeit bereit sein, in allen Dingen, auf die sich der Gehorsam – ohne die Liebe zu verletzen – erstrecken kann, des Papstes Stimme zu folgen, als wenn es die unseres Herrn Christus wäre... Wir müssen jeden Auftrag mit grosser Schnelligkeit, geistlicher Freude und Standhaftigkeit ausführen. Alles müssen wir als gut und richtig ansehen, jede entgegenstehende Meinung und unser eigenes Urteil gewissermassen in blindem Gehorsam verleugnen, und zwar ausnahmslos allen Anordnungen des Vorgesetzten gegenüber, ausser jenen, bei denen klar erkennbar ist, dass sie sündhaft sind... In

diesem Gehorsam muss jedes Ordensmitglied mit heiterem Herzen ausführen, wozu ihn der Vorgesetzte... verwenden will. Er darf aber dann sicher sein, dass er auf diese Weise eher dem Willen Gottes nachkommt, als wenn er seinem eigenen Willen und abweichenden Urteil folgt.»

Die Jesuiten gründeten zahlreiche Schulen und Priesterseminarien. Viele zogen als Missionare nach Amerika, Indien und China. Manche erreichten als Prediger am Hof eines Herrschers Einfluss auf die Politik. Ihre Erfolge und ihre Unterordnung unter den Papst machten sie vielerorts verhasst. Man dachte, sie würden dem Papst zuliebe auch das eigene Land verraten.

Jesuiten in der Schweiz?

In der schweizerischen Bundesverfassung von 1848 wurde festgelegt:

40   Art. 58 (ab 1874: Art. 51): Der Orden der Jesuiten und die ihm affiliierten (angeschlossenen) Gesellschaften dürfen in keinem Theile der Schweiz Aufnahme finden.

1973 hatte das Schweizervolk über die Abschaffung des Jesuitenverbotes abzustimmen.

Aus einem Zeitungsartikel für die Abschaffung des Verbots (Tages-Anzeiger vom 12. Mai 1973):

41   «Wir sind immerhin der letzte freie Staat, der noch ein Jesuitenverbot kennt. Alle andern haben frühere Verbote aufgehoben, zuletzt 1956 Norwegen. Rein gar nichts hat man seither gehört in all diesen Staaten von irgendwelchen staatsfeindlichen Umtrieben der Jesuiten... Damit wird dieses Verbot zum Un-Sinn und, was noch schlimmer ist, zum Unrecht. Denn die Rechtsgleichheit verlangt, dass wir Gleiches gleich behandeln. Das ist nicht der Fall, wenn wir die Jesuiten durch ein in der Verfassung festgenageltes Sonderverbot von andern Orden abheben... Beseitigen wir also dieses undurchführbar gewordene, heute zum Unrecht gewordene ‹Recht›.»

Aus einem Zeitungsartikel gegen die Abschaffung des Verbots (Tages-Anzeiger vom 14. Mai 1973):

42   «Ausgerechnet der Kampforden par excellence des Papstes soll in unserem Land freie Hand bekommen. Ein wahrer Alptraum für alle freiheitlich denkenden Protestanten und auch Katholiken... In der Vergangenheit hat sich der Orden in vielen Ländern als staatsgefährlich erwiesen, er musste in vielen Staaten verboten werden... Ziel und Grundsätze (des Jesuitenordens) sind gleich geblieben. In der Wahl ihrer Mittel sind sie variabel... Ihr Gelübde wird einem ausländischen Ordensgeneral abgelegt... Die Jesuiten sind Feinde einer neutralen Staatsschule. Langfristig werden sie hier ihre Hauptstosskraft ansetzen. Die machtpolitische Zweierkonstellation Jesuiten–Politischer Katholizismus verheisst nichts Gutes.»

Die Mehrheit entschied für die Streichung des Jesuitenverbotes aus der Bundesverfassung.

Vinzenz von Paul (Gemälde von Simon François de Tours)

Vinzenz von Paul

Vinzenz von Paul (1581–1660) stammte aus einer armen Bauernfamilie und wurde Priester. Er gründete die «Genossenschaft der barmherzigen Schwestern», einen Nonnen-Orden, der bald nach ihm «Orden der Vinzentinerinnen» genannt wurde. Sie lebten nicht in Klöstern, sondern in Spitälern und Armenhäusern, wo sie Arme und Kranke pflegten. Durch sie entstand der Beruf der Krankenschwester.

Vinzenz von Paul über die Aufgabe der Vinzentinerinnen:

43   «Euer Kloster sind die Häuser der Armen, eure Klosterzellen die Kochstuben, eure Kapellen die Pfarrkirchen, euer Kreuzgang die Strassen der Stadt, die Krankensäle der Spitäler, die Stuben der Findelhäuser. Wenn die Not der Armen ruft, dann sollt ihr eure Andachtsübungen, selbst die heilige Messe lassen..., um Gott durch die Pflege der Armen zu dienen.»

Ein neuer Kalender

Die Tätigkeit der neuen Orden förderte das Ansehen der katholischen Kirche und das kirchliche Leben. Prachtvolle Kirchenbauten entstanden. Auch die Wissenschaft wurde gefördert. So führte Papst Gregor XIII. mit seinen Astronomen eine Kalenderreform durch. Er fand heraus, dass das Jahr nicht, wie die Römer angenommen hatten, 365¼ Tage, sondern nur 365 Tage, 5 Stunden, 48 Minuten lang ist. Da man seit der Römerzeit alle vier Jahre einen Schalttag eingehalten hatte, war man mittlerweile (1582) auf das wirkliche Jahr zehn Tage in Rückstand geraten. Der Papst beschloss, zehn Tage auszulassen und in Zukunft in den Jahrhundertjahren, die nicht durch 400 teilbar sind, keine Schalttage mehr einzuhalten (zum Beispiel 1700, 1800, 1900, 2100). Mit der Zeit setzte sich dieser neue, «gregorianische» Kalender überall durch.

Galileo Galilei (1564–1642)

Die Entwicklung der Wissenschaften führte aber auch zu Problemen. Die Auffassung des Astronomen Kopernikus (siehe Kapitel «Erde und Weltall», Seite 40), dass die Erde um die Sonne laufe und nicht die Sonne um die Erde, fand in der katholischen Kirche Anhänger und Gegner. Die Gegner stützten sich dabei auf die Bibel. Tatsächlich glaubte man zur Zeit, als die Bibel entstand, dass sich die Sonne bewege. Der Astronom Galileo Galilei, ein Anhänger des Kopernikus, erklärte darauf, dann müsse man eben die Bibel anders auslegen.

Galileo Galilei über das Verhältnis zwischen Bibel und Wissenschaft:

44 «Ich fühle mich nicht verpflichtet zu glauben, dass Gott, der uns mit Sinnen, Vernunft und Verstand begabt hat, von uns verlangt, dass wir auf ihren Gebrauch verzichten... Wenn wir sichere und genaue Kenntnis über bestimmte Naturvorgänge gewonnen haben, so müssen wir sie als das angemessenste Mittel zur richtigen Auslegung der Heiligen Schrift... anwenden... Nichts..., das uns durch die Sinne oder durch eine zwingende Beweisführung klargemacht wird, sollte bezweifelt oder gar verurteilt werden, auch nicht auf Grund von Bibelstellen. Diese können einen anderen Sinn haben, als üblicherweise angenommen wird.»

Die Gegner Galileis am Hof des Papstes sahen nun die Geltung der Bibel und damit der Kirche in Frage gestellt. Sie erreichten, dass das Werk des Kopernikus verboten wurde. Galilei wurde 1638 gezwungen, seine Meinung zu widerrufen und zu bekennen, die Sonne laufe um die Erde, und diese stehe still. Es wird berichtet, er habe dabei leise gemurmelt: «Und sie bewegt sich doch!» Von jetzt an verfolgte die katholische Kirche die Entwicklung der Naturwissenschaft mit zunehmendem Misstrauen. Sie fürchtete, dadurch werde der christliche Glaube in Frage gestellt.

Das Wichtigste in Kürze:

Als sich die Kirchenspaltung bereits deutlich abzeichnete, nahm die katholische Kirche innere Reformen vor. Neue Orden wie die Jesuiten trugen zu ihrer Durchführung bei.

1 Wo fand das Konzil statt, das Reformen in der katholischen Kirche beschloss?
2 Wie stellte sich dieses Konzil zu den Lehren der Reformatoren?
3 Was wurde beschlossen, um die Missstände unter den Priestern zu beseitigen?
4 Wer gründete den Jesuitenorden? Welches Ziel hat dieser Orden?

5 Welche grundsätzlichen Unterschiede bestanden nach der katholischen Reform zwischen den Konfessionen?
6 Schreibe die Zahlen auf, die neben den Lösungen stehen, welche du als richtig erachtest. Zähle alle Zahlen zusammen, welche du aufgeschrieben hast. Erhältst du die Zahl 100, hast du die Aufgabe richtig gelöst, wenn nicht, überprüfe alle Antworten.

– Überreste von Heiligen	Reliquien	11
	Märtyrer	23
– Geldbusse zur Vergebung der Sünden	Wallfahrt	18
	Ablass	7
– Erfinder der Buchdruckerkunst	Dürer	19
	Gutenberg	13
– Berühmter Bildhauer der Renaissance	Michelangelo	22
	David	6
– Reformator der deutschsprachigen Schweiz	Luther	15
	Zwingli	21
– Anführer der deutschen Bauern im Bauernkrieg	Müntzer	9
	Manz	14
– Wo wurden Reformen der katholischen Kirche beschlossen?	Trient	8
	Worms	12
– Mönchsorden zur Stärkung der katholischen Kirche	Humanisten	5
	Jesuiten	9

Ausblick:

Das Christentum in der modernen Welt

Engagierte Christen

Das Christentum als Weltreligion

Die Zahl der Anhänger der wichtigsten Religionen (Schätzungen; 1992):

	in Millionen	
Christen	1549	
davon:		
– römisch-katholisch		973
– protestantisch		363
– griechisch-orthodox		163
– andere Richtungen		50
Mohammedaner	935	
Hindus	705	
Buddhisten	296	
Juden	17	
sonstige Religionen	etwa 1000	
ohne Religion	etwa 1000	

1 Katholische Kirche von Lobito in Angola (Afrika)
2 Katholischer Gottesdienst in einer modernen afrikanischen Kirche (Zimbabwe)

Seit der Zeit der Reformation hat sich die christliche Kirche um die ganze Erde verbreitet. Katholische und protestantische Missionare verbreiteten ihre Lehre in Amerika, Asien und Afrika. Sie wurden dadurch unterstützt, dass viele dieser Gebiete während langer Zeit Kolonien europäischer Staaten waren.

(Siehe Kapitel «Amerika unter europäischer Herrschaft», Seite 29.) Heute hat das Christentum von allen Religionen am meisten Anhänger.

Die Aufgabe der Kirche

Je mehr sich das Christentum verbreitete, desto mehr mussten sich die Kirchen fragen: Was können wir für die Menschen tun? Genügt es, sie zu taufen, ihnen den christlichen Glauben zu lehren und ihnen die Hoffnung auf Erlösung nach dem Tod zu vermitteln? Oder müssen wir ihnen auch zu einem besseren Leben auf der Erde verhelfen?

Beschluss der vierten Vollversammlung des Ökumenischen Rates der Kirchen in Uppsala, 1968:

45 «Die Kirche hat heute die Aufgabe, für eine weltweite verantwortliche Gesellschaft zu arbeiten und Menschen und Nationen zur Busse aufzurufen. Angesichts der Nöte der Welt selbstzufrieden zu sein bedeutet, der Häresie (des Unglaubens) schuldig zu werden... Die Kirchen haben die Aufgabe, die Menschen zu lehren, wie sie politisch wirksam sein können.»

Papst Johannes XXIII. im Rundschreiben «Mater et Magistra» (Die Kirche als Mutter und Lehrerin), 1961:

46 «Eine der grössten unserer Zeit gestellten Aufgaben ist wohl diese, zwischen den wirtschaftlich fortgeschrittenen und den wirtschaftlich noch in Entwicklung begriffenen Ländern die rechten Beziehungen herzustellen. Während die einen im Wohlstand leben, leiden die andern bittere Not... Wenn offenbar manche Völker Überfluss haben an Nahrungsmitteln..., während in anderen Ländern breite Volksmassen Hunger und Not leiden, dann fordern Gerechtigkeit und Menschlichkeit, dass die Überschussländer den Mangelgebieten zu Hilfe kommen... Jeder, der sich Christ nennt, muss es als seinen Auftrag und als seine Sendung ansehen, sich mit aller Kraft für die Vervollkommnung der Gesellschaft einzusetzen und bis zum äussersten zu bemühen, dass die Menschenwürde in keiner Weise angetastet wird.»

Manche Christen haben sich persönlich bemüht, den Einsatz für den Glauben mit dem Einsatz für den Menschen zu verbinden.

Albert Schweitzer

Albert Schweitzer (1875–1965) war Sohn eines protestantischen Pfarrers aus dem Elsass. Er studierte Theologie und wurde schon in jungen Jahren ein berühmter Gelehrter und Orgelspieler. Mit dreissig Jahren brach er diese glänzende Laufbahn ab.

Albert Schweitzer berichtet aus seinem Leben:

47 «Die Lehrtätigkeit an der Universität Strassburg, die Orgelkunst und die Schriftstellerei verliess ich, um als Arzt nach Äquatorialafrika zu gehen. Wie kam ich dazu? Ich hatte von dem körperlichen Elend der Eingeborenen des Urwaldes gelesen und durch Missionare davon gehört. Je mehr ich darüber nach-

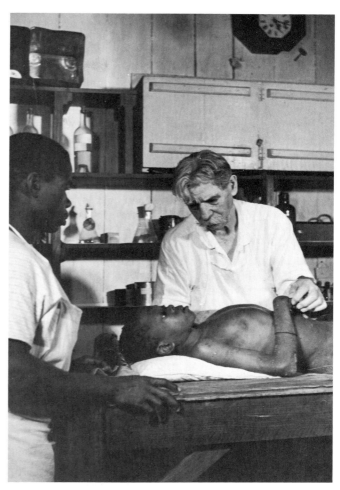

Albert Schweitzer in Lambarene (Gabun, Afrika)

dachte, desto unbegreiflicher kam es mir vor, dass wir Europäer uns um die grosse humanitäre Aufgabe, die sich uns in der Ferne stellte, so wenig kümmern. Das Gleichnis vom reichen Mann und vom armen Lazarus schien mir zu uns gesprochen zu sein. Wir sind der reiche Mann, weil wir durch die Fortschritte der Medizin im Besitze vieler Kenntnisse und Mittel gegen Krankheit und Schmerz sind. Die unermesslichen Vorteile dieses Reichtums nehmen wir als etwas Selbstverständliches hin. Draussen in den Kolonien aber sitzt der arme Lazarus, das Volk der Farbigen... Von diesen Gedanken bewegt, beschloss ich, bereits dreissig Jahre alt, Medizin zu studieren und draussen die Idee in der Wirklichkeit zu erproben. Anfang 1913 erwarb ich den medizinischen Doktorgrad. Im Frühling desselben Jahres fuhr ich mit meiner Frau, die die Krankenpflege erlernt hatte, an den Fluss Ogowe in Äquatorialafrika (heute Republik Gabun), um dort meine Wirksamkeit zu beginnen.»

In Lambarene errichtete Schweitzer mit seinem eigenen Geld mitten im tropischen Regenwald ein einfaches Spital. Im Umkreis von Hunderten von Kilometern war er der einzige Arzt. Durch Spenden und das Dazustossen von weiteren Mitarbeitern konnte Schweitzer seine Urwaldklinik ausbauen. Bis zu seinem Tod war er rastlos tätig. Er erhielt 1952 den Friedensnobelpreis. Sein Spital existiert heute noch.

Martin Luther King

Aber nicht nur Armut und Krankheit lasteten auf vielen Menschen, sondern auch politische Unterdrükkung. In den Vereinigten Staaten von Amerika waren die Schwarzen bis 1865 noch Sklaven. Auch nach der Befreiung blieben viele von ihnen Menschen zweiter Klasse. Zahlreiche Schulen und Universitäten, ja sogar Restaurants, waren nur den Weissen zugänglich. In manchen Gebieten durften die Schwarzen nicht einmal abstimmen. Gegen diese Benachteiligung entwickelte sich die Bürgerrechtsbewegung unter dem schwarzen Pfarrer Martin Luther King (1929–1968). Kings Ziel war die Gleichberechtigung aller Amerikaner. Seine Kampfmittel waren Massenversammlungen, Demonstrationsmärsche, Prozesse. Am Bürgerrechtsmarsch von 1963 nach Washington beteiligten sich 250 000 Menschen, darunter 60 000 Weisse. Gewaltanwendung lehnte King ab. Als 1956 gegen sein Haus eine Bombe geworfen wurde und sich seine Anhänger rachedürstend mit Waffen versammelten, sagte er zu ihnen: «Tut nichts Unüberlegtes. Macht keinen Gebrauch von euren Waffen. Wer das Schwert nimmt, wird durch das Schwert umkommen... Wir wollen nicht Gewalt mit Gewalt vergelten. Ich will, dass ihr eure Feinde liebt.»

Martin Luther King (Mitte) erhält 1964 von König Olav von Norwegen den Friedensnobelpreis

Aus einer Rede Kings am 28. August 1963:

48 «Heute sage ich euch, meine Freunde, trotz der Schwierigkeiten von heute und morgen habe ich einen Traum... Ich habe einen Traum, dass eines Tages diese Nation sich erheben wird und der wahren Bedeutung ihres Grundsatzes gemäss leben wird: ‹Wir halten diese Wahrheit für selbstverständlich: dass alle Menschen gleich erschaffen sind.›* Ich habe einen Traum, dass eines Tages auf den roten Hügeln von Georgia** die Söhne früherer Sklaven und die Söhne früherer Sklavenhalter miteinander am Tisch der Brüderlichkeit sitzen können... Ich habe einen Traum, dass meine vier kleinen Kinder eines Tages in einer Nation leben werden, in der man sie nicht nach ihrer Hautfarbe, sondern nach ihrem Charakter beurteilen wird... Das ist unsere Hoffnung. Mit diesem Glauben kehre ich in den Süden zurück. Mit diesem Glauben werde ich fähig sein, aus dem Berg der Verzweiflung einen Stein der Hoffnung zu hauen.»

1968 wurde King von einem weissen Attentäter ermordet. Durch seinen Kampf hatte sich die Lage der amerikanischen Schwarzen in manchen, aber nicht in allen Bereichen verbessert. Immer noch sind viele von ihnen arm und arbeitslos. Sie sind aber nicht mehr rechtlos.

* Art. 1 der Erklärung der Grundrechte von 1776 in den USA
** Gliedstaat der USA

Mutter Teresa von Kalkutta

Die «Mutter Teresa von Kalkutta» wurde 1910 in der jugoslawischen Stadt Skopje geboren. Mit 18 Jahren wurde sie Nonne. Als Missionarin ging sie nach Kalkutta in Indien und erteilte dort Unterricht an einer Schule. Kalkutta hat heute 3 bis 4 Millionen Einwohner. Von diesen lebt etwa ein Drittel in Elendsvierteln, etwa 40 000 haben überhaupt keine Unterkunft. Täglich sterben dort viele Menschen auf der Strasse. 1946 beschloss Teresa, sich ganz für die Allerärmsten Kalkuttas einzusetzen.

Mutter Teresa von Kalkutta

Aus einem Gespräch Mutter Teresas mit dem britischen Radioberichterstatter Malcolm Muggeridge:

49 *Teresa:* «In der ersten kleinen Schule, mit der ich am ersten Tag begann, waren fünf Kinder. Danach hatten wir allmählich immer mehr Kinder... Ich begann, ihnen das Alphabet beizubringen, denn obwohl es grössere Kinder waren, hatten sie nie eine Schule besucht, und keine Schule wollte sie. Dann hielten wir Unterricht in praktischer Gesundheitspflege ab... Allmählich begann das Werk zu wachsen... Jetzt haben wir dort über fünfhundert Kinder, die täglich zur Schule kommen.»

(1952 eröffnete Mutter Teresa das erste Heim für Sterbende.)

Sprecher: «Wenn Sie sagen, Heim für Sterbende, dann meinen Sie, dass es sich um Leute von der Strasse handelt, die man verlassen hat und die sterben.»

Teresa: «Ja, die erste Frau, die ich sah, habe ich selbst von der Strasse aufgelesen. Sie war bereits von Ratten und Ameisen angenagt. Ich brachte sie ins Spital, aber man konnte nichts für sie tun. Man nahm sie nur auf, weil ich mich weigerte, fortzugehen, bis man sie aufgenommen hatte. Von dort ging ich zur Stadtverwaltung und bat sie, mir einen Platz zu geben, wohin ich solche Leute bringen konnte... Seit damals haben wir über 23 000 Menschen von den Strassen Kalkuttas aufgelesen, von denen ungefähr die Hälfte gestorben ist. Zuallererst möchten wir den Menschen das Gefühl geben, dass sie erwünscht sind; wir möchten sie wissen lassen, dass es Menschen gibt, die sie wirklich lieben..., wenigstens für die paar Stunden, die sie noch zu leben haben...»

(Daneben gründete Mutter Teresa ein Heim für Waisen und ausgesetzte Kinder.)

Sprecher: «Ausser den Kranken haben sie eine Menge Kinder?»

Teresa: «Viele dieser Kinder sind ihren Eltern unerwünscht, manche lesen wir auf, manche bekommen wir von den Spitälern..., andere bringt uns die Polizei... Viele würden sterben, besonders von den Kindern, die unerwünscht sind. Sehr wahrscheinlich würden sie entweder fortgeworfen oder getötet werden.»

Um all diese Aufgaben zu bewältigen, gründete Mutter Teresa die Gemeinschaft der «Schwestern der Liebe». Neben die Betreuung von Waisen, den Schulunterricht und die Sorge für die Sterbenden trat die Behandlung von Aussätzigen. Heute umfasst die von Teresa gegründete Gemeinschaft etwa 1300 Schwestern, die in 110 Stationen in elf Ländern tätig sind. 1979 erhielt Mutter Teresa den Friedensnobelpreis.

Das Wichtigste in Kürze:
In der heutigen Zeit bemühen sich die Kirchen und einzelne Christen vermehrt, Armen und Unterdrückten zu helfen. Beispiele dafür sind Albert Schweitzer, Martin Luther King und Mutter Teresa von Kalkutta.

1 Nenne einige Aufgaben, welche das Christentum heute auf der Welt hat.
2 Wie hiess der Arzt, welcher in Lambarene (Afrika) das Urwaldspital gründete?
3 Welches Ziel hatte Martin Luther King? Wie wollte er dieses erreichen?
4 In welchem Land ist Mutter Teresa tätig? Wie hilft sie den Menschen dort?
5 Welchen international bedeutenden Preis bekamen diese drei Menschen?
6 Überlege dir, was auch du tun könntest, um deine Aufgabe als Christ zu erfüllen.
7 Trage auf einem Weltkärtchen die Verteilung der wichtigsten Religionen ein.

Ein Ende der Spaltung?

Die Spaltung der Kirche

Die Reformation führte zur Spaltung der christlichen Kirche in Katholiken und Protestanten. Schon in früherer Zeit hatten sich die christlichen Kirchen im Orient und die griechisch-orthodoxe Kirche losgelöst. Der Protestantismus wurde nie zu einer einheitlich organisierten Kirche, weil die Reformation von den einzelnen Fürsten und Städten durchgeführt wurde. Daher entstanden verschiedene protestantische Landeskirchen, die sich nicht in allen Fragen einig waren.

Die Spaltung hatte katastrophale Folgen. Während Jahrhunderten wurden Kriege geführt, für welche der Gegensatz zwischen Protestanten und Katholiken ein Grund oder mindestens ein Vorwand war. Weil der Gegner einen falschen Glauben hatte, schonte man ihn nicht und führte den Kampf sehr grausam.

Warum Zusammenarbeit der Kirchen?

Im 19. und 20. Jahrhundert führte die Entwicklung der Industrie dazu, dass immer mehr Menschen ihre Heimat verliessen und sich in den Industriestädten ansiedelten. Hier kamen Protestanten und Katholiken zusammen und mussten miteinander leben.

Mit dem Kommunismus und dem Nationalsozialismus kamen Bewegungen auf, welche das Christentum überhaupt ablehnten und zeitweise unterdrückten. Diese Entwicklungen und Bedrohungen führten bei immer mehr Christen zur Frage, ob man die Spaltung nicht überwinden könne und müsse. Der Ruf nach Zusammenarbeit oder sogar Zusammenschluss wurde stärker. Es entstand die ökumenische (das Gemeinsame aller Christen betonende) Bewegung.

Der Ökumenische Rat der Kirchen

1948 trat in Amsterdam erstmals der Ökumenische Rat der Kirchen (oft Weltkirchenrat genannt) zusammen. Bis heute haben sich ihm die meisten protestantischen Kirchen, die griechisch-orthodoxe und die russisch-orthodoxe Kirche angeschlossen.

Aus einer Botschaft des Ökumenischen Rates der Kirchen (1961):

50 «Gemeinsam müssen wir die Fülle der christlichen Einheit suchen. Dazu brauchen wir jedes Glied der christlichen Familie aus der östlichen und westlichen Tradition, aus alten und jungen Kirchen, Männer und Frauen, Junge und Alte, aus jeder Rasse und jedem Volk... In einigen Punkten erlauben uns unsere Überzeugungen noch nicht, gemeinsam zu handeln. Aber wir haben Fortschritte gemacht; uns ist es gelungen, die Einheit, die wir suchen, klarer auszusprechen. Darum lasst uns überall das ausfindig machen, was wir schon jetzt gemeinsam tun können, und es dann auch treu tun.»

Das Zweite Vatikanische Konzil

Zu einem Wendepunkt in der Geschichte der katholischen Kirche wurde das von Papst Johannes XXIII. einberufene Zweite Vatikanische Konzil (1962–65) in Rom. Über 1500 Bischöfe nahmen daran teil. Der katholische Gottesdienst wurde modernisiert. Die Messe konnte jetzt in der Landessprache statt auf Lateinisch gefeiert werden. Nicht nur der Priester, sondern auch die gewöhnlichen Gemeindemitglieder sollten in der Gemeinde aktiv mitarbeiten. Das Konzil befasste sich auch mit dem Verhältnis der katholischen Kirche zu den übrigen Kirchen.

Aus der Deklaration des Konzils über die Religionsfreiheit:

51 «Das Vatikanische Konzil erklärt, dass die menschliche Person das Recht auf religiöse Freiheit hat. Diese Freiheit besteht darin, dass alle Menschen frei sein müssen von jedem Zwang..., so dass in religiösen Dingen niemand gezwungen wird, gegen sein Gewissen zu handeln, noch daran gehindert wird,... innerhalb der gebührenden Grenzen nach seinem Gewissen zu handeln.»

Das Konzil beschloss, die katholische Kirche müsse vermehrt mit den andern Kirchen zusammenarbeiten, vor allem gegen Hunger, Katastrophen, Armut und Ungerechtigkeit.

Das Zweite Vatikanische Konzil tagt

Die heutige Lage

Die Unterschiede zwischen den christlichen Kirchen bestehen heute immer noch. Man versucht aber, das Gemeinsame in den Vordergrund zu stellen. Die Zusammenarbeit ist stärker geworden. Wenn von einem Brautpaar der eine Partner katholisch, der andere protestantisch ist, wird immer häufiger eine ökumenische Trauung vorgenommen. Katholische und protestantische Gemeinden führen manchmal gemeinsame Veranstaltungen durch. Vor allem für die jungen Menschen steht das Gemeinsame zwischen den Konfessionen viel stärker im Vordergrund als das Trennende.

1

2

Die Aufspaltung der christlichen Kirche (vereinfacht):

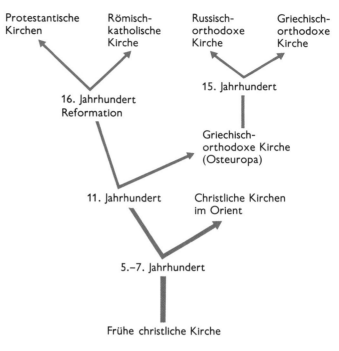

Das Wichtigste in Kürze:

Mit der ökumenischen Bewegung wird versucht, möglichst alle christlichen Konfessionen zusammenzuführen. Die konfessionellen Gegensätze haben in der heutigen Zeit an Bedeutung verloren.

1 Durch welche Entwicklung kamen Protestanten und Katholiken vermehrt zusammen und mussten miteinander leben?
2 Welche Kirchen haben sich bis jetzt dem Ökumenischen Rat der Kirchen angeschlossen? Welchen Zweck verfolgt dieser?
3 Welche Neuerungen brachte das Zweite Vatikanische Konzil für die katholische Kirche und für ihre Einstellung gegenüber den Protestanten?
4 Wie nennt man Veranstaltungen, welche von der protestantischen und der katholischen Kirche gemeinsam durchgeführt werden? Nenne einige Beispiele.

5 Spielt in deiner Umgebung die Konfession noch eine Rolle? Begründe deine Ansicht.
6 Welches Verhältnis hast du zu Angehörigen anderer Religionen oder zu Atheisten? Wie sollte man sich deiner Meinung nach heute gegenüber Andersgläubigen verhalten?

1 Eine ökumenische Trauung
2 Ein Treffen von Katholiken und Protestanten in Augsburg 1971

Die Zeit des Absolutismus

Gab es schon immer einen Staat?

Leben ohne Staat?

Grossfamilie der Pygmäen

In den Regenwäldern Zentralafrikas, im heutigen Zaire, leben die Pygmäen. Sie werden nur 1,2 bis 1,4 Meter gross. Die Männer treiben Jagd mit Pfeil und Bogen, die Frauen sammeln wildwachsende Früchte. Ackerbau und Viehzucht kennen sie nicht.

Die Pygmäen leben in kleinen Gruppen, den Grossfamilien. Jede Grossfamilie braucht zum Überleben etwa 10 Quadratkilometer Urwald. Daher lebt auch jede Grossfamilie für sich. Eine Organisation, welche mehrere Grossfamilien umfasst, besteht nicht.

Die Zukunft der heute noch etwa 100 000 Pygmäen ist sehr unsicher. Immer mehr Urwald wird gerodet. Dadurch verlieren die Pygmäen ihre Jagdgründe. An die Jagd ausserhalb des Urwalds sind sie nicht gewöhnt; das andersartige Klima macht sie krank. Heute überleben vier von fünf Pygmäenkindern das Säuglingsalter nicht. Vielleicht wird es schon in zwanzig Jahren keine Pygmäen mehr geben.

Pygmäenfamilie vor ihrer Hütte

Pygmäen (Jäger- und Sammlervolk):

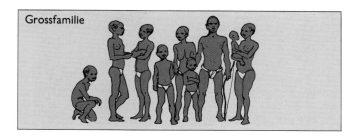

Grossfamilie

Dorfgemeinschaft in Nigeria

(Siehe dazu Bild Seite 106.)

Ein Dorf am Niger im westlichen Nigeria. Die Menschen leben vom Hirseanbau und halten auch etwas Vieh. Die einzelnen Familien grenzen ihre Hütten und Schober durch Knüppel- und Mattenzäune gegeneinander ab. Sie sind aber aufeinander angewiesen. Die Nutzung des Wassers und der Weiden muss gemeinsam geregelt werden. Manchmal entstehen Streitigkeiten um Landanteile oder Vieh, die geschlichtet werden müssen. Daher bilden die Familien eine Dorfgemeinschaft. Mehr braucht es nicht. Das Dorf kann unabhängig und ohne übergeordnete Gewalten leben.

Unterhalb dieses Dorfes ist vor etwas mehr als einem Jahrzehnt der Niger gestaut worden. Ein riesiger Stausee ist entstanden. Bald wird daher die Bewässerung im grossen Rahmen geregelt werden müssen. Vielleicht entwickelt sich auch Industrie um den Stausee. Dadurch wird das Dorf vielleicht bald einmal seine Selbständigkeit verlieren.

Nigeria (Ackerbauer- und Viehzüchtervolk):

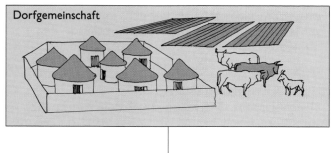

Dorfgemeinschaft

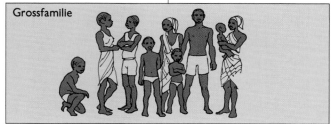

Grossfamilie

Dorf in der Nähe des Kaini-Stausees in West-Nigeria

In einer **Grossfamilie** leben Kinder, Eltern, Gross-eltern, allenfalls auch noch weitere Verwandte zu-sammen. Sie ist zahlenmässig meistens nicht sehr um-fangreich, weil viele Kinder früh sterben und auch die Grosseltern nicht sehr alt werden. In der heutigen Zeit leben die Menschen bei uns meistens in der **Kleinfamilie,** welche nur Eltern und Kinder umfasst.

Das Wichtigste in Kürze:
In manchen Gebieten der Welt leben die Menschen noch heute ohne staatliche Organi-sation in Grossfamilien oder in der Dorf-gemeinschaft.

1 Erkläre den Ausdruck «Grossfamilie».
2 Wovon leben die Pygmäen? Wie könnte man ihre «Berufe» bezeichnen?
3 Welche Probleme werden im Dorf am Niger innerhalb der Dorfgemeinschaft gelöst?
4 Welche Berufe haben die Bewohner des Dorfes am Niger?

5 Stelle dir vor, du würdest in einer Grossfamilie leben. Welche Vor- und welche Nachteile hätte das für dich?
6 Was bringt der «Fortschritt» den Pygmäen und den Bewohnern des Dorfes am Niger?
7 Überlege dir, welche Probleme der heutigen Zeit bei uns innerhalb einer Dorfgemeinschaft gelöst werden können und welche nicht.

106

Staat und Herrschaft: Das alte Ägypten

Der Nil

In Ägypten regnet es fast nie. Der grösste Teil des Landes ist Wüste. Einzig der Fluss Nil bringt Wasser und ermöglicht es den Ägyptern, im Niltal und im Nildelta Landwirtschaft zu betreiben. Das fruchtbare Gebiet ist knapp so gross wie die Schweiz, muss aber 50 Millionen (1987) Menschen ernähren (siehe Karte).

Der «Weisse Nil» entspringt dem Viktoriasee in Ostafrika, der «Blaue Nil» den Bergen Äthiopiens. Beide vereinigen sich bei Khartum im Sudan. Durch die Sommerregen in Äthiopien vergrössert sich die Wassermenge des Blauen Nils im Sommer stark. Riesige Mengen Wasser und Schlamm* lassen den Wasserstand ansteigen und verursachen jedes Jahr die Nilüberschwemmung. Die Flut erreicht Memphis im Juli und gelangt dort im September oder Oktober auf den Höchststand. Auf diese Überschwemmung sind die Ägypter angewiesen. Wenn sich der Nil in sein Bett zurückgezogen hat, können sie auf der vom fruchtbaren Schlamm bedeckten und vom Wasser getränkten Erde Getreide und Gemüse anbauen, das dank der heissen Sonne rasch wächst und reift.

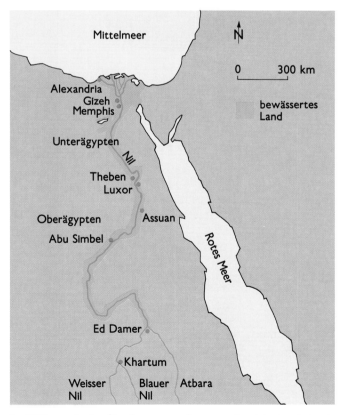

* 1970 wurde der Staudamm von Assuan vollendet; der dadurch südlich davon gebildete Stausee ist 510 Kilometer lang. Seither gibt es zwischen Assuan und dem Mittelmeer keine Nilüberschwemmung mehr, da der Damm eine regelmässige Wasserführung ermöglicht. Der Nilschlamm bleibt dagegen im Staubecken zurück. Dadurch fehlen nun der ägyptischen Landwirtschaft wichtige Bodennährstoffe, die früher mit dem Nilschlamm herangeschwemmt wurden.

Nilüberschwemmung

Ursprünglich bebaute wohl jedes Dorf den Boden für sich. Schon vor fünftausend Jahren aber erkannten die Ägypter, wie man die Nilüberschwemmung besser ausnützen konnte. Durch den Bau von Dämmen und Kanälen konnte man zusätzliche, dank dem Schöpfrad sogar höher gelegene Felder bewässern. In grossen Wasserbecken liess sich das Wasser über längere Zeit zurückhalten. Diese Aufgaben konnten aber nicht von einem einzelnen Dorf gelöst werden. Auch wurde es notwendig, das Land genau zu vermessen, damit es keinen Streit gab, wem das Land gehörte und wieviel Wasser jedem zustand. Neben den Bauern gab es auch schon Töpfer und Schmiede, welche aus Bronze Waffen und Werkzeuge herstellten. Diese hätten ihre Waren gerne möglichst weit herum verkauft. Das war aber nur möglich, wenn im ganzen Land Sicherheit und Ordnung herrschte.

Ein Staat entsteht

Damit all diese Probleme gelöst werden konnten, musste aus den vielen Dörfern eine grössere Gemeinschaft entstehen. Dieser Zusammenschluss erfolgte nicht freiwillig. Zuerst entstanden kleinere Königreiche. Dann eroberte eine Königsfamilie aus Oberägypten das ganze Land zwischen Mittelmeer und Assuan. (Siehe die Bilder Seite 108, oben.)

Diese ersten ägyptischen Könige schufen den ägyptischen Staat. Es war der erste Staat, den wir aus der Geschichte kennen. Wie war dieser Staat aufgebaut?

Der König

Der **König** (oft Pharao genannt) galt als Gott. Er hatte die alleinige, die **absolute** Macht über alle Ägypter. Ihm gehörte alles Land, weshalb ihm die Bauern Abgaben liefern mussten. Wenn er starb, kehrte er zu den andern Göttern in den Himmel zurück. Die Ägypter glaubten jedoch, er sei auch nach dem Tod auf seinen Körper und auf eine prächtige Wohnung angewiesen. Daher wurde der tote König einbalsamiert und in einem prächtigen Grabmal – einer Pyramide oder einem Felsengrab mit vorangebautem Totentempel – bestattet. Um sicher zu einem grossartigen Grabmal zu kommen, begann der König mit dessen Bau schon zu seinen Lebzeiten. Mit ins Grab kamen auch kostbare Schätze aus Gold und Edelsteinen.

Staatsordnung

Um den Staat zu regieren, setzte der König viele **Beamte** ein. Diese konnten lesen und schreiben und waren daher sehr angesehen. Sie zogen die Abgaben ein, hielten Gericht, vermassen das Land und organisierten die Bewässerung. (Siehe Quellentext 2, Seite 109.) Der König verfügte auch über ein Heer. Damit hinderte er fremde Völker, in das reiche Ägypten

Siegestafel des
Königs Narmer,
um 3000 v. Chr.

Rückseite

Pyramide des Königs Chefren bei Gizeh, in der Nähe von Kairo

einzufallen. Später eroberten die ägyptischen Könige auch die Gebiete südlich von Assuan bis zum grossen Nilbogen. Mit dem Heer sicherte der König aber auch Frieden und Ordnung im Staat. Der einzelne Ägypter hatte gegenüber dem König keine Rechte. Wenn keine Feldarbeiten zu verrichten waren, musste er bei der Errichtung der königlichen Bauten mitarbeiten. Der König glaubte aber, er sei gegenüber den andern Göttern verpflichtet, seine Aufgaben gut und gerecht zu erfüllen. (Siehe Quellentext 1.)

Die Ägypter waren der Meinung, ihre Staatsordnung sei von den Göttern geschaffen worden und daher ewig. Tatsächlich bestand der ägyptische Staat während drei Jahrtausenden. Die straffe Ordnung und die starke Macht des Königs wurden daher auch später von vielen Menschen als Vorbild betrachtet.

Ermahnungen eines Königs an seinen Sohn:
1 «Tu als König das Rechte, solange Du auf Erden weilst. Beruhige den Weinenden, quäle keine Witwe, verdränge keinen Mann von der Habe seines Vaters und enthebe die Räte nicht ihrer Stellen. Hüte dich davor, ungerechterweise zu strafen... Gott kennt die Widerspenstigen... Ein Narr ist, wer die Totenrichter verachtet. Wer zu ihnen kommt, ohne dass er gesündigt hat, wird im Totenreich ein Gott sein...»

Aus dem Lebensbericht eines Beamten:
2 «Der König Merenre, mein Herr, machte mich zum Gebietsfürsten und Vorsteher des Südens... Ich handelte als Vorsteher des Südens zu seiner Genugtuung..., ich vollendete alle mir gestellten Aufgaben... Der König beauftragte mich, fünf Kanäle im Süden zu graben und drei Frachtschiffe und vier Verkehrsschiffe zu bauen. Ich tat das Ganze in nur einem Jahr. Die Schiffe wurden von Stapel gelassen und mit sehr grossen Granitblöcken für die Pyramide des Königs Merenre gefüllt.»

Ägypten:

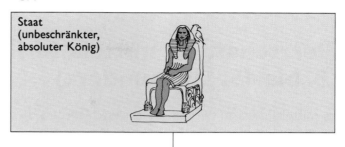

Staat
(unbeschränkter,
absoluter König)

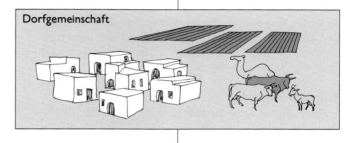

Dorfgemeinschaft

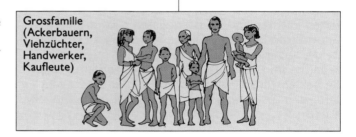

Grossfamilie
(Ackerbauern,
Viehzüchter,
Handwerker,
Kaufleute)

Das Wichtigste in Kürze:
Die geographische Lage Ägyptens führte schon um 3000 v.Chr. zum Aufbau einer staatlichen Organisation. An der Spitze stand ein allmächtiger König (Pharao).

1 Weshalb kann in Ägypten Landwirtschaft betrieben werden, obwohl es fast nie regnet und der grösste Teil Wüste ist?
2 Überlege dir, welche Probleme entstehen können, wenn ein so grosses Gebiet bewässert werden muss.
3 Was weisst du über die Pharaonen und über ihre Art, das Land zu regieren.
4 Wer hatte nach dem Glauben der Ägypter diese Staatsordnung geschaffen? Überlege dir, welche Vor- und welche Nachteile eine solche Auffassung hat.
5 Erkläre den Ausdruck «absolute Macht». Überlege dir, welche Gefahr besteht, wenn jemand absolute Macht ausübt, und nenne einige Beispiele.

Herrschaft im mittelalterlichen Europa (8. bis 15. Jahrhundert)

Im mittelalterlichen Europa gab es verschiedene Königreiche. Die Macht der Könige war jedoch gering. Nur ein kleiner Teil des Landes gehörte ihnen direkt. Von den Abgaben der Bauern dieses Landes mussten sie leben; andere Einkünfte hatten sie nicht. Das übrige Land gehörte Adligen, die auf Burgen lebten, und Klöstern. Adlige und Klöster übten die Herrschaft über die Bauerndörfer aus.

Beispiel Maur

Als Beispiel untersuchen wir die Lage des Dorfes Maur am Greifensee um das Jahr 1250: Der **Boden** gehörte zum grossen Teil den zürcherischen Klöstern Grossmünster und Fraumünster. Die meisten Bauern waren Pächter und mussten diesen Klöstern einen **Grundzins** bezahlen. Dieser bestand aus Geld, Getreide, anderen landwirtschaftlichen Produkten oder Arbeiten im Dienst des Klosters. Ausserdem setzten die beiden Klöster einen Pfarrer ein und bezogen dafür den **Zehnten,** den zehnten Teil der Ernte jedes Bauern.

Wenn sich zwei Dorfbewohner darüber stritten, ob der eine einen Weg über den Acker des andern benützen dürfe, dann mussten sie sich an den **Meier** von Maur wenden. Dieser bewohnte die «Burg» im heutigen Dorfzentrum und übte die **niedrige Gerichtsbarkeit** (Gerichtsentscheid über einfache Streitigkeiten) aus.

Wenn ein Dorfbewohner einen andern beschuldigte, dieser habe ihm eine Kuh gestohlen, so war der **Graf von Rapperswil** zuständig. Dieser besass nämlich die **hohe Gerichtsbarkeit** (Gerichtsentscheid über schwere Streitigkeiten).

Geschah jedoch ein Mord und wurde ein Dorfbewohner beschuldigt, der Mörder zu sein, so musste der **Graf von Kyburg** den Prozess durchführen. Diesem stand nämlich die **Blutgerichtsbarkeit** (Gerichtsentscheid bei todeswürdigen Verbrechen) zu.

Wir sehen, dass die Menschen von Maur nicht einen, sondern mehrere Herren über sich hatten. Jeder von diesen hatte nur eine beschränkte Macht. Ähnlich wie in Maur war es auch in den anderen Dörfern im mittelalterlichen Europa.

Mittelalter:

Grundbesitzer

Zehntenempfänger

Inhaber der niedrigen Gerichtsbarkeit

Inhaber der hohen Gerichtsbarkeit

Inhaber der Blutgerichtsbarkeit

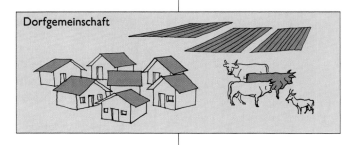

Dorfgemeinschaft

Grossfamilie (Ackerbauern, Viehzüchter)

Städte und Handel

Seit dem 12. Jahrhundert bekamen in Europa die Städte grössere Bedeutung. Die Bauern verkauften ihre Waren auf dem städtischen Markt und kauften dafür Handwerksgerät, Salz und Pfeffer. Kaufleute zogen mit wertvollen Waren, etwa kostbaren Stoffen, von Stadt zu Stadt.

Nun zeigten sich die Nachteile der bestehenden Ordnung:

Die adligen Herren führten oft Krieg gegeneinander, weil sie sich wegen irgendeines Rechtes oder eines Besitzes uneinig waren. In diesen Kriegen waren die Dörfer und ihre Bewohner ungeschützt und wehrlos.

Kaufleute oder Bauern auf dem Weg zum Markt konnten von Räubern oder Raubrittern überfallen werden. Es war niemand da, der Schutz gewähren konnte.

Die Besitzungen der Adligen waren meist verstreut. Der adlige Herr war nicht da, wenn man ihn gebraucht hätte. Die Klöster kümmerten sich oft wenig um ihre Bauern, sondern zogen nur die Zinsen ein.

Die «richtige Ordnung» aus der Sicht der Menschen des Mittelalters. Gott teilt die Menschen in drei Gruppen ein:
– die Geistlichen, angeführt vom Papst: «Du sollst demütig beten!» (lateinisch: Tu supplex ora!)
– die Adligen, angeführt vom Kaiser: «Du sollst schützen!» (lateinisch: Tu protege!)
– die Bauern: «Du aber sollst arbeiten!» (lateinisch: Tu etiam labora!)

Das Wichtigste in Kürze:

Im Mittelalter gab es in Europa keine einheitliche Staatsgewalt. Die Herrschaft über ein Dorf war meistens auf mehrere Adelsfamilien und Klöster verteilt. Für den einzelnen Menschen gab es wenig Schutz vor Krieg und Gewalt.

1 Welche verschiedenen Mächte übten die Herrschaft über die Bauern im mittelalterlichen Europa aus?
2 Wie heissen die drei Gerichtsbarkeiten, und was bedeuten sie?
3 Wie entwickelte sich der Handel, nachdem die Städte im 12. Jahrhundert grössere Bedeutung erlangt hatten?
4 Worin zeigten sich die Nachteile der mittelalterlichen Ordnung?

5 Erkläre die Ausdrücke «Wehrstand», «Lehrstand» und «Nährstand», indem du das oben stehende Bild zu Hilfe nimmst.
6 Vergleiche die Herrschaft im mittelalterlichen Europa mit der Herrschaft im alten Ägypten.

111

Absolute Königsherrschaft in Frankreich (17. und 18. Jahrhundert)

Der König wird Alleinherrscher

Stärkung der Königsmacht

Schon im Mittelalter hatte Frankreich einen König. Seine Macht war aber gering. Wenn er in den Krieg zog, war er auf die Hilfe der Adeligen angewiesen. Einnahmen bezog er nur von den Bauern, die auf seinem Privatland lebten. Seit dem 13. Jahrhundert aber versuchten die Könige von Frankreich, ihre Macht zu verstärken und die kriegslustigen adeligen Herren zu zähmen. Dazu waren sie auf Soldaten angewiesen. Sie begannen daher, ein **stehendes Heer** aufzubauen: ein Heer aus Söldnern, das ihnen ständig zur Verfügung stand.

Die Stärke des französischen Heeres:

1445	9 000 Mann
1461	12 000 Mann
1525	20 000 Mann
1664	45 000 Mann
1688	290 000 Mann
1703	400 000 Mann

Um die Soldaten bezahlen zu können, reichten die Abgaben der Bauern, die auf dem Privatland des Königs lebten, nicht aus. Daher begann der König, von

Die Macht des Königs:

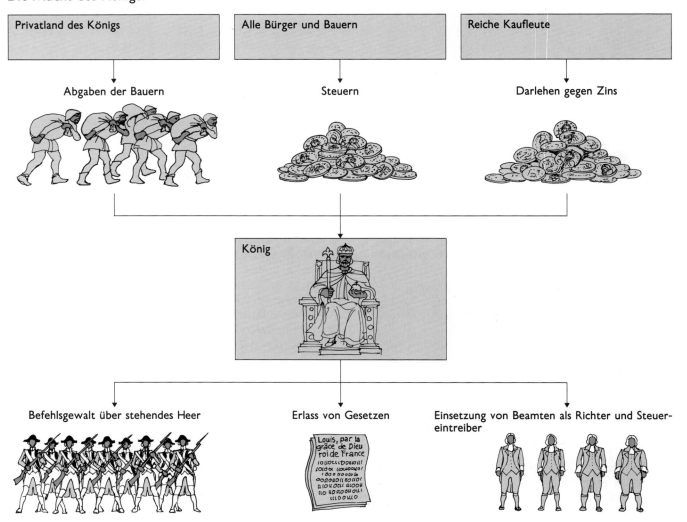

Privatland des Königs	Alle Bürger und Bauern	Reiche Kaufleute
Abgaben der Bauern	Steuern	Darlehen gegen Zins

König

| Befehlsgewalt über stehendes Heer | Erlass von Gesetzen | Einsetzung von Beamten als Richter und Steuereintreiber |

Louis, par la grâce de Dieu roi de France

allen Bewohnern Frankreichs Steuern zu erheben. Auch liehen ihm die reichen Kaufleute in den Städten Geld aus.

Beamte und Gesetze

Der König begann auch, Gesetze zu erlassen, die für alle Bewohner Frankreichs galten. Ebenso erhob er den Anspruch, nur er dürfe über die Franzosen Gericht halten. Da er aber nicht überall persönlich Gericht halten und Steuern einziehen konnte, setzte er Beamte ein. Ihre Entschädigung bezogen diese aus den Steuergeldern.

Unterstützung des Königs

Die Städte unterstützten den König, weil sie sich von einer starken Königsmacht Frieden und Ordnung erhofften. Auch für die Bauern war es wichtig, dass die ständigen Kriege im Land endlich aufhörten. Seit der Reformation war auch die katholische Kirche auf den König angewiesen. Auch in Frankreich hatten sich nämlich protestantische Gemeinden gebildet. Die katholische Kirche hoffte, der König würde die Ausbreitung des Protestantismus verhindern oder sogar die Protestanten (in Frankreich Hugenotten genannt) mit Gewalt zur katholischen Kirche zurückführen.

Widerstand

Dagegen wehrten sich die Adeligen für ihre Rechte. Aus diesem Grund dauerte es etwa 400 Jahre, bis in die Mitte des 17. Jahrhunderts, bis die Könige ihr Ziel erreicht hatten. Um den Zorn der Adeligen über ihre verlorenen Rechte zu besänftigen, liess ihnen der König viele Vorrechte. Sie behielten ihren Grundbesitz und bezogen weiterhin die Abgaben der Bauern, die darauf lebten. Sie mussten keine Steuern bezahlen. Sie allein durften in der Armee Offiziere werden. Viele Adelige zogen an den Hof des Königs, liessen es sich dort wohl sein und hofften auf ein königliches Geschenk oder ein königliches Amt.

Absolutistischer Staat

Das Recht, über die Franzosen zu regieren, war nun nicht mehr auf viele Herren verteilt, sondern vereinigt im **Staat.** So war also der französische Staat entstanden. Alle staatliche Gewalt lag aber beim König. Daher soll er gesagt haben: **«L'Etat, c'est moi.»**

Der König selbst aber liess sich von niemandem etwas vorschreiben. Seine Macht war unbeschränkt, **absolut.** Deshalb nennen wir diese Staatsordnung **absolute Königsherrschaft** oder absolute Monarchie (griechisch: monarchos = König).

Frankreich im 17. Jahrhundert:

Staat
(unbeschränkter, absoluter König)

Grundbesitzer

Städte

Dorfgemeinschaft

Grossfamilie
(Kaufleute, Handwerker, Arbeiter)

Grossfamilie
(Ackerbauern, Viehzüchter)

Der Theologe Jacques Bossuet (1627-1704) über die beste Staatsform und die Macht des Königs:

3 «Staaten bilden heisst: sich vereinigen. Man ist aber nirgends besser geeinigt als unter einem einzigen Oberhaupt... Die königliche Gewalt ist erstens heilig, zweitens väterlich, drittens unumschränkt. Die Fürsten handeln als Diener Gottes und als dessen Stellvertreter auf Erden. Durch sie übt er seine Herrschaft aus. ... Die königliche Gewalt ist unumschränkt. Der Fürst braucht niemandem Rechenschaft abzulegen über das, was er verfügt. Ohne diese unumschränkte Gewalt kann er das Gute nicht fördern und das Böse nicht unterdrücken... Nur Gott kann über die Entscheidungen der Herrscher und ihre Person richten. Die Untertanen sind dem Fürsten unbedingten Gehorsam schuldig. Es gibt nur eine Ausnahme: Wenn der Fürst etwas gebietet, was gegen Gott ist... Es ist durchaus notwendig, mit der wahren (das heisst der katholischen) Kirche verbunden zu bleiben. Der Fürst muss seine Gewalt dazu anwenden, die falschen Religionen in seinem Staate zu vernichten.»

Zeitalter des Absolutismus

Das Vorbild des Königs von Frankreich machte auch auf die Herrscher der andern Länder Europas Eindruck. Sie eiferten ihm nach und strebten in ihrem Gebiet auch nach der absoluten Königsherrschaft. In Deutschland ging man soweit, dass an den meisten Höfen nur noch Französisch gesprochen wurde. Daher kann man das 17. und 18. Jahrhundert als Zeitalter des Absolutismus bezeichnen.

Das Wichtigste in Kürze:

Vom 13. bis zum 17. Jahrhundert konnten die Könige von Frankreich ihre Macht über das Land verstärken. Schliesslich hatte der französische König die alleinige Herrschaft in seinen Händen. Frankreich war nun ein geordneter Staat unter Leitung des Königs.

1 Was versteht man unter einem «stehenden Heer»? Wie sollte dieses bezahlt werden?
2 Welche Aufgaben hatten die Beamten?
3 Welche der folgenden Bevölkerungsgruppen begrüssten eine Stärkung der Macht des Königs: katholische Kirche, Adelige, Bewohner der Städte, Bauern? Begründe.
4 Womit «tröstete» der König die Adeligen wegen ihrer verlorenen Rechte? Wohin zogen viele dieser Adeligen?
5 Was bedeutet der Ausspruch des französischen Königs «L'Etat c'est moi!»? Was wollte er damit ausdrücken?
6 Was versteht man unter dem Begriff «Zeit des Absolutismus»? Welche Bedeutung hatte dabei der französische Königshof?

Das Leben des absoluten Königs: Ludwig XIV. in Versailles

Ludwig XIV. wurde schon im Alter von fünf Jahren König von Frankreich, da sein Vater früh starb. Zuerst regierte ein Ministerpräsident für ihn. 1661, im Alter von 23 Jahren, übernahm er selbst die Regierung und behielt sie bis zu seinem Tod 1715.

Versailles

Als er die Regierung übernahm, war die alleinige Herrschaft des Königs über das Land bereits unbestritten. Ludwig wollte aber, dass seine Macht auch nach aussen sichtbar werde. Dazu diente ihm der Bau des Schlosses und des Parks von Versailles, etwa 20 Kilometer von Paris entfernt. Hier befand sich bereits ein bescheidenes Schloss. Zuerst liess Ludwig dieses umbauen. Zwischen 1668 und 1710 erweiterte er es zu einer gewaltigen Schloss- und Parkanlage.

Der Bau war schwierig und aufwendig. Während der über vierzigjährigen Bauzeit wurden ständig 20000 bis 30000 Arbeiter beschäftigt. Allein zwischen 1668 und 1690 wurden 70 Millionen Pfund für den Bau ausgegeben, in einzelnen Jahren über 10 Millionen Pfund*. Das Wasser für die Springbrunnen des Parks musste aus der Seine herbeigeführt werden,

denn pro Stunde wurden 5000 Kubikmeter Wasser verspritzt. Das dazu notwendige Pumpwerk umfasste 14 Wasserräder und 225 Pumpen.

Hofhaltung

Am Hof und in der unmittelbaren Umgebung lebten etwa 12000 Menschen:
- 4000 Hofbeamte, Hofdamen und Diener (Hofbeamte und Hofdamen waren ausschliesslich adeliger Herkunft)
- 7000 Soldaten und Offiziere
- 1000 Angehörige der Staatsverwaltung (Sekretäre, Schreiber)
- dazu Gäste, Künstler und Gesandte aus dem Ausland.

Die Unterhaltskosten für den Hof betrugen pro Jahr zwischen 6 und 10 Millionen Pfund, darin inbegriffen die zahlreichen Theateraufführungen, Feuerwerke, Festessen und Bälle. Von 1682 an wohnte der König ausschliesslich in Versailles, nachdem er früher

---

* Zum Vergleich: Ein Tagelöhner verdiente pro Tag etwa 0,5 Pfund; etwa gleich viel kostete 1 kg Butter. Eine Kuh kostete etwa 50 Pfund.

1

2

abwechslungsweise in Paris und in den kleineren Schlössern gelebt hatte. Ständig herrschte ein Kommen und Gehen. Trotz seiner Grösse war das Schloss für eine solche Zahl von Menschen zu klein; viele mussten trotz ihrer Vornehmheit in einer kleinen, kaum heizbaren Dachkammer wohnen. Dennoch drängte alles nach Versailles in der Hoffnung, beim König sein Glück zu machen.

Der Tagesablauf Ludwigs XIV.:
4 Nacht:
Der König schläft in seinem Zimmer allein, abgesehen von einem Kammerdiener, der auf einem Feldbett ruht. Nebenan wacht die königliche Garde.
07.00:
Der Kammerdiener steht auf.
07.15:
Die Lichter werden angezündet, die Vorhänge aufgezogen.
07.30:
Der Kammerdiener steht vor den Bettvorhang: «Sire, voilà l'heure!» – Der 1. Arzt und der 1. Chirurg kommen, schlüpfen durch den Bettvorhang und untersuchen den König.
08.15:
Der 1. Edelmann der Königskammer öffnet die Vorhänge des Bettes. Nun treten Familienmitglieder, der Grosskammerherr, der Grossmeister, der Kleidungsmeister, der 2., 3. und 4. Edelmann der Königskammer sowie der 2., 3. und 4. Kammerdiener ein. Der 1. Kammerdiener gibt dem König etwas Weingeist auf die Hände. Der Grosskammerherr bringt den Weihwasserkessel; der König bekreuzigt sich. Während nun alle im Nebenzimmer verschwinden, betet der König für sich. Nach dem Gebet kommen alle zurück. Der Barbier und der Perückendiener erscheinen; der König wählt eine Perücke aus.
08.30:
Der König steht auf, lässt sich Pantoffeln und Zimmermantel anziehen und setzt sich in einen Lehnstuhl am Kamin. Nun erscheinen die vier Sekretäre, der Schmuckverwalter, die Kleiderdiener und weitere Hofleute.
Der König setzt sich nun auf den in einen Stuhl eingebauten Nachttopf und schreibt, während er sein «Geschäft» verrichtet, auf einem davor stehenden Tischchen die ersten Anweisungen. Anschliessend setzt er sich wieder in den Lehnstuhl. Der Barbier kämmt ihn und setzt ihm die Perücke auf.
09.00:
Nun folgt eine grosse Zahl weiterer Höflinge. Jeder Name eines Eintretenden wird aufgerufen und dem König mitgeteilt. Der König erhält als Frühstück zwei Tassen Suppe. Er lässt sich Strümpfe und Hosen anziehen. An jedem zweiten Tag wird er rasiert. Er zieht selbst seinen Zimmermantel und sein Nachthemd aus und streift die Reliquien ab (kleine Überreste von Heiligen, wurden meist an Halskettchen getragen), die er während der Nacht getragen hatte.

1 Ludwig XIV. (Gemälde von Henri Testelin)
2 Das Schlafzimmer Ludwigs XIV.

Der Königsbruder, sein Sohn oder der Grossmeister reicht ihm das Taghemd. Er wählt nun Halsbinde und Taschentücher aus. Darauf zieht er die Hosen hoch, lässt sich eine Weste anziehen, gürtet seinen Degen und schlüpft in einen Rock. Der Uhrmacher hängt ihm die Uhr an.

Anschliessend betet der König vor den Anwesenden auf einem Gebetsteppich. Er tritt in sein Arbeitszimmer und erteilt erste Anweisungen.

10.00:
Der König und zahlreiche Höflinge gehen in die Schlosskapelle zur Messe.

10.30:
Der König arbeitet mit seinen Ministern im Arbeitszimmer. Er empfängt dabei auch wichtige Persönlichkeiten.

13.00:
Der König begibt sich wieder auf sein Zimmer und nimmt dort allein das Mittagessen ein. Dieses umfasst mehrere Gänge: Suppe, Wild, Salat, Schinken, Lammfleisch, Gebäck, Früchte, Eier. Jeder Gang erfordert ein genau festgelegtes Zeremoniell. Zum Präsentieren des Fleisches sind beispielsweise 15 Personen erforderlich, darunter vier Gardisten und fünf Hofbeamte. Zum Trinken werden dem König zwei Karaffen mit Wein und Wasser serviert, die er selber in einer Silbertasse mischt. Er benützt zum Essen ein Messer, einen Löffel und seine Finger.

15.00:
Der König wechselt nun seine Kleider und begibt sich zum Spaziergang oder – mindestens einmal pro Woche – zur Jagd. Beim Spaziergang lässt er sich meistens, umgeben von Hofleuten, auf einem Wagen durch den Park fahren.

17.00:
Der König kehrt ins Schloss zurück und zieht sich um. Er arbeitet im Arbeitszimmer.

19.00:
Dreimal in der Woche finden Veranstaltungen statt: Theater, Konzert, Tanz, Spiele (etwa Billard), wozu auch gegessen wird. An den andern Tagen isst der König zusammen mit der Familie und einigen Hofleuten.

22.00:
Das Zubettgehen des Königs vollzieht sich ähnlich wie das Aufstehen, nur in umgekehrter Reihenfolge.

23.00:
Der König liegt im Bett.

1 Versailles im Jahre 1722 (Gemälde von Pierre-Denis Martin)
2 Versailles heute; Luftaufnahme in Richtung der Stadt Versailles

1

2

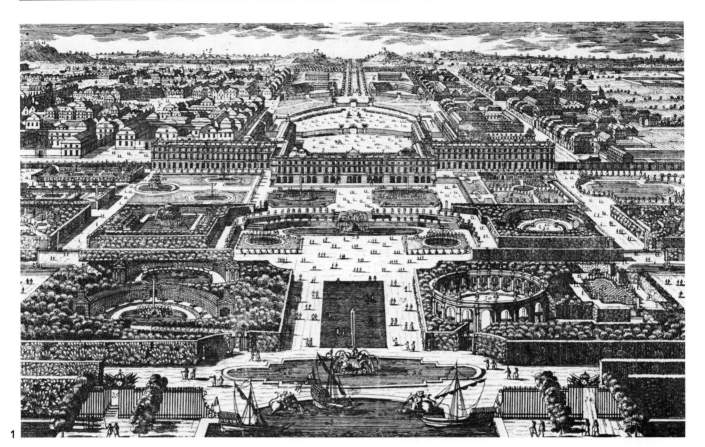

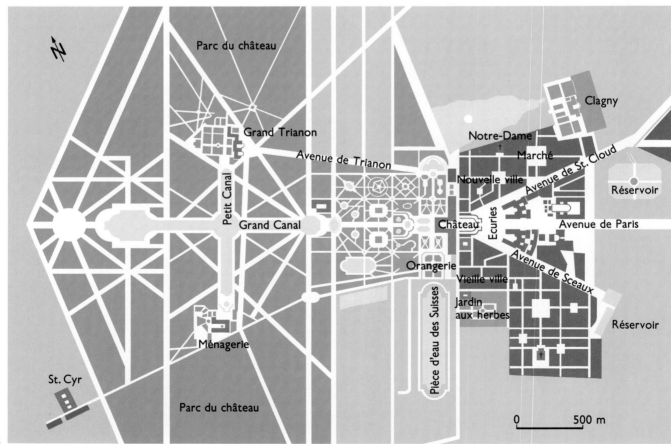

1 Versailles; Blick vom Beginn des Grand Canal zum Schloss
(Kupferstich von Pierre Aveline um 1700)
2 Plan des Parks von Versailles

1

2

1 Ludwig empfängt den Botschafter Persiens (Gemälde von J.B. Martin). Die Perser sind an ihrer Kleidung gut erkennbar. Zur Rechten des Königs sein Urenkel und Nachfolger, Ludwig XV. Ludwig XIV. überlebte seinen Sohn, zwei Enkel und einen Urenkel. Mit 77 Jahren erreichte er ein für die damalige Zeit sehr hohes Alter.

2 Ludwig XIV. auf seinem «Spaziergang» durch den Park (Gemälde von Antoine Coypel)

Troisième Journée.
Le Malade imaginaire, Comedie representée
dans le Jardin de Versailles deuant la Grotte.

Dies tertius.
Dokennoston, seu Æger imaginarius, Comœdia acta
in hortis Versaliarum ad fores Cryptæ.

Heiratspolitik

Mit zweiundzwanzig Jahren hatte Ludwig die Tochter des spanischen Königs, Maria Theresia, geheiratet. Er hatte sie zuvor nie gesehen. Die Heirat war von ihren und seinen Eltern und Ministern veranlasst worden, und zwar aus rein politischen Gründen: Frankreich erhoffte, die spanische Königsfamilie würde bald einmal aussterben, so dass Ludwig als Gatte einer spanischen Prinzessin Spanien erben könnte.

Der spanische König versprach sich von dieser Ehe gute Beziehungen zu Frankreich, mit dem er bis dahin meistens Krieg geführt hatte. Weil Staaten damals wie Privatgüter unter den Königs- und Fürstenfamilien vererbt wurden, war die Heirat eines Königs oder Prinzen von so grosser politischer Bedeutung, dass die Frage nach der gegenseitigen Liebe des Königspaares gar nicht gestellt wurde. Ein harmonisches Familienleben gab es daher nicht, auch wenn nach aussen der Anschein erweckt wurde. Nachdem Maria Theresia einem Prinzen das Leben geschenkt und damit ihre Pflicht erfüllt hatte, vernachlässigte der König sie völlig und hielt sich eine Anzahl von Freundinnen, sogenannten Mätressen, von denen er zahlreiche Kinder bekam. Diese waren zwar nicht erbberechtigt, erhielten aber von ihrem Vater riesige Güter zum Geschenk.

Unterhaltung

Für den Hof in Versailles konnte es nie genug Unterhaltung geben. Der König liebte das gesprochene Theater, die Oper und das Ballett. Ständig waren

1 Aufführung des «Malade imaginaire» von Molière in Versailles (Kupferstich von Le Pautre, 1674)
2 Festessen in Versailles

Schauspielertruppen in Versailles zu Gast. Unter ihnen war jene von Jean-Baptiste Molière die bedeutendste. Molière war zugleich Autor, Regisseur und Schauspieler. In seinen Komödien konnte er sowohl glänzend unterhalten wie auch auf menschliche Schwächen hinweisen. Der König konnte, auch wenn er selbst davon betroffen war, darüber lachen, nur durfte der Verfasser nicht zu weit gehen. Die Bürger von Paris ahmten den Hof nach und förderten das Theater ebenfalls. So wurde die Zeit Ludwigs XIV. zur Blütezeit der französischen Kultur. Jedoch hatte nur ein kleiner Teil der französischen Bevölkerung an diesem kulturellen Leben Anteil.

Das Wichtigste in Kürze:

Mit prachtvollen Bauten und einer luxuriösen, aber streng geordneten Lebensweise demonstrierte der französische König seine Macht.

1 Welches Schloss liess der König Ludwig XIV. bauen, um seine Macht auch nach aussen sichtbar zu machen?
2 Schildere den Tagesablauf des Königs. Was ist dir besonders aufgefallen?
3 Aus welchen Gründen heiratete Ludwig XIV. die Tochter des spanischen Königs? Wie entwickelte sich diese Ehe später?
4 Was weisst du über die Unterhaltung am Hofe Ludwigs XIV.?
5 Überlege dir, weshalb der König sich beim Aufstehen von vielen Höflingen zuschauen liess.
6 Zeichne den Grundriss des Schlosses von Versailles.

Der König und sein Volk

Aussenpolitik

Ludwig XIV. wollte seine Macht nicht nur im eigenen Land, sondern auch nach aussen zeigen. Frankreich sollte vergrössert werden. Die andern Herrscher Europas sollten sich seinem Willen fügen. Das führte zu zahlreichen Kriegen.

Um Kriege zu führen, brauchte der König ein grosses Heer (siehe Seite 112). Das Heer kostete viel, etwa 60 Prozent aller Staatsausgaben. Der König war daher auf Einnahmen, besonders Steuern, angewiesen. Steuern bezahlten die Bürger der Städte und die Bauern auf dem Land.

Besitzverhältnisse

Etwa 80 Prozent aller Franzosen lebten auf dem Land. Ein grosser Teil des Bodens gehörte den Adligen, der Kirche (vor allem Klöstern) und städtischen Bürgern, die reich geworden waren und Land gekauft hatten. Diese Güter wurden mit Knechten und

Tagelöhnern bewirtschaftet. Der Rest des Landes gehörte Kleinbauern, welche jedoch dem Adel und der Kirche Abgaben entrichten mussten. Nur ein Teil der Bauern war reich genug, um sich ein eigenes Gespann halten zu können.

Leben der Bauern

Dem Bauern blieb vom Ertrag seiner Arbeit kaum mehr als die Hälfte. Er lebte sehr ärmlich, hauptsächlich von Getreideprodukten und Wein. Fleisch war ein seltener Luxus. Die meisten Bauern hatten kein Vieh. Da daher auch kein Mist zur Verfügung stand, wurden die Äcker nicht gedüngt. Die Ernteerträge waren deshalb bescheiden. Pro Hektare wurden fünf bis sechs Zentner Getreide geerntet, von denen etwa 20 Prozent wieder ausgesät werden mussten.*

* Heute werden in der Schweiz durchschnittlich pro Hektare 45 Zentner Weizen geerntet.

Bauernfamilie im 17. Jahrhundert (Gemälde von Louis Le Nain)

Seuchen, vor allem die Pocken, waren häufig. Ein Viertel der Kinder erlebte den ersten Geburtstag nicht, ein weiteres Viertel starb vor dem 20. Altersjahr.

Steuern

Adel und Kirche wurden überhaupt nicht, die Bauern dagegen stark besteuert:

Steuern und Abgaben:

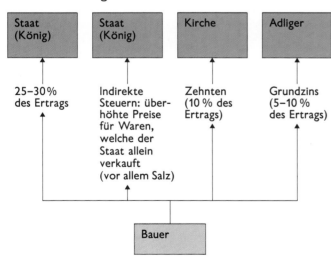

Staat (König)	Staat (König)	Kirche	Adliger
25–30% des Ertrags	Indirekte Steuern: überhöhte Preise für Waren, welche der Staat allein verkauft (vor allem Salz)	Zehnten (10 % des Ertrags)	Grundzins (5–10 % des Ertrags)

Bauer

Armut und Hunger

Der hohe Steuerdruck und die grosse Armut führten dazu, dass der Bauer weder das Interesse noch die Möglichkeit hatte, seine Betriebsführung zu verbessern und mehr zu produzieren. Auf den Gütern der Adligen und der Kirche waren die Erträge nicht wesentlich höher, da die Besitzer von der Landwirtschaft wenig verstanden. Missernten waren häufig. In solchen Zeiten schnellten die Getreidepreise in die Höhe. Es kam zu Hungersnöten; das Getreide wurde manchmal vor der Reife geerntet und roh gegessen. In den Städten liess der Staat der armen Bevölkerung Brot abgeben (siehe dazu das Bild Seite 123). Wegen des Steuerdrucks und des Hungers kam es gelegentlich zu Aufständen, die jedoch vom Heer unterdrückt wurden.

Handel und Gewerbe

Der König hoffte, vor allem von den Bürgern (Kaufleuten und Gewerbetreibenden) mehr Steuern einnehmen zu können. Das war nur möglich, wenn die Bürger gut verdienten. Daher versuchte er, Handel und Gewerbe zu fördern. Zur Verbesserung des Verkehrs wurden Kanäle gebaut. Damit die Franzosen die Waren im eigenen Land und nicht aus dem Ausland bezogen, erhob man an den Grenzen Einfuhrzölle. Umgekehrt wurde der Verkauf französischer Waren ins Ausland durch den Bau von Handelsschiffen unterstützt. Tatsächlich konnten einzelne Bürger ihre Betriebe ausbauen und kamen zu recht grossem Reichtum. Sie profitierten auch davon, dass man die Arbeiter zu niedrigen Löhnen und schlechten Arbeitsbedingungen beschäftigen konnte.

Brotverteilung an die arme Bevölkerung von Paris während einer Teuerungszeit (vor dem Tuilerienpalast)

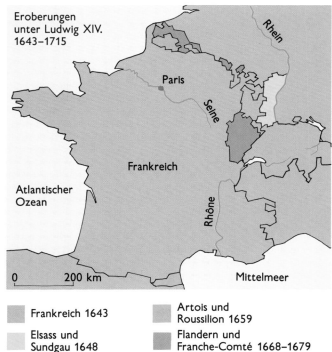

Eroberungen
unter Ludwig XIV.
1643–1715

Rhein

Paris

Seine

Frankreich

Rhône

Atlantischer
Ozean

Mittelmeer

0   200 km

■ Frankreich 1643

□ Elsass und
Sundgau 1648

■ Artois und
Roussilion 1659

■ Flandern und
Franche-Comté 1668–1679

Ergebnisse

Die steigenden Steuereinnahmen waren für Ludwig aber nur ein Mittel zur Vergrösserung der eigenen Macht. Während 33 von 54 Regierungsjahren war er in grosse Kriege verwickelt. Dies war für den Handel ungünstig. Viele Kaufleute erwarben daher, wenn sie genug Geld verdient hatten, lieber einen Landbesitz mit sicherem Ertrag, als dass sie ihr Geschäft ausbau-

ten. Nachteilig wirkte es sich auch aus, dass Ludwig 1685 fast alle Protestanten zur Auswanderung trieb, weil er sie zur Bekehrung zum Katholizismus zwingen wollte. Niemand sollte eine andere Religion als die des Königs haben! – Unter den Protestanten aber befanden sich viele tüchtige Geschäftsleute, die sich nun in Deutschland oder der Schweiz niederliessen.

Als Ludwig XIV. starb, war Frankreich zwar nach wie vor ein mächtiger und angesehener Staat. Trotz aller Kriege waren ihm aber nicht viele Gebietserwerbungen geglückt (siehe nebenstehende Karte). Grösser waren dagegen die Kosten: Frankreich war völlig verschuldet!

Ein Schreiben der Finanzbeamten von Lyon an den König aus dem Jahr 1643:

5 «Die Provinz Lyonnais war in den letzten Tagen dieses Monats Mai einem empfindlichen und ausserordentlichen Unglück ausgesetzt, die Frühfröste... haben alle Früchte der Erde vernichtet und besonders den Wein, der für das Volk das einzige Mittel ist, die Abgaben zu bezahlen... Die Beamten der Steuerbezirke machten sich auf Verlangen der armen Einwohner auf den Weg, um Protokolle aufzusetzen über den Zustand..., damit sie die Möglichkeit hatten, einige Erleichterung zu bekommen. Wir sind der Ansicht, dass ihnen (das heisst den Bauern) die Mittel zum Zahlen fehlen, da das schlechte Wetter ihnen ihre Früchte geraubt und genommen hat. Dieses Unglück, das noch zu so vielen Leiden hinzukommt,

die diese Provinz erduldet hat und noch erduldet, drückt sie endgültig zu Boden... Mehrere Jahre lang wurde sie von der Pest verwüstet, die auch jetzt noch herrscht. Der Aufenthalt und das Durchziehen der nach Italien und Katalonien gehenden und von dort her zurückkehrenden Soldaten, die Abgaben für Nachschubzwecke, die Rekrutensammelpunkte, die man einrichten musste, die Verpflegung der... spanischen Kriegsgefangenen über ein Jahr, der Mangel an Korn..., all das zusammen mit den grossen Beträgen der auferlegten Zahlungen für die Taille, den Taillon, die Zuschläge, die Subsistance (alles verschiedene Steuern) und Steuern anderer Art ist vollauf in der Lage... unseren Amtsbezirk zum Zusammenbruch zu bringen, wenn keine Entlastung eintritt. Tatsächlich mussten wir schon von vielen Fällen der Zahlungsunfähigkeit... berichten.»

Aus einem Schreiben des Marquis de Vauban, Marschall von Frankreich, an den französischen König im Jahr 1706:

6 «Die grossen Landstrassen und die Strassen der Städte und Dörfer sind voller Bettler, die Hunger und Entblössung von zu Hause fortgetrieben haben... Beinahe ein Zehntel der Bevölkerung ist bis zur Bettelhaftigkeit verarmt und bettelt tatsächlich. Von den neun anderen Teilen sind fünf nicht in der Lage, diesem einen Zehntel Almosen zu gewähren; von den verbleibenden vier Teilen sind drei nicht gut gestellt und mit Schulden und Prozessen belastet... Zum zehnten Teil, in den ich Militärs und Gerichtsbeamte einrechne, die Geistlichkeit..., den hohen und mittleren Adel, die Träger militärischer und ziviler Ämter, die gutgestellten Kaufleute, die vermögenden Bürger mit Grundbesitz, kann man nur hunderttausend Familien rechnen, und ich glaube nicht zu lügen, wenn ich sage, dass es keine zehntausend sind, die man als sehr gut gestellt bezeichnen kann... Man hat seit jeher zu wenig Rücksicht auf die kleinen Leute genommen und sie zu wenig beachtet; und so stellen sie auch den ärmsten und elendesten Teil des Volkes dar. Aber dieser ist es, der durch seine Zahl sowie durch die Dienste, die er Ihnen (das heisst dem König) erweist, am bedeutendsten ist! Er ist es, der alle Lasten trägt, der immer gelitten hat und der noch am meisten leidet. Auf ihn entfällt auch die ganze Verminderung an Männern (durch die Kriege), die das Königreich erfährt. Es ist der niedere Teil des Volkes, der durch seine Arbeit und seinen Handel und durch das, was er dem König zahlt, dessen Reichtum und den des ganzen Königreiches vergrössert.»

Das Wichtigste in Kürze:
Der König nützte seine Macht vor allem zur Kriegsführung und Bereicherung. Besonders die Bauern litten unter hohem Steuerdruck, profitierten aber vom Staat kaum. Ein grosser Teil von ihnen war arm.

1 Welche Aussenpolitik trieb Ludwig XIV.? Welche Folgen hatte diese Politik?
2 Wer musste in Frankreich Steuern bezahlen, wer war davon befreit?
3 Beschreibe das Leben der Bauern unter der Herrschaft Ludwigs XIV.
4 Wie wirkte sich die Ausweisung der Protestanten aus Frankreich für die Wirtschaft aus? Begründe.
5 Zähle einige Massnahmen auf, welche der König ergriff, um Handel und Gewerbe zu fördern. Beurteile die Wirksamkeit solcher Massnahmen. Treffen die Staaten auch heute noch ähnliche Massnahmen?
6 Versuche, das Wirken Ludwigs XIV. zu beurteilen. Stelle die positiven und negativen Massnahmen des Königs zusammen, und bilde dir ein Gesamturteil.

Zürich in der Zeit des Absolutismus

So sah Zürich aus

Zürich war schon zur Römerzeit besiedelt. Die Römer verlangten hier von den durchreisenden Kaufleuten einen Zoll und errichteten auf dem Lindenhof ein Kastell. Im Mittelalter entstanden die Klöster Fraumünster und Grossmünster. Um sie herum entwickelte sich allmählich eine Stadt von Handwerkern und Kaufleuten. Mit der Zeit erwarben die Zürcher vom Kaiser das Recht, sich selbst zu regieren. Zwischen 1250 und 1300 errichteten sie eine Stadtbefestigung. Damit war auch die Stadtgrenze festgelegt. Um 1500 lebten in der Stadt etwa 5000 Menschen, im 17. Jahrhundert waren es ungefähr 8000. Allmählich wurde die Stadt ihren Bewohnern zu eng. Man glaubte auch, die alten Stadtmauern seien einem Krieg nicht mehr gewachsen, sondern würden unter dem Beschuss moderner Kanonen zusammenbrechen. Daher wurde zwischen 1642 und 1678 eine neue Stadtbefestigung erbaut. Der Bau kostete 3 Millionen Pfund. (Ein Handwerksmeister verdiente damals im

Monat etwa 20 Pfund.) Die neue Stadtbefestigung wurde indessen nie auf die Probe gestellt. 1834 wurde sie abgebrochen.

Der Engländer Thomas Coryat schrieb über Zürich im Jahre 1608:

8 «Diese Stadt ist rund herum befestigt mit stattlichen Mauern, erbaut aus überaus massiven Steinen von grossem Alter und mit schönen Zinnen geschmückt. In die Mauer eingelassen sind sechs sehr

Zürich um 1640, kurz vor Beginn des Baus der «neuen» Stadtbefestigung. Die Klostergebäude dienten seit der Reformation anderen Zwecken: das Grossmünster als Schule, das Barfüsserkloster als Verwaltungsgebäude, das Predigerkloster als Spital, das Kloster Oetenbach als Gefängnis.
Ein Sihlarm ergoss sich seit dem 13. Jahrhundert beim heutigen Werdmühleplatz in die Limmat.
Die Überbauung des Gebietes westlich des Fröschengrabens, also ausserhalb der Befestigung, hat bereits eingesetzt.

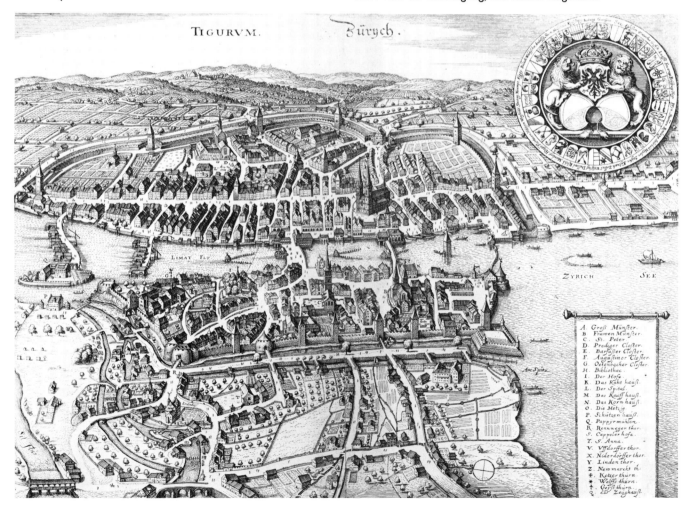

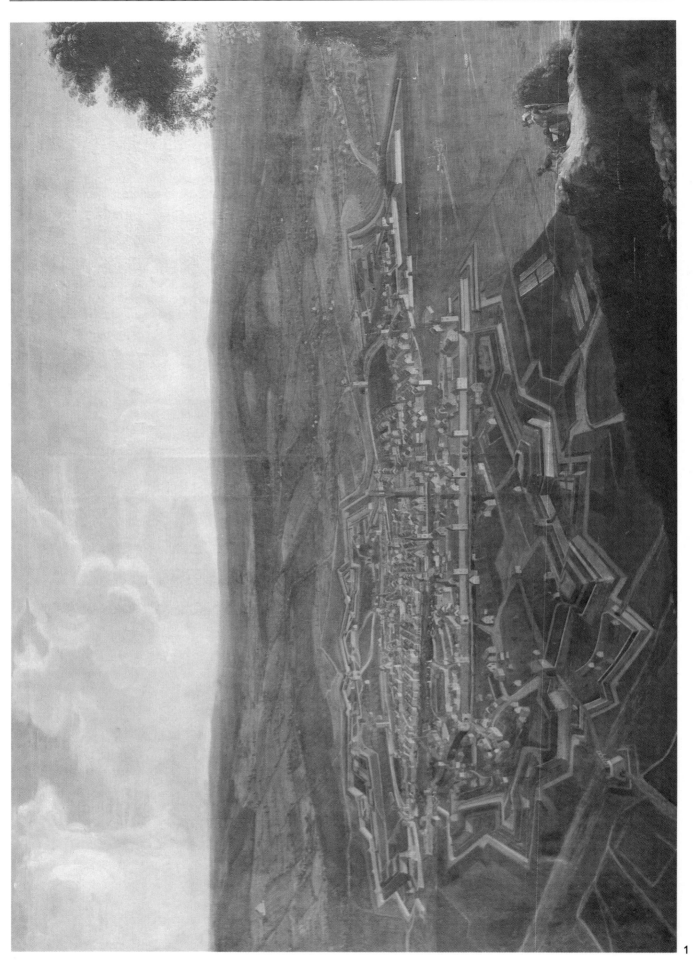

1

prächtige und imposante Tore, die ganz aus Quadersteinen errichtet sind... In diesen Mauern sind viele mächtige und alte Türme, die vormals als Befestigung gegen feindliche Gewalt dienten; sechs davon stehen in jenem Teil der Mauer, der die Westseite der Stadt begrenzt... Unmittelbar unter der Mauer, wo diese Türme erbaut sind, fliesst ein kleiner, schlammiger Bach, der von den Alten Fröschenbach genannt wurde und diesen Namen bewahrt wegen der grossen Menge an Fröschen darin. Neben diesem Bach ist ein wunderbar angenehmer Spazierweg für die Bürger... Auf der Ostseite der Stadt... befindet sich ein weiterer überaus angenehmer und erfreulicher grüner Spazierweg hart am Stadtgraben... Dieser Teil des Grabens ist eine sehr freundliche Grasfläche; die vornehmen Herren der Stadt halten dort Hirsche, und sie haben mehrere niedliche kleine Häuschen errichtet, in denen die Tiere im Winter mit Heu gefüttert werden.»

1 Zürich um 1680 (Gemälde von Conrad Meyer)
2 Zürich um 1705. Der rechte Sihlarm wurde kanalisiert und über den Schanzengraben und durch den Festungswall in die Limmat geleitet.

Elias Brackenhoffer schreibt 1643:

9 «Beim Ausgang gegen den See ist die Stadt überall gut abgeschlossen durch eine Palisade mit einem Tor aus Mauersteinen, durch welches alle Schiffe ein- und

Schnitt durch die «neue» Stadtbefestigung:
1 Hauptwall, Verbindungsteil («Kurtine»)
2 Bollwerk mit Artillerie
3 Wehrgang
4 Mauer
5 Hauptgraben (links der Limmat: Schanzengraben)
6 Vorwerk mit Artillerie («Ravelin»)
7 Freigehaltenes Vorgelände («Glacis»)

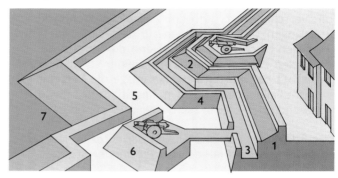

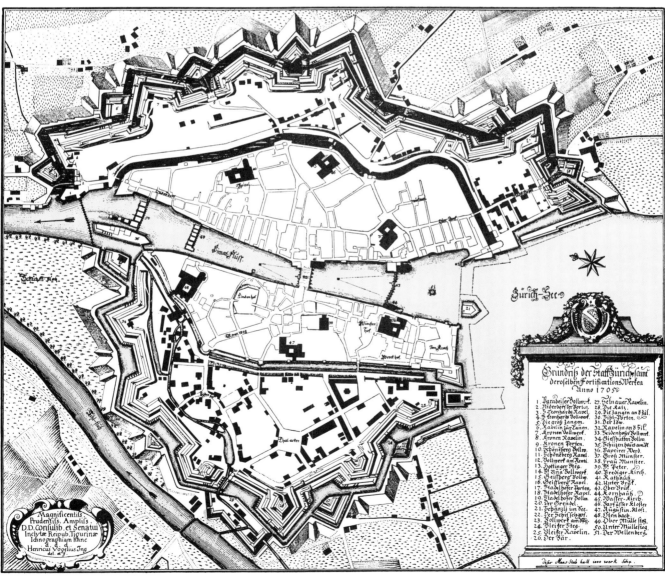

2

127

ausfahren müssen... Ein viereckiger Turm erhebt sich isoliert mitten im Wasser, ungefähr 20 Schritt von der langen Brücke entfernt. Dort sind die Gefangenen eingesperrt.»

Der Venezianer Vendramino Bianchi schreibt 1708 über die «neue» Stadtbefestigung:

10 «Es gibt keine Stadt in der ganzen Schweiz, die von grösseren und kostspieligeren modernen Festungswerken umschlossen wäre als Zürich. Dieses Volk hat versucht, ohne Rücksicht auf die Kosten unter Aufbietung aller Kunst die Mängel der Natur auszugleichen. Denn wenn ihnen die Natur zwar Bequemlichkeit verschafft hat, auf dem Wasserweg Verstärkung zu erlangen, so hat sie ihnen auf dem Land einen viel grösseren Nachteil bereitet. Denn die Stadt wird von vielen Hügeln beherrscht, in einer solchen Weise, dass trotz der ganzen Festungsanlage die Verteidigung im Falle eines kräftigen Angriffs sehr schwierig wäre und nur von kurzer Dauer sein könnte.»

Der Engländer Edward Gibbon berichtet im Jahr 1755 über die nun bald hundertjährige «neue» Stadtbefestigung:

11 «Die Befestigungswerke wurden vor langer Zeit errichtet, um sich gegen die häufigen Rebellionen der Bauern zu schützen, die manchmal Zürich belagerten. Daher würden sie nichts taugen gegen andere Feinde.»

Das Wichtigste in Kürze:
Im 17. Jahrhundert hatte die Stadt Zürich etwa 8000 Einwohner. Sie baute in dieser Zeit eine neue Stadtbefestigung.

1 Was hatten die Römer auf dem Lindenhof in Zürich gebaut?
2 Welche Klöster entstanden in Zürich im Mittelalter?
3 Welche Folgen hatte der Bau der Stadtbefestigung zwischen 1250 und 1300?
4 Weshalb baute man in Zürich zwischen 1642 und 1678 eine neue Stadtbefestigung? Wann etwa wurde diese abgebrochen?
5 Welche Meinung hatten ausländische Besucher über die Zürcher Stadtbefestigung? Äussere deine Meinung darüber.
6 Zeichne ein Befestigungswerk aus der Zürcher Stadtbefestigung von 1678 und schreibe die Teile an.

So regierte sich die Stadt

Bürgermeister und Räte

An der Spitze der Stadt Zürich standen zwei Bürgermeister. Sie leiteten die Sitzungen des «Kleinen Rates», der ausser ihnen noch 48 Mitglieder umfasste. Dieser bildete die eigentliche Regierung. Er ernannte die Beamten und beaufsichtigte sie, hielt Gericht über die Bürger, die gegen ein Gesetz verstossen hatten, empfing fremde Gesandte und beriet über alle möglichen Probleme: äussere Gefahren, Bauten, Ein-

Sitzung des Grossen Rates im Zürcher Rathaus (Kupferstich von David Herrliberger)

nahmen und Ausgaben und vieles andere mehr. Für wichtige Geschäfte zog er die «Zwölfer», im ganzen 162 Personen, hinzu. Kleiner Rat und Zwölfer bildeten dann zusammen den «Grossen Rat».

Zünfte

Wer sass im Kleinen und im Grossen Rat? – Jeder Zürcher Bürger gehörte einer Zunft oder der Gesellschaft zur Konstaffel an. Jede Zunft ernannte 12 (daher der Name), die Konstaffel 18 «Zwölfer». Ausserdem ordnete jede Zunft ihre beiden Zunftmeister, die Konstaffel vier Mitglieder in den Kleinen Rat ab. Die übrigen 20 Kleinen Räte wurden von den «Zwölfern» gewählt. Mit diesem etwas komplizierten System war dafür gesorgt, dass alle Zünfte im Kleinen und im Grossen Rat einigermassen gleichmässig vertreten waren.

1 Das Zürcher Rathaus, erbaut 1694 bis 1698
2 Sogenannter Regimentsspiegel aus dem Jahr 1657

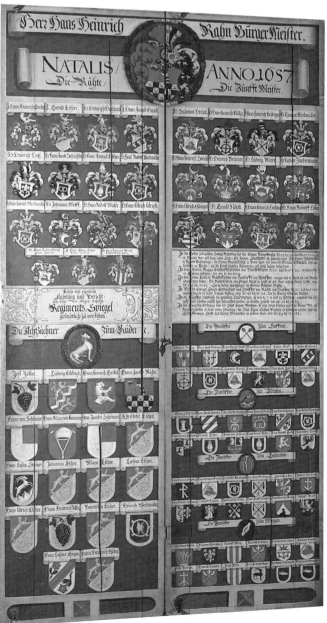

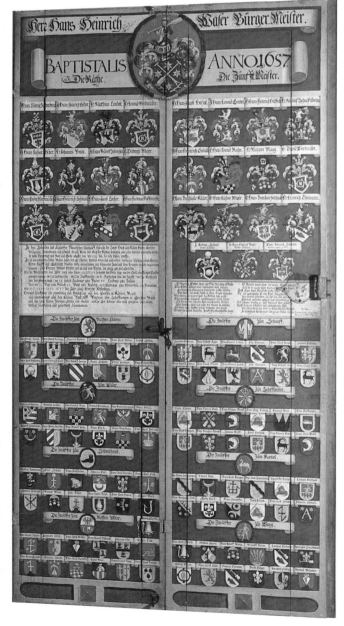

Ursprünglich umfasste eine Zunft die Handwerksmeister einer Berufsrichtung, also die Schmiede, die Schneider oder die Schuhmacher, während die Kaufleute und die reichen, von ihrem Vermögen lebenden Leute der Konstaffel angehörten. Mit der Zeit wurde es aber allen Bürgern, die nicht ein «zünftisches» Handwerk ausübten, erlaubt, sich einer beliebigen Zunft anzuschliessen. Auch reich gewordene Handwerkerfamilien, deren Angehörige längst andere Berufe ausübten, blieben in ihrer Zunft. Daher waren die Zünfte keine reinen Handwerkervereinigungen mehr.

Soziale Schichten

Im Prinzip war jeder Bürger in jedes Amt wählbar. Die Wirklichkeit sah anders aus. Die Einwohner der Stadt gliederten sich in drei Schichten:

- Die **vornehmen Bürger** (etwa 25 Prozent der Einwohner): Kaufleute, Familien mit Grundbesitz auf dem Land, Berufsoffiziere, die gegen Bezahlung in den Heeren der europäischen Herrscher Kriegsdienst geleistet hatten. Sie beherrschten die Konstaffel und waren in den meisten Zünften massgebend. Sie verfügten über Geld, Bildung, Zeit und gute, oft verwandtschaftliche Beziehungen, um zu Amt und Würden zu gelangen. Sie stellten die Bürgermeister, den Kleinen Rat und die meisten «Zwölfer».
- Die **einfachen Bürger** (etwa 50 Prozent der Einwohner): Handwerker und Kleinhändler. Die Mitgliedschaft in einer Zunft sicherte ihnen die Existenz. Die Vorschriften der Zunft verhinderten nämlich, dass ein Handwerksbetrieb zu gross wurde oder dass zu viele Handwerksbetriebe entstanden. In der Politik hatte der einfache Bürger dagegen kaum mitzureden. Er kam im besten Fall in die «Zwölfer», weiter aber nicht. Ein Aufstieg war nur dadurch möglich, dass der Handwerker sich als Kaufmann zu betätigen begann, dabei Erfolg hatte, reich wurde und so in den Kreis der Vornehmen hineinwuchs.
- Die **«Nichtbürger»** (etwa 25 Prozent der Einwohner): Sie übten einen nichtzünftischen Beruf aus oder waren als Gesellen oder Arbeiter irgendwo angestellt. Sie hatten keine politischen Rechte. Die Möglichkeit, das Zürcher Bürgerrecht zu erwerben, wurde immer mehr eingeschränkt und schliesslich ganz aufgehoben.

Die Karriere eines vornehmen Zürchers:

12 Heinrich Escher entstammte einer Familie von Kaufleuten, die seit 1385 das Zürcher Bürgerrecht besass. Er wurde 1626 geboren und besuchte vom 7. bis zum 14. Altersjahr die Zürcher Lateinschule. Es folgte ein Sprachaufenthalt in Frankreich. Im Alter von 18 Jahren trat er in das väterliche Geschäft ein. 1654 heiratete er Regula Werdmüller. Die Ehe dauerte 54 Jahre; ihr entsprossen 11 Kinder. Zu Lebzeiten sah Escher 84 Enkel und 80 Urenkel heranwachsen; jedoch starben von ihnen 64 in jungen Jahren.

Seine politische Laufbahn verlief folgendermassen:

Heinrich Escher-Werdmüller, 1626–1710

1652 Mitglied der «Zwölfer» als Vertreter der Zunft zur Meisen
1656 Stadtfähnrich: Stellvertretung des Stadthauptmannes
1660 Stadthauptmann: Leitung der Stadtwache, Mitglied des Kriegsrates
1662 Rechenherr: Mitglied der Kommission für die Kontrolle der Stadtkasse
1663 Mitglied des Kleinen Rates
1667 Landvogt von Kyburg
1676 Säckelmeister: Verwalter der Stadtkasse
1678 Bürgermeister: Er behielt dieses Amt – wie es üblich war – bis zu seinem Tod im Jahre 1710.

Das Wichtigste in Kürze:

Die Stadt Zürich wurde zur Hauptsache vom Grossen Rat regiert. Jeder Bürger konnte Grossrat werden, doch stellten die vornehmen Familien die meisten Grossräte.

1 Wer gehörte ursprünglich einer Zunft an? Nenne dazu einige Beispiele.
2 In welche drei Schichten gliederten sich die Bewohner der Stadt Zürich?
3 Erkläre die folgenden Begriffe: Kleiner Rat, Zwölfer, Grosser Rat.
4 Früher konnte der einfache Bürger von Zürich in der Politik kaum mitreden. Wie kann sich heute der einzelne Bürger an der Politik beteiligen?
5 Vergleiche die Art, wie Zürich damals regiert wurde, mit derjenigen deiner Wohngemeinde.

Wie die Landschaft regiert wurde

Entwicklung der Herrschaft

Die Bewohner der Stadt Zürich begnügten sich nicht damit, sich selbst regieren zu können. Seit dem 14. Jahrhundert strebten sie nach der Herrschaft über die Landschaft in ihrer Umgebung. Zum Teil durch Kauf, zum Teil durch Kriege erwarb sich die Stadt von den verschiedenen Adeligen alle Rechte, um die Bauern in den Dörfern zu beherrschen. In der Reformationszeit kamen auch alle Klöster mit ihrem grossen Grundbesitz in den Besitz der Stadt. Seit dem 16. Jahrhundert besass die Stadt ungefähr das Gebiet, das heute den Kanton Zürich bildet.

Das Dorf Maur

Damit veränderte sich die Lage für das Dorf Maur, das wir bereits im Abschnitt «Herrschaft im mittelalterlichen Europa» (Seite 110) kennengelernt haben, grundlegend. Während die Menschen von Maur früher verschiedene adelige Herren über sich gehabt hatten, unterstanden sie nun einem Herrscher: der Stadt Zürich.

Die Stadt und ihre Untertanen:

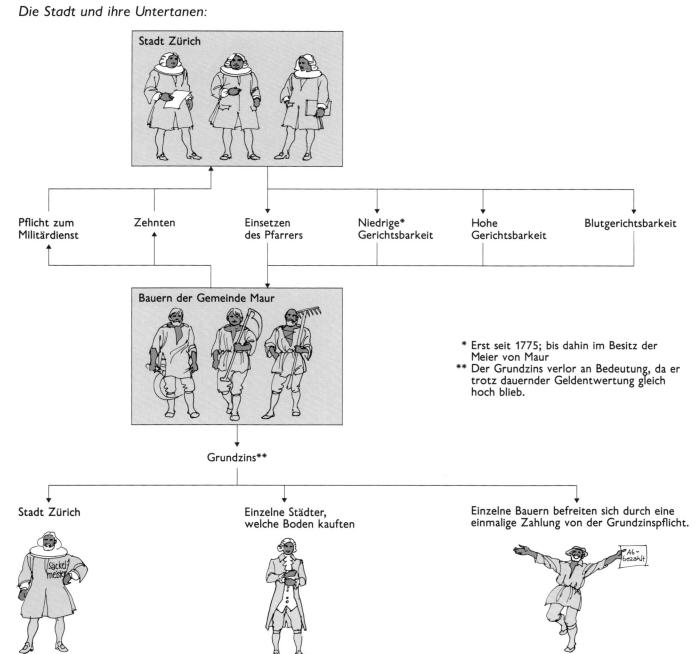

Stadt Zürich

Pflicht zum Militärdienst — Zehnten — Einsetzen des Pfarrers — Niedrige* Gerichtsbarkeit — Hohe Gerichtsbarkeit — Blutgerichtsbarkeit

Bauern der Gemeinde Maur

Grundzins**

Stadt Zürich

Einzelne Städter, welche Boden kauften

Einzelne Bauern befreiten sich durch eine einmalige Zahlung von der Grundzinspflicht.

* Erst seit 1775; bis dahin im Besitz der Meier von Maur
** Der Grundzins verlor an Bedeutung, da er trotz dauernder Geldentwertung gleich hoch blieb.

Landvogteien

Praktisch gleich war die Lage der übrigen Dörfer im Herrschaftsgebiet der Stadt Zürich. Wie Ludwig XIV. über Frankreich, so übte die Stadt Zürich die absolute Macht über die Zürcher Landschaft aus.

Natürlich konnten Bürgermeister und Rat von Zürich nicht in jedem Dorf selbst für Ordnung sorgen. Aus diesem Grund war das Herrschaftsgebiet in Landvogteien eingeteilt. Das Amt des Landvogtes wurde jeweils für einige Jahre einem Ratsherrn übertragen, der vom Landvogteischloss aus Aufgaben und Rechte der Stadt wahrnahm. Die Schlösser übernahm die Stadt von den früheren adeligen Herren.

1 Das Landvogteischloss Kyburg, 17. Jahrhundert
2 Städtchen und Landvogteischloss Greifensee, 17. Jahrhundert

1

2

132

Glasscheibe:
Die Ämter (Landvogteien) Zürichs,
1612

Lage der Bauern

Für die Bauern in den Dörfern brachte dieser Übergang folgende Veränderungen:
- Die Kriege der früheren adeligen Herren, bei denen oft Dörfer geplündert und verwüstet worden waren, fielen weg. Es herrschte Friede und Ordnung.
- Wenn die Stadt Krieg führte, mussten die Bauern mit in den Krieg ziehen.
- Die Stadt führte keine neuen Steuern ein.
- Die Stadt liess den Bauern eine gewisse Selbständigkeit. Diese durften beispielsweise den Untervogt (Dorfvorsteher) selbst vorschlagen.
- Die Stadt verhinderte die Entwicklung des Handwerks auf dem Land soweit wie möglich, damit die städtischen Handwerker keine Konkurrenz erhielten.
- Die Bauern waren der Stadt Gehorsam schuldig. Ihre eigene Meinung war nicht gefragt.

Stimmung der Bauern

Die militärische Macht der Stadt gegenüber der Landschaft war nicht sehr gross. Die Stadt stellte nur zehn Prozent der Soldaten, die Landschaft neunzig Prozent. Eine Polizei gab es nicht; der Landvogt verfügte etwa über ein Dutzend bewaffneter Knechte. Trotzdem gab es selten Unruhen oder gar Aufstände. Dies hatte folgende Gründe:
- Innerhalb des Dorfes waren die Unterschiede zwischen reich und arm oft gross. Die reichen und angesehenen Bauern bekamen vom Landvogt kleine Ämter und waren mit ihrer Lage zufrieden. Die armen Leute wurden durch den Existenzkampf so in Anspruch genommen, dass sie sich kaum für politische Fragen interessierten.
- Die Pfarrer, die alle aus der Stadt kamen, ermahnten in der Predigt zum Gehorsam gegen die «Obrigkeit» der Stadt Zürich.

133

- Bei einem Aufstand hätte man vielleicht die Landvögte vertreiben, nicht aber die Stadt erobern können. Diese war viel zu gut befestigt (siehe dazu Quellentext 8 und 9, Seite 125 und 127). Umgekehrt waren die Dörfer gegenüber Vergeltungsaktionen ungeschützt.
- Die Bauern hatten keine Vorstellung, was für eine Ordnung an die Stelle der bestehenden treten könnte.

Die Zufriedenheit der Landbevölkerung hing stark davon ab, wie gerecht und uneigennützig der Landvogt sein Amt ausübte.

Johann Caspar Escher über die Anforderungen an den Landvogt von Kyburg (um 1723):

13 «Das Amt des Landvogts auf Kyburg besteht vor allem darin, das Recht und die Anordnungen der Obrigkeit durchzusetzen, allem Bösen nachzugehen und es zu strafen, den Untertanen Rat zu erteilen und sie davon abzuhalten, miteinander zu streiten oder zu prozessieren, endlich aber Streitigkeiten entsprechend den Gesetzen zu schlichten. Im ganzen soll also der Landvogt ein Vater des Landes sein und dafür sorgen, dass die Untertanen gehorsam, ordentlich und friedlich miteinander leben und jeder mitsamt seinem Eigentum geschützt ist.

Wer das Amt eines Landvogts als ein Gewerbe ansieht, das einem selber Reichtum bringt, und deswegen bei seinen Amtsgeschäften vor allem darauf achtet, wie er selber zu Gewinn kommen könnte, der verfolgt ein falsches Ziel. Er ist dann nicht wert, Vogt und Landesvater genannt zu werden, sondern ist ein Wucherer und gewinnsüchtiger Kerl, nicht ein Hirt, sondern ein Verderber der Herde...

Immerhin hat der Landvogt auf Kyburg eine anständige Besoldung und genügend rechtmässige Einnahmen, dass er einen seiner Stellung angemessenen Haushalt führen kann. Wenn er sparsam ist, kann er dazu noch einiges auf die Seite legen...

Glasscheibe um 1690

Familienmahlzeit des Landvogts von Greifensee, Hans Konrad Bodmer: oben die Eltern, rechts von ihnen die Söhne, links die Töchter, vorn stehend die Kleinkinder

Der Landvogt muss eine klare Vorstellung davon haben, wie Friede und Einigkeit, Zucht und Ehrbarkeit gefördert werden können. Wenn er die Untertanen anhört, mit den Unterbeamten spricht oder Gericht hält, soll er das Gute loben, das Böse tadeln. Muss er jedoch jemandem sein Missfallen ausdrücken, so soll er dies nicht mit Schimpfen tun, sondern ihm zeigen, dass dieser mit seinen Fehlern nicht nur andern, sondern auch sich selbst schade, und ihm Anleitung zu einer besseren Lebensweise geben...»

Johann Caspar Lavater über den Landvogt
Felix Grebel (1762):

14 «Grebel! Deine Bosheiten will ich verkündigen, du Hartherziger! Ungerechtigkeit ist deine Nahrung und Bosheit füllt deine Seele! Ungerechter! Wie oft straftest du die, welche nicht gesündigt haben, und fordertest Gaben von den Verbrechern... Jeder Gedanke, jedes Wort, jeder Schritt musste dir bezahlt werden. Überall legtest du Fallstricke um die Unschuldigen, um deinen Geldsäckel zu füllen... Du fordertest die Erbschaftssteuer für Leute, die noch gar nicht gestorben waren, damit es im ganzen doppelt bezahlt werden musste. Du betrogest die Witwen, du zerrissest die Testamente ihrer Ehemänner, weil fremde Erben dir Gaben brachten, du setztest gottlose Untervögte ein, weil diese dir Geld gaben... keine Bosheit war dir zu gross und keine Grausamkeit zu abscheulich!»

In seiner Novelle «Der Landvogt von Greifensee»
schildert der Dichter Gottfried Keller, wie Landvogt
Salomon Landolt Gericht hält:

15 «Der Amtsdiener oder Weibel führte nunmehr ein ländliches Ehepaar herein, welches in grossem Unfrieden lebte, ohne dass der Landvogt bis jetzt hatte ermitteln können, auf welcher Seite die Schuld lag, weil sie sich gegenseitig mit Klagen und Anschuldigungen überhäuften... Neulich hatte die Frau dem Mann ein Becken voll heisser Mehlsuppe an den Kopf geworfen, so dass er jetzt mit verbrühtem Schädel dastand und bereits ganze Büschel seines Haares herunterfielen... Die Frau aber leugnete die Tat rundweg und behauptete, der Mann habe in seiner tollen Wut die Suppenschüssel für seine Pelzmütze angesehen und sich auf den Kopf stülpen wollen. Der Landvogt... liess die Frau abtreten und sagte hierauf zum Manne: ‹Ich sehe wohl, dass du der leidende Teil und ein armer Hiob bist, Hans Jakob, und dass das Unrecht und die Teufelei auf Seiten deiner Frau sind. Ich werde sie daher am nächsten Sonntag in das Drillhäuschen am Markt setzen lassen, und du selber sollst sie vor der ganzen Gemeinde herumdrehen, bis dein Herz genug hat und sie gezähmt ist.› Der Bauer erschrak über diesen Spruch und bat den Landvogt,

135

1 Salomon Landolt, 1741–1818

2 Drille

davon abzustehen. Denn wenn seine Frau, sagte er, auch ein böses Weib sei, so sei sie immerhin seine Frau, und es gezieme sich nicht, sie in solcher Art der öffentlichen Schande preiszugeben. Er möchte bitten, es bei einem kräftigen Verweis bewenden zu lassen. Hierauf liess der Landvogt den Mann hinausgehen und die Frau wieder eintreten. ‹Euer Mann ist›, sagte er zu ihr, ‹allem Anscheine nach ein Taugenichts und hat sich selbst den Kopf verbrüht, um euch ins Unglück zu stürzen. Seine Bosheit verdient die gehörige Strafe, die Ihr selbst vollziehen sollt! Wir wollen den Kerl am Sonntag in das Drillhäuschen setzen, und Ihr mögt ihn vor allem Volk so lange drehen, wie es Euer Herz verlangt!› Die Frau hüpfte, als sie das hörte, vor Freude in die Höhe, dankte dem Landvogt für den guten Spruch und schwor, dass sie die Drille so gut drehen und nicht müde werden wolle, bis ihm die Seele im Leib weh tue.»

Wie hättest du geurteilt?

«‹Nun sehen wir, wo der Teufel sitzt!›, sagte der Landvogt in strengem Ton, und verurteilte das böse Weib, drei Tage bei Wasser und Brot im Turm eingesperrt zu werden…»

Das Wichtigste in Kürze:

Die Stadt Zürich erwarb die Landgebiete im Bereich der heutigen Kantonsgrenzen. Dadurch entstand der zürcherische Staat. Die einzelnen Dörfer unterstanden nun nicht mehr einzelnen Adligen und Klöstern, sondern der Stadt Zürich.

1 Auf welche Arten gelangte die Stadt Zürich in den Besitz der Landschaft?
2 Welche Folgen hatte die Übernahme der Herrschaft durch die Stadt Zürich für die Dörfer, zum Beispiel für Maur?
3 Wer regierte in Vertretung des Zürcher Rates auf der Landschaft?
4 Welche Veränderungen brachte die Übernahme der Macht durch die Stadt Zürich für die Bauern?
5 Nenne einige Gründe, weshalb es auf der Landschaft nur selten Unruhen oder gar Aufstände gab.
6 Zu welcher Vogtei gehörte damals deine Wohngemeinde? Wo war der Sitz des Landvogtes? Ist davon heute noch etwas zu sehen?

Wovon lebten die Zürcher?

Bevölkerungszunahme

Die Bevölkerung nahm zwischen 1500 und 1800 zu. Um 1500 lebten im Gebiet des Kantons Zürich etwa 60 000 Menschen, um 1580 90 000, um 1670 110 000 und um 1800 180 000. Die Landwirtschaft bot nicht mehr allen Bewohnern Arbeit und konnte auch nicht mehr alle ernähren. Zürich musste Getreide aus dem Ausland einführen. Viele Zürcher wurden notgedrungen Soldaten in den Armeen der europäischen Herrscher, vor allem in Frankreich. Auch in der Stadt fanden nicht mehr alle Bewohner in den traditionellen Handwerksberufen Beschäftigung.

Textilindustrie

Es war daher für Zürich von grosser Bedeutung, dass kluge und wagemutige Unternehmer ein neues Gewerbe einführten, das Arbeitsplätze schuf und Produkte herstellte, die ins Ausland verkauft werden konnten und Geld einbrachten. Dies war die Herstellung von Stoffen aus Seide oder Baumwolle, die Textilindustrie.

Seide und Baumwolle

Seide entsteht bei der Verpuppung der Seidenraupen zu Kokons. Von einem Kokon lässt sich ein bis zu 300 Meter langer Seidenfaden abhaspeln (Rohseide).

Aber auch die dabei entstehenden Abfälle (Schappe) lassen sich verwerten, nur müssen sie zuerst gesponnen werden. Die Zucht von Seidenraupen wurde damals vor allem in Italien betrieben. Die Baumwollpflanze wuchs damals besonders in Indien und Ägypten; holländische und venezianische Kaufleute brachten die Rohbaumwolle nach Europa, wo sie zusammen mit Leinen zu Garn versponnen wurde. Leinen wird aus Flachs gewonnen.

Verlagssystem

Die Zürcher Kaufleute kauften Rohseide, Schappe und Baumwolle ein. Die Rohseidenfäden wurden in der Stadt in Seidenmühlen verzwirnt, während die Schappe, die Baumwolle sowie Leinen an zahlreiche Spinner auf dem Land verteilt wurden. Ebenso erfolgte das Weben in Heimarbeit. Die Weber brachten dann die gewobenen Stoffe dem Kaufmann zurück und wurden nach Menge bezahlt. Das Färben oder Bedrucken der Stoffe erfolgte wiederum in der Stadt. Diese Organisation der Textilherstellung, bei welcher der Grossteil der Arbeit in Heimarbeit an der Spindel und am Handwebstuhl verrichtet wurde, nannte man Verlagssystem. Die so hergestellten Stoffe wurden überwiegend ins Ausland, vor allem nach Frankreich, verkauft.

Die Zürcher Textilindustrie im 17. und 18. Jahrhundert:

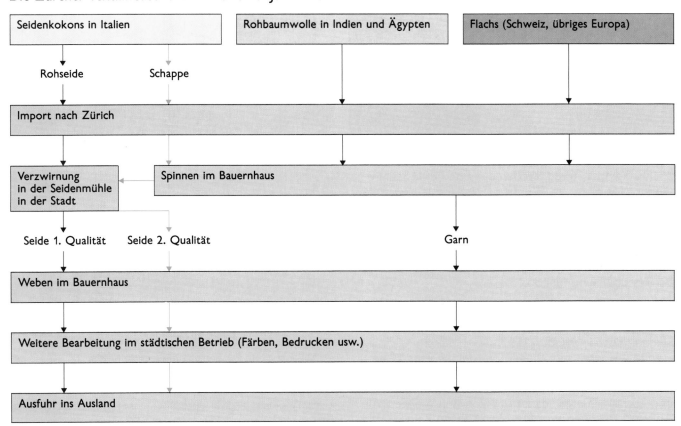

1

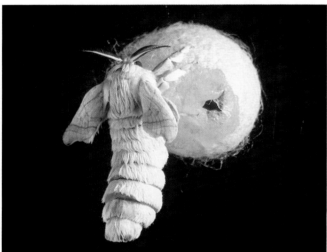

2

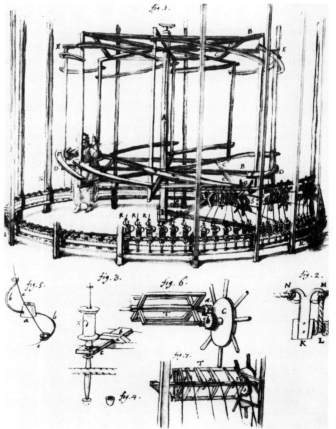

Um 1780 zählte man auf der Zürcher Landschaft 35000 Spinner, 6500 Wollweber und 1800 Seidenweber. Vor allem im Zürcher Oberland lebten viele Menschen überwiegend oder ausschliesslich von der Textilarbeit. Der Reichtum der Zürcher Kaufleute nahm zu. Während der reichste Zürcher im 16. Jahrhundert über 40000 Gulden verfügte, waren es im 17. Jahrhundert 350000 Gulden, im 18. Jahrhundert bereits über eine Million.*

Eingabe der Gebrüder Heinrich und David Werdmüller an Bürgermeister und Rat um Zulassung der Seidenindustrie im Jahr 1587:

16   «Da wir jetzt seit einiger Zeit leider viele arme Leute in offenem Bettel umhergehen sehen und etliche angesprochen haben, warum sie nicht spinnen und etwas arbeiten, da ist uns von den meisten zur Antwort gegeben worden, sie könnten keine Arbeit

3

1   Flarzhaus bei Pfäffikon. In solchen Häusern lebten die Heimarbeiter im Zürcher Oberland.
2   Ausgeschlüpfte Seidenraupe mit leerem Kokon
3   Zwirnrad mit «Radmeiteli» zum Verzwirnen der Rohseidenfäden

* Ein Handwerksmeister verdiente im 18. Jahrhundert 0,5–0,75 Gulden (1 Gulden = 2 Pfund) im Tag.

finden... Dieser Bescheid und die zu beklagende Not hat uns aus herzlichem Mitleid bewegt und veranlasst,... einer grossen Zahl von Weibs- und Mannspersonen Wolle zum Spinnen und Verarbeiten zu geben. Doch der Zulauf der Armen ist so mächtig geworden, dass es nicht mehr möglich ist, alle mit Arbeit zu versehen, denn es ist zu befürchten, dass so viel Wollgarn... keinen Absatz mehr findet. Deshalb haben wir nun nachgedacht, was diesen Leuten sonst an Arbeit gegeben werden könnte... Und da fanden wir eine solche rettende Ware: Seide... Diese liessen wir roh einführen, spinnen, zwirnen, färben, um sie nachher in fremde Länder senden zu können. Dabei würden von jedem Pfund 20 Batzen (rund 1 französisches Pfund oder ein halber Gulden) in Stadt

1 Ein Seidenweber
2 Die Seidenindustriellen brachten ihre Unternehmungen in Neubauten zwischen der alten und der neuen Stadtbefestigung, zwischen der heutigen Bahnhofstrasse und dem Schanzengraben, unter. Dies waren die Seidenhöfe. Noch heute gibt es in dieser Gegend die Seidengasse und ein Hotel Seidenhof.

1 Alter Seidenhof	7 Vorderer Seidenhof
2 Neuer Seidenhof	8 Kleiner Seidenhof
3 Grüner Seidenhof	9 Hölzernes Seidenhöfli
4 Gelber Seidenhof	10 Rennwegtor
5 Gelbes Seidenhöfli	11 Fröschengraben
6 Hinterer Seidenhof	

und Land verbleiben. Alljährlich könnte man mehrere Tausend Pfund von dieser Gattung machen lassen...»

Isaak Iselin (Kritische Beschreibung der Schweiz) über die wirtschaftliche Lage der Schweiz im Jahr 1780:

17 «Der durchschnittliche Schweizer nährt sich insgesamt besser als in irgendeinem andern Lande. Die Taglöhne sind vielleicht in keinem Land verhältnismässig höher als in der Schweiz. 15 bis 30 Schillinge (0,75 bis 1,5 Pfund)* sind keine kleinen Taglöhne, wenn auch das Pfund Brot oft drei Schillinge kostet... Es herrscht daher keine Armut, ausser jene, welche jemand sich aus eigenem Verschulden, durch Krankheit und Naturfehler zuzieht...

Die Ursachen dieses Wohlstandes: Die wichtigste ist das Fehlen von willkürlichen Steuern. Dies hat zwei Gründe. Erstens ist die Schweiz von der Last frei, den drückenden Luxus eines Hofes und seines Anhangs zu erhalten... Zweitens hat die Schweiz keine Armee, die beständig unterhalten und besoldet werden muss. Soldaten produzieren nämlich nichts und verzehren, was zum Unterhalt nützlicher Arbeiter verwendet werden könnte. Es ist leicht zu ersehen, was für einen Unterschied das ausmacht. Wenn wir noch erwägen, was für einen Aufwand die Kriegsreiterei verursacht, so werden wir die Schweiz für glücklich halten, dass

* Iselins Angaben gelten für die Stadt. Die Heimarbeiter auf dem Land verdienten weniger.

sie keine hat und dass alle Dragonerpferde ausser der Zeit der Musterung den Pflug oder den Karren ziehen...»

Das Wichtigste in Kürze:
Im 17. und 18. Jahrhundert entwickelte sich in Zürich die Textilindustrie. Kaufleute aus der Stadt kauften das Rohmaterial, Heimarbeiter auf dem Land spannen und woben es und lieferten die Stoffe wieder den Kaufleuten ab.

1 Wie wirkte sich das starke Wachstum der Bevölkerung im Gebiet des Kantons Zürich zwischen 1500 und 1800 aus?
2 Erkläre, weshalb die Textilindustrie für Zürich und die Landschaft von grosser Bedeutung war.
3 Beschreibe in Stichworten das «Verlagssystem».
4 In welchem Teil der Zürcher Landschaft lebten die Menschen vor allem von der Textilindustrie? Erkläre.
5 Kennst du Gebiete, in denen auch heute fast nur eine Industrie vorkommt? Nenne die Gründe. Überlege dir, welche Gefahren dies für die Beschäftigten hat.
6 Zeichne ein «Flarzhaus» (Grund-, Auf- und Seitenriss).

Das Denken der Menschen

Sünden und Strafen

Die Menschen lebten in grosser Unsicherheit. Immer wieder kam es zu Katastrophen, gegen die sie machtlos waren: Pestseuchen, schlechte Ernten mit anschliessender Teuerung, Unwetter, Überschwemmungen und anderes mehr. Hilfe dagegen gab es kaum, auch nicht vom Staat. Man hielt all das für Strafen Gottes, Strafen, die die Menschen durch ihre Sünden verdient hatten. Daher hielten der Rat und die von ihm eingesetzten Pfarrer die Bevölkerung zu möglichst sündenfreier Lebensführung an. Vergnügungen wie Tanz, Musik, Theater, schöne Kleider und Schmuck oder etwa die Fasnacht wurden verboten. Der Besuch des Gottesdienstes war vorgeschrieben. Gegen Verbrecher ging man streng vor. Nicht nur Mord, sondern auch Einbruch, Diebstahl, Brandstiftung und selbst wiederholter Ehebruch wurden mit dem Tod bestraft. Auf diese Weise versuchte man, die Bevölkerung zu hindern, neue Sünden zu begehen und damit neue Strafen Gottes heraufzubeschwören.

Teufel und Hexen

Man glaubte weiter, dass Gott den Menschen diese Katastrophen nicht selbst zufüge, sondern dadurch, dass er den Teufel gewähren lasse. Der Teufel stiftete

in allen möglichen Verkleidungen die Menschen zum Bösen an; vor ihm musste man sich hüten. Als Verbündete des Teufels galten die Hexen. Das waren

Aus der Chronik des Zürcher Pfarrers Johann Jakob Wick: «Am 8. Dezember 1561 hat Rudolf Hurter in Ürzlikon bei Kappel seine Frau, welche schwanger war und innerhalb von vierzehn Tagen ihr Kind gebären sollte, als er sehr betrunken nach Hause kam, im Bett jämmerlich erstochen.»
In der Türe sieht man den Teufel «hehe» rufen. Nach Wicks Meinung hat er Hurter zur Trunkenheit und zum Mord verführt und triumphiert jetzt über seinen Erfolg. Die unschuldige Frau dagegen ruft «o Jesus» aus.

Menschen, mehrheitlich Frauen, aber auch Männer, welche sich von Gott und dem christlichen Glauben lossagten und sich mit dem Teufel verbündeten. Die Hexen hielten häufig Zusammenkünfte mit dem Teufel ab, wobei dieser ihnen Zaubermittel gab, mit denen sie ihren Mitmenschen allen möglichen Schaden zufügen konnten. Kaum jemand bezweifelte, dass Teufel und Hexen wirklich existierten.

Hexenverfolgung

Wenn sich irgendwo ein Unglück ereignete, so suchte man nach verdächtigen Hexen. Natürlich wehrten sich die Verdächtigten gegen den Vorwurf. Um sie zu einem Geständnis zu bringen, wurden sie gefangengenommen und gefoltert. Man legte ihnen Daumenschrauben an oder zog sie mit Gewichten an den Füssen in die Höhe, bis sie gestanden, Hexen zu sein. Geständige Hexen wurden verbrannt. Hörte das Unglück, etwa eine Pestseuche, damit nicht auf, so schloss man daraus, dass man noch nicht alle Hexen erwischt habe, und suchte weiter.

Der Hexenglaube erreichte seinen Höhepunkt, als im Jahr 1701 allein aus dem kleinen Dorf Wasterkingen im Rafzerfeld acht Hexen hingerichtet wurden. Im 18. Jahrhundert wurden langsam Zweifel an der Existenz von Teufel und Hexen laut. Allmählich erkannte man, dass natürliche Ereignisse natürliche Ursachen haben. So merkte man etwa, dass man durch grössere Hygiene die Rattenplage eindämmen und damit neue Pestseuchen verhindern konnte; die Pest wird nämlich durch einen Rattenfloh auf den Menschen übertragen. Statt über Missernten zu klagen, forschte man nach besseren Anbaumethoden. An die Stelle des Glaubens an Teufel und Hexen trat allmählich der Glaube an die menschliche Vernunft.

Aus der Chronik des Zürcher Pfarrers Johann Jakob Wick:

18 «Wie sich ein grosser Unglücksfall in Zürich an der Kirchweih ereignete, als die obere Brücke einstürzte.

Am 11. September 1566 zwischen zwölf Uhr und ein Uhr nachmittags stürzte die obere Brücke (Münsterbrücke) ein, da zu viele Leute darauf standen. Acht Menschen kamen dabei ums Leben... Im Jahr 1375 war seinerzeit bei einer Prozession die untere Brücke (Rathausbrücke) zusammengebrochen, wobei ebenfalls acht Personen ertrunken waren. So ist also der Stadt Zürich zweimal grosses Unglück widerfahren, als sie einen katholischen Brauch ausübte: einst bei einer Prozession, jetzt bei einer Kirchweih; einst bei der unteren Brücke, jetzt bei der oberen. Beide Male sind acht Menschen umgekommen. Leider ist der Rat dadurch noch nicht dazu gebracht worden, den Brauch der Kirchweih endlich zu verbieten!»

Der Brückeneinsturz in Zürich, 1566 (zu Quellentext 18)

Aus der Chronik des Zürcher Pfarrers Johann Jakob Wick:

19 «Am 10. September 1571 wurde Verena Kerez, die Frau Rudolf Müllers in Meilen, verbrannt, weil sie Gott verleugnet und sich dem Teufel ergeben hatte und eingestanden hatte, aus Neid und Hass einigen ihrer Nachbarn in Meilen das Vieh gelähmt und zum Teil getötet zu haben. Verena Kerez gestand das Folgende: Als sie eine Zeitlang grosse Armut, Hunger und Mangel litt, sei etwa vor drei Jahren der böse Geist, der Teufel, in Gestalt eines reichen Mannes zu ihr gekommen und hätte ihr ihr Elend, ihre Armut und Mühsal vor Augen gehalten. Dazu habe er ihr versprochen, er wolle ihr, wenn sie sich ihm ergebe und tue, was er ihr befehle, so viel geben, dass sie keinen Mangel mehr habe... Er überzeugte sie somit, dass sie den allmächtigen Gott, ihren Schöpfer, ganz verleugnete und sich selbst ihm, dem bösen Geist, ergab.

Darauf, als sie gegen Hans Erb von Meilen Neid und Hass gespürt habe, habe sie auf Anstiftung des bösen Feindes dessen Kuh mit einer Rute geschlagen, so dass die Kuh eine Zeitlang keine Milch mehr gegeben habe... In derselben Art habe sie dem Heinimann Widmer in Herrliberg und dem Heinrich Wunderli in Meilen je eine Kuh und dem Konrad Scherer in Meilen eine Kuh und ein Schwein mit einer Rute geschlagen, auch aus Feindschaft und auf Anstiftung und im Namen des Bösen. Diese drei Kühe verloren dadurch nicht nur ihre Milch, sondern seien zusammen mit dem Schwein gestorben... Und nachdem ihrer Meinung nach Jakob Baur von Meilen ihr feindlich gesinnt war und ihr der böse Geist eine Salbe gegeben hatte, da strich sie ihm diese hinten am Rücken an seinen Rock, wodurch er krank wurde, fast achtzehn Wochen lang bettlägerig war, aber nicht starb...

Und da sie denn wegen ihres hiermit erzählten verruchten, gottlosen, unchristlichen und schändlichen Lebens, während dem sie nicht nur mit der Hilfe des Bösen Leute und Vieh gelähmt und umgebracht, sondern sich auch von Gott losgesagt und sich dem Bösen ergeben, wohl einen harten und schweren Tod verdient hätte, so wurde doch aus Gnade über ihre Reue und Bekehrung hin folgendermassen über sie geurteilt: Sie solle dem Scharfrichter überantwortet werden, der ihre Hände zusammenbinden und sie zur Sihl hinaus auf das Kies führen solle. Daselbst solle er sie auf einen Reisighaufen setzen und an einen Pfosten binden und so auf dem Reisig und am Pfosten verbrennen. So werde ihr Fleisch und Gebein zu Asche...»

Verbrennung der Hexe Verena Kerez

Das Wichtigste in Kürze:
Die Menschen führten Katastrophen und Unglücksfälle auf Gott, den Teufel und die von diesem angestifteten Hexen zurück. Durch strenge Bestrafung von Verbrechern und angeblichen Hexen sowie ein frommes Leben hoffte man, Unglück zu vermeiden.

1 Zähle einige Katastrophen auf, gegen welche die Menschen früher machtlos waren.
2 Welches waren nach dem Glauben von damals die Gründe für Katastrophen und Verbrechen?
3 Was verstand man damals unter einer «sündenfreien Lebensführung»?
4 Welche Vergehen wurden damals mit dem Tode bestraft, und welchen Sinn hatte diese strenge Bestrafung?
5 Was weisst du über das Wirken des Teufels und über Hexen im Glauben der damaligen Zeit?
6 Überlege: Brachte der Glaube an die menschliche Vernunft, welcher im 18. Jahrhundert sich langsam durchsetzte, nur Vorteile für die Menschheit? Nenne einige Auswirkungen und beurteile sie.

Ausblick:

Der Staat heute

Entwicklung des Staates

In frühen Zeiten konnten die Menschen ohne staatliche Organisation leben. Menschen, die in einfachen Verhältnissen leben, kommen auch heute ohne Staat aus. Schon um 3000 v.Chr. entstanden jedoch die ersten Staaten wie Ägypten. Im Mittelalter war in Europa die Herrschaft über ein Gebiet meistens unter verschiedene Herren (Adelige, Klöster) verteilt. Erst am Ende des Mittelalters und danach wurde die Herrschaft über ein Gebiet in einer Hand (König, eine Stadt usw.) vereinigt. Das war der Anfang des neuzeitlichen Staates.

Seit dem Zeitalter des Absolutismus sind die Aufgaben, die der Staat lösen muss, immer grösser geworden. Der Staat tut mehr für seine Bürger als früher, er verlangt aber auch mehr von ihnen.

Aufgaben des Staates

Die staatlichen Aufgaben in der Schweiz sind aufgeteilt. Was für die ganze Schweiz einheitlich geregelt werden muss, ist Sache des **Bundes**. Andere Aufgaben aber kann jeder **Kanton** so lösen, wie er es für richtig hält. Endlich gibt es noch staatliche Aufgaben, welche jede **Gemeinde** eines Kantons selbständig erledigen muss.

Der Bund, jeder Kanton und jede Gemeinde haben ein «Pflichtenheft», in welchem ihre Aufgaben festgehalten sind. Diese Pflichtenhefte sind die **Bundesverfassung,** die **Kantonsverfassung** und die **Gemeindeordnung.**

Die vielen Aufgaben, die der Staat (Bund, Kantone, Gemeinden) heute wahrnehmen muss, kosten viel Geld. Viele staatliche Leistungen müssen bei Gebrauch bezahlt werden, die übrigen durch die Gemeinde-, die Kantons- und die Bundessteuern.

Staat und Bürger

Seit seiner Entstehung im Zeitalter des Absolutismus hat der Staat für die einzelnen Bürger eine immer grössere Bedeutung erlangt. Je wichtiger aber der Staat für die Menschen wurde, desto mehr wollten sie bestimmen, was in ihrem Staat geschehen sollte. Sie begannen sich zu fragen, ob es richtig sei, dass in Frankreich allein ein König, in Zürich allein die Stadt regiere. Ob ein Staat notwendig sei, diskutierte man kaum mehr. Man diskutierte aber, wie der Staat am besten organisiert werden könnte, welche Aufgaben er erfüllen müsse und wer in diesem Staat zu bestimmen habe. Diese Diskussion begann in grösserem Umfang im Zeitalter der **Aufklärung.**

Die Menschen und der Staat:

Welche Menschen?	Wem sind sie unterstellt? Wer regiert über sie?	Was wird für sie geleistet?	Was müssen sie leisten?	Wofür müssen sie selbst sorgen?
Eine Grossfamilie der Pygmäen (Rückblick, Seite 105)	niemand	–	–	Die Pygmäenfamilie muss alle Probleme selbst lösen.
Ein Dorf in Nigeria (Rückblick, Seite 105)	niemand	–	–	Die Dorfgemeinschaft muss alle Probleme selbst lösen.
Das Dorf Maur im Mittelalter (Rückblick, Seite 110)	Verschiedene Klöster und Adelige teilen sich in die Herrschaft.	Die Adeligen sorgen für die Einhaltung der Rechtsordnung.	Die Dorfbewohner müssen den verschiedenen Herren Abgaben entrichten.	Die Dorfbewohner sind selbst verantwortlich für: – ihre Ernährung – ihre Gesundheit – ihre Ausbildung – die Versorgung der Alten – den Unterhalt der Armen – die Instandhaltung der Wege. Der Dorfpfarrer registriert Geburten (Taufen), Eheschliessungen und Todesfälle.
Das Dorf Maur im 16., 17. und 18. Jahrhundert (Kernthema 2, Seite 131)	Es ist dem Staat (Kanton) Zürich angehörig. Die Stadt Zürich regiert über die Dörfer des Staates Zürich.	Die Stadt sorgt für Frieden und Recht. Sie verteidigt das Staatsgebiet.	Die Dorfbewohner bezahlen Steuern und leisten Militärdienst.	
Ein Dorf in Frankreich im 17. und 18. Jahrhundert (Kernthema 1, Seite 113)	Es ist dem Staat Frankreich angehörig. Der König von Frankreich regiert über die Dörfer Frankreichs.	Der König sorgt für Friede und Recht. Er verteidigt das Staatsgebiet.	Die Dorfbewohner bezahlen hohe Steuern.	

Was tut der Staat heute?

A

Die meisten Menschen leben heute in einer Wohnung oder einem Einfamilienhaus. Für die Grosseltern hat es darin meist keinen Platz. Daher brauchen die alten Leute, auch wenn sie nicht mehr berufstätig sind, ein Einkommen.
Wie kommen die alten Leute zu Geld?

B

Fast jeder Beruf setzt heute eine gute Schulbildung voraus. Wer sorgt dafür, dass die Kinder zur Schule gehen müssen? Wer sorgt dafür, dass die Schule für die Schüler nichts kostet?

C

Wer krank oder verunfallt ist, will im Spital wieder gesund werden.
Wer lässt die Spitäler bauen?

D

Die meisten Menschen möchten in Frieden leben und in Ruhe ihrer Arbeit nachgehen. Wer hindert fremde Mächte, diesen Frieden zu stören?

E

Wenn wir jemandem Geld, einen Brief oder ein Paket schicken, wollen wir sicher sein, dass unsere Sendung den Adressaten erreicht.
Wer sorgt dafür?

F

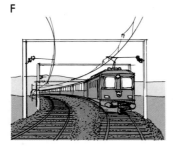

Um Waren und Personen rasch über weite Strecken zu transportieren, brauchen wir die Eisenbahn.
Wer sorgt dafür, dass es Eisenbahnen gibt?

G

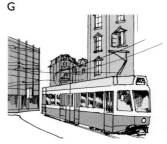

Viele Leute fahren mit dem Tram zum Arbeitsort.
Wer betreibt die Tramlinien?

H

Um den zunehmenden Verkehr mit Personen- und Lastwagen zu bewältigen, sind Autobahnen gebaut worden.
Wer hat diese Autobahnen geplant?

I

Wenn jemand mit einem andern Menschen Streit hat und mit diesem vor das Gericht geht, will er sicher sein, dass er gerecht behandelt und beurteilt wird.
Wer bestimmt, dass alle Bürger vor dem Gesetz die gleichen Rechte haben?

K

Fliessendes Wasser in der Wohnung ist heute eine Selbstverständlichkeit.
Wer sorgt dafür, dass wir fliessendes Wasser in der Wohnung haben?

L

Wer nimmt heute Eheschliessungen vor?

M

Jeder Bürger, auch wenn er keiner Kirche angehört, muss nach seinem Tod schicklich bestattet werden.
Wer ist dafür zuständig? Wer legt Friedhöfe an und unterhält sie?

N

Viele Schüler haben ein Banksparheft. Verschiedene Banken geben Sparhefte aus, unter ihnen auch die Zürcher Kantonalbank.
Wem gehört diese Bank?

Der Staat heute

Die staatlichen Pflichtenhefte:

Das Pflichtenheft des Bundes (Schweizerische Eidgenossenschaft) heisst **Bundesverfassung.**

In ihr heisst es zum Beispiel:
1 Der Bund verteidigt seine Unabhängigkeit. (Deshalb gibt es eine schweizerische Armee.)
2 Vor dem Gesetz sind alle Bürger gleich. Jedem soll vor einem gesetzmässigen Gericht sein Recht zuteil werden.
3 Der Bund organisiert für die ganze Bevölkerung eine obligatorische Alters-, Hinterlassenen- und Invalidenversicherung.
4 Der Bund sorgt für den Bau und den Betrieb von Eisenbahnen. (Deshalb gibt es die SBB.)
5 Der Bund baut das Post-, Telegraphen- und Telephonwesen auf. (Deshalb gibt es die PTT.)
6 Der Bund errichtet ein Netz von Nationalstrassen (Autobahnen).

Das Pflichtenheft eines Kantons (zum Beispiel des Kantons Zürich) heisst **Kantonsverfassung.**

In der Verfassung des Kantons Zürich heisst es zum Beispiel:
1 Der Volksschulunterricht ist unentgeltlich und obligatorisch.
2 Der Kanton baut kantonale Strassen.
3 Der Kanton errichtet eine Kantonalbank.

Das Pflichtenheft einer Gemeinde heisst **Gemeindeordnung.**

In der Gemeindeordnung der Stadt Zürich heisst es zum Beispiel:
1 Die Stadt organisiert das Bestattungswesen.
2 Das städtische Zivilstandsamt registriert Geburten, Heiraten und Todesfälle.
3 Die Stadt sorgt für die Zufuhr von elektrischer Energie und Wasser.
4 Die Stadt unterhält die städtischen Spitäler.
5 Die Stadt organisiert die Verkehrsbetriebe.

Die Pflichten des Einzelnen gegenüber dem Staat:

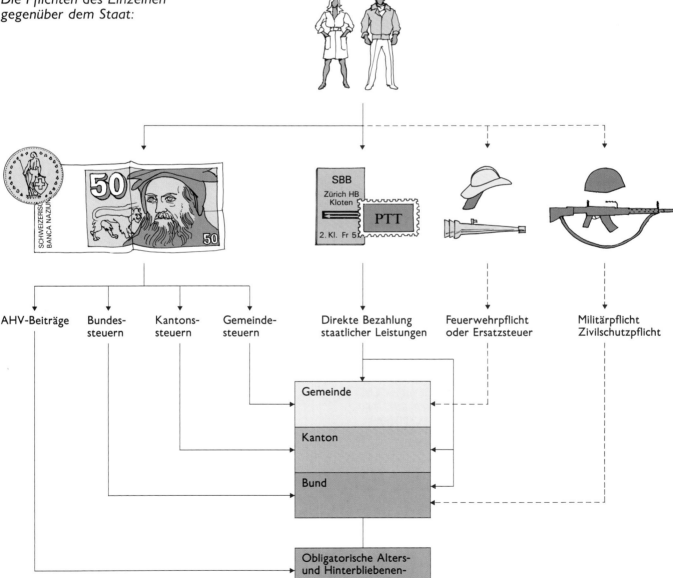

AHV-Beiträge | Bundessteuern | Kantonssteuern | Gemeindesteuern | Direkte Bezahlung staatlicher Leistungen | Feuerwehrpflicht oder Ersatzsteuer | Militärpflicht Zivilschutzpflicht

Gemeinde

Kanton

Bund

Obligatorische Alters- und Hinterbliebenenversicherung des Bundes

145

Wer gibt in der Schweiz Geld aus? (1989)

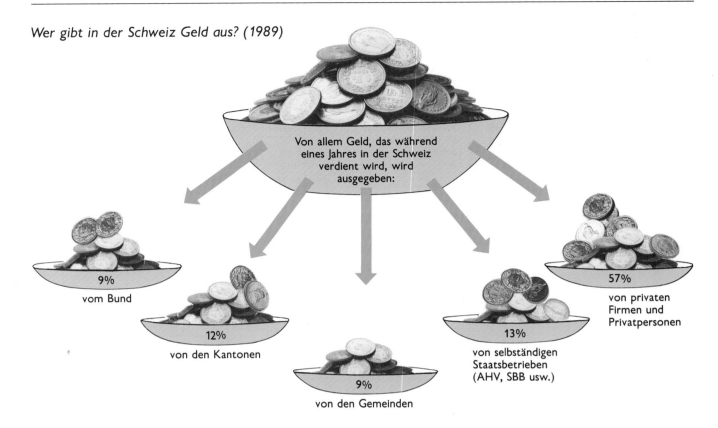

Was tut der Staat für seine Bürger?
Aus dem Verzeichnis der Amtsstellen der Gemeinde Horgen (1995):

Altersheim der Gemeinde Horgen
Anzahl Plätze: 82

Beratung und Betreuung für Erwachsene im Bezirk Horgen
Beistandschaften, Beiratschaften, Vormundschaften für Erwachsene, persönliche Hilfe gemäss Sozialhilfegesetz

Berufsberatung für Jugendliche und Erwachsene
Beratung und Information in Berufs- und Schulfragen, Berufswahlvorbereitung, Lehrstellennachweis

Berufswahlschule Bezirk Horgen
Berufswahlkurse auf handwerklicher und theoretischer Grundlage.
Werkstatt-, Atelier- und Berufsvorbereitungsklassen.
Anzahl Plätze: 56

Bezirksgefängnis
Bezirksgericht
Straf- und Zivilgericht, Mietgericht, Arbeitsgericht

Heilpädagogische Schule
Tagesschule für Geistigbehinderte, Wahrnehmungs- und Lernbehinderte.
Plätze: 40

Jugendanwaltschaft des Bezirks Horgen
Straftaten von Kindern und Jugendlichen (7–18 Jahre).
Festlegung und Durchführung ambulanter und stationärer Massnahmen, Erziehungsberatung

Jugendsekretariat des Bezirks Horgen
Hilfe für Kinder, Jugendliche und Familien in persönlichen Schwierigkeiten, vormundschaftliche Massnahmen, Pflegekinderaufsicht

Kinderkrippe Horgen, Berghalden
Öffnungszeiten: 06.30–18.30
Anzahl Plätze: 66

Kinder- und Jugendpsychiatrischer Dienst
Medizinische und psychologische Abklärungen, Einzeltherapien, Familiengespräche

Kleinkindberatung Horgen
Beratung von Eltern in Säuglings- und Kleinkinderfragen, Säuglingspflegekurse

Krankenmobilienmagazin

Kranken- und Hauspflege

Regionaler Sozialdienst für Suchtgefährdete

Schulpsychologischer Dienst des Bezirks Horgen
Abklärungen bei Schul- und Erziehungsschwierigkeiten, Vermittlung pädagogischer, therapeutischer und ärztlicher Massnahmen, Begutachtung bei Zuweisung in Sonder- und Kleinklassen

Sozialbehörde

Sozialdienst der Justizdirektion, Zweigstelle für die Bezirke Horgen, Meilen, Affoltern
Betreuung von Straffälligen und deren Angehörigen vor und nach der Verurteilung bzw. Entlassung

Spital Horgen
Plätze: 89

Sprachheilkindergarten Kottenrain

Wer gibt in der Schweiz Geld aus? (1991/93)

Ausgaben des Bundes (1993):
Soziale Wohlfahrt 11 295 Millionen = 27,8%
Landesverteidigung 5753 Millionen = 14,2%
Verkehr und Energie 6239 Millionen = 15,4%
Unterricht und Forschung 2971 Millionen = 7,3%
Landwirtschaft 3416 Millionen = 8,4%
Übriges 10 926 Millionen = 26,9% (darunter: Verwaltungskosten, Schuldzinsen, Kultur, Sport, Umweltschutz, Raumplanung usw.)

Ausgaben aller Kantone (1991):
Soziale Wohlfahrt 5639 Millionen = 12,4%
Verkehr und Energie 5011 Millionen = 11,0%
Unterricht und Forschung 12 222 Millionen = 26,8%
Gesundheitswesen 8111 Millionen = 17,8%
Übriges 14 643 Millionen = 32% (darunter: Verwaltungskosten, Schuldzinsen, Polizei, Landesverteidigung, Sport, Umweltschutz, Raumplanung, Gewässer- und Lawinenverbauungen usw.)

Ausgaben aller Gemeinden (1991):
Soziale Wohlfahrt 3824 Millionen = 11,5%
Unterricht und Forschung 7554 Millionen = 22,7%
Umweltschutz 3042 Millionen = 9,2%
Verkehr und Energie 2850 Millionen = 8,6%
Übriges 15 969 Millionen = 48% (darunter: Verwaltungskosten, Schuldzinsen, Polizei, Kultur, Sport, Gesundheitswesen, Raumplanung, Feuerwehr, Gewässer- und Lawinenverbauungen usw.)

Das Wichtigste in Kürze:
Seit dem Zeitalter des Absolutismus sind die Aufgaben, die der Staat für seine Bürger lösen muss, immer grösser geworden. In der Schweiz sind die staatlichen Aufgaben aufgeteilt zwischen Bund, Kantonen und Gemeinden.

1 Ordne die Angaben in der rechten Kolonne denjenigen in der linken Kolonne zu.

Welche Menschen?	Wer regierte über sie?
a Grossfamilie der Pygmäen	König
b Dorf in Nigeria	Stadt
c Dorf im Mittelalter (z. B. Maur)	niemand
d Zürcher Dorf im 16. bis 18. Jahrhundert	niemand
e Dorf in Frankreich im 17. und 18. Jahrhundert	Klöster und Adelige

2 Zähle einige Aufgaben auf, welche der Staat heute erfüllen muss.

3 Auf welche drei Ebenen des Staates sind diese Aufgaben heute verteilt?

4 Ordne folgende Aufgaben diesen drei Ebenen zu:
– Verteidigung der Unabhängigkeit (Armee)
– Volksschulunterricht
– Bau und Betrieb von Eisenbahnen
– Registrierung von Geburten, Heiraten und Todesfällen
– Alters-, Hinterlassenen- und Invalidenversicherung
– Bau von Strassen (mehrere Möglichkeiten)

5 Woher bezieht der Staat das für die Erfüllung der vielen Aufgaben nötige Geld?

6 Auf welche verschiedenen Arten müssen deine Eltern an den Staat Geld bezahlen? Versuche, die Begriffe «direkte» und «indirekte Steuern» zu erklären.

7 Welche Leistungen erbringen die auf Seite 146 aufgeführten Institutionen? Gibt es diese Amtsstellen auch in deiner Gemeinde?

Die Zeit der Aufklärung
und der Französischen Revolution

Wie soll ein Staat regiert werden?

Die Demokratie in Athen

Griechenland

Griechenland ist eine gebirgige, durch das Meer stark gegliederte Halbinsel in Südosteuropa. Schon vor viertausend Jahren wanderten die ersten Griechen von Norden her ein. Sie besiedelten auch die vielen Inseln im Meer zwischen Griechenland und der Türkei.

In der damaligen Zeit gab es im Osten des Mittelmeeres grosse Reiche wie etwa Ägypten. Diese Reiche wurden von allmächtigen Königen regiert. Weil Griechenland durch die Berge und das Meer so stark unterteilt war, konnte während sehr langer Zeit niemand die Herrschaft über ganz Griechenland erringen. Die einzelnen Landschaften Griechenlands waren selbständig. Ihre Bewohner mussten und wollten ihre Staatsordnung selbst bestimmen.

Athen entsteht

Eine solche Landschaft war die etwa 2500 Quadratkilometer grosse Halbinsel Attika. Schon um etwa 800 v.Chr. vereinigten sich ihre Bewohner zu einer Gemeinschaft (griechisch: Polis), welche sie unter den Schutz der Göttin Athene stellten und daher Athen nannten. Im Zentrum befand sich eine Burg,

Gebiet der Polis Athen

die Akropolis («Hochstadt»), in welche die Athener im Notfall flüchten konnten. Mit der Zeit entwickelte sich um diese herum eine Stadt, in welcher Handwerker und Kaufleute lebten. Sie wurde auch Athen genannt. Aber die Bauern und Fischer in den Dörfern Attikas waren den Stadtbewohnern gleichgestellt und galten wie diese als athenische Bürger.

Die Athener regieren sich selbst

Während Jahrhunderten stritten sich die Athener, wer regieren dürfe. Zeitweise herrschten die reichen Grundbesitzer, zeitweise sogar nur ein Alleinherrscher, ein Tyrann. Um 500 v.Chr. aber beschlossen die Athener, die Herrschaft aller Bürger, die Demokratie (demos: das Volk; kratos: die Herrschaft) einzuführen. Alle Bürger sollten die gleichen Rechte haben. Jeder musste auch Militärdienst leisten. Das alles war in der damaligen Zeit etwas völlig Neues.

Etwa alle zehn Tage versammelten sich die athenischen Bürger zur Volksversammlung. Jedes Gesetz, jeder Vertrag, jede Kriegserklärung und jeder Friedensschluss brauchte die Zustimmung der Mehrheit. Die Volksversammlung wählte auch die Kriegsführer, die zehn Strategen. Sie konnte sogar Bürger, die verdächtigt wurden, nach der Alleinherrschaft zu streben, für zehn Jahre aus dem Land verbannen. Aus der Volksversammlung wurden 6000 Bürger in das Volksgericht ausgelost. Dieses war in viele Abteilungen

Der Marktplatz (Agora) von Athen (Modell):
1 Tempel des Gottes Hephaistos
2 Strategeion (nicht rekonstruierbar): In diesem Gebäude arbeiteten die zehn Strategen, wenn sie nicht gerade Krieg führten.
3 Tholos: Hier waren die 50 Ratsmitglieder, die ständig versammelt sein mussten, um im Notfall sofort Beschlüsse zu fassen.
4 Buleuterion: In diesem Gebäude versammelte sich der Rat der 500.
5 Metroon: Dieses Gebäude diente als Archiv. Die wichtigen Beschlüsse und Verträge wurden auf Steintafeln festgehalten, welche hier standen.
6 Halle des Gottes Zeus
7 Tempel des Gottes Ares (aus römischer Zeit)
8 Odeion: Dieses Gebäude diente für musikalische Aufführungen (aus römischer Zeit).
9 Weitere Hallen

gegliedert, welche über Streitigkeiten zwischen Bürgern und Straffälle entschieden. Wer an der Volksversammlung oder am Volksgericht teilnahm, erhielt dafür einen Taglohn aus der Staatskasse.

Der Rat

Neben der Volksversammlung bestand der Rat der 500 Bürger. Damit alle Landesgegenden etwa gleich stark in ihm vertreten waren, wurden die einzelnen Dörfer oder Stadtquartiere Attikas in zehn Phylen zusammengefasst. Jede Phyle wählte aus ihren Bürgern fünfzig Ratsmitglieder. Der Rat der 500 arbeitete Vorschläge für die Volksversammlung aus und sorgte für die Durchführung ihrer Beschlüsse. 50 der 500 Ratsmitglieder waren immer bereit, im Notfall, etwa bei einem feindlichen Angriff, sofort Massnahmen zu treffen.

Die Volksversammlung

In der Volksversammlung ging es oft stürmisch zu und her. Jeder durfte frei reden und Vorschläge machen. Um damit beim Volk durchzudringen, musste er laut und überzeugend reden können. Nur ein guter Redner konnte ein erfolgreicher Politiker* werden. Verlor er seinen Einfluss auf das Volk, so musste er damit rechnen, auf Betreiben seiner Gegner in die Verbannung geschickt zu werden.

Der athenische Politiker Perikles über die demokratische Staatsform (430 v.Chr.):
1 «Wir haben eine Ordnung, die nicht jener unserer Nachbarn nachgebildet ist. Vielmehr sind wir selbst für die andern ein Muster. Wir nennen diese Ordnung Demokratie, weil sie nicht Sache von wenigen, sondern Sache der grossen Mehrheit ist. Vor dem Gesetz sind alle Bürger gleich... In freiem Geist ordnen wir unser Gemeinwesen und auch die Streitigkeiten, wie sie das tägliche Leben miteinander eben bringt... Das Ansehen eines Bürgers im Volk hängt nicht von

* Politik: Die Führung der Polis; Politiker: Jemand, der sich für fähig hält, die Polis zu führen.

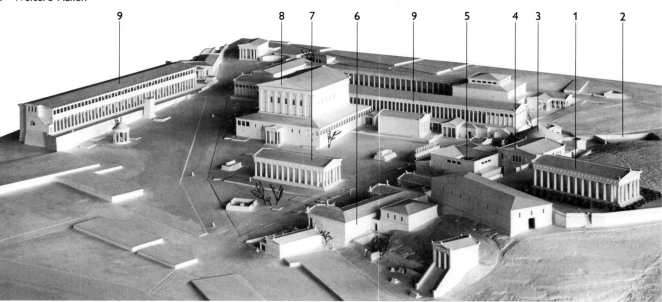

Wie soll ein Staat regiert werden?

1 Die Akropolis von Athen (Modell):
  1 Propyläen (Eingang)
  2 Chalkothek: Hier wurden die Geschenke anderer Städte an Athen und seine Gottheiten aufbewahrt.
  3 Standbild der Göttin Athene Promachos (der «vorankämpfenden Athene»), Höhe 7 Meter

4 Erechtheion: Tempel, der den Gottheiten Poseidon, Athene und Hephaistos diente
5 Parthenon: Haupttempel der Athene, 70 mal 30 Meter, Giebelhöhe 14 Meter
6 Tempel der Göttin Athene Nike (der «Siegerin Athene»)
2 Die Akropolis von Athen heute (Numerierung wie Bild 1)

1

2

153

seiner Herkunft, sondern nur von seiner persönlichen Tüchtigkeit ab. Auch Armut und bescheidene Herkunft schliessen einen leistungsfähigen Bürger nicht vom politischen Erfolg aus.»

Feste

Auch im religiösen und kulturellen Leben betonten die Athener ihre Gemeinschaft. Die Akropolis wurde zu einer Tempelstadt ausgebaut. Es gab zahlreiche Festtage zu Ehren der Götter, an denen möglichst alle Athener teilnahmen. Am bedeutendsten war das Panathenäenfest zu Ehren der Göttin Athene. Zuerst wurden während fünf Tagen Wettkämpfe im Wettlauf, Ringen, Boxen, Weitsprung, Diskuswerfen, Reiten, aber auch im Vortragen von Gedichten ausgetragen. Am sechsten Tag zog das Volk hinauf zur Akro-

polis. In der Mitte des Zuges wurde auf Rädern ein Ruderboot mitgeführt, das an einem Mast ein grosses goldbesticktes Gewand trug. Am Eingangstor, den Propyläen, übernahmen Priesterinnen das Gewand und trugen es in den Haupttempel, den Parthenon. Hier wurde das Standbild der Göttin, das zwölf Meter gross und ganz mit Gold und Elfenbein überzogen war, damit bekleidet. Danach wurden zu Ehren der Götter zahlreiche Tiere geschlachtet und das Fleisch unter das Volk verteilt. Das Festessen dauerte jeweils bis zum andern Morgen.

Theater

Im Theater fanden etwa 20 000 Personen Platz. Gespielt wurde nur an wenigen Festtagen; der Eintritt war frei. Es wurden Tragödien (Trauerspiele) und

1

3

2

154

Komödien (Lustspiele) aufgeführt. Als Stoffe für die Tragödien dienten Sagen aus ferner Vergangenheit, als Stoffe für die Komödien Ereignisse der Gegenwart. Hier wurden, wie im heutigen Kabarett, die einzelnen Politiker, manchmal auch das ganze Volk, von den Verfassern aufs Korn genommen. Die Athener hatten genug Humor, auch darüber zu lachen.

Aus der Komödie «Die Ritter» von Aristophanes (424 v.Chr.): Ein Sklave versucht, einen einfachen Wursthändler zu überreden, Politiker zu werden:

2 «*Sklave:*
Du reich Gesegneter,
Jetzt noch ein Nichts und morgen allgewaltig,
Der erste Mann im stattlichen Athen!...
Wursthändler:
Ei, ei, wie soll das zugehn,
Dass ich zum Helden werde, ich, ein
Blutwursthändler!
Sklave:
Grad eben drum wirst du der Mann des Tages,
Weil du gemein bist, pöbelhaft und frech!
Wursthändler:
Ich bin doch zu gering für diese Ehre!
Sklave:
Ein Mann wie du, und hält sich für gering?
Am Ende bist du besser, als du meinst!
Gehörst du zu den Vornehmen?

1 Rekonstruktion des Innenraumes des Parthenontempels mit dem Standbild der Athene aus Gold und Elfenbein
2 Ausschnitt aus dem Fries des Parthenontempels: Das umlaufende Relief stellte den Prozessionszug des Panathenäenfestes dar. – Hier wird das vielfach gefaltete Gewand (Peplos) einem Priester übergeben.
3 Ausschnitt aus dem Fries des Parthenontempels: Jünglinge führen Opferrinder mit. Beim Panathenäenfest sollen jeweils hundert Rinder geschlachtet worden sein.
4 Das dem Gott Dionysos geweihte athenische Theater; Blick von der Akropolis hinunter ins Theater

4

Wursthändler:
Was denkst du! Zu den allereinfachsten Leuten!
Sklave:
Ganz erwünscht! Grad um so besser
Qualifizierst du dich für Staatsgeschäfte!
Wursthändler:
Schon recht! Allein, ich habe nichts gelernt;
Ein bisschen Lesen bloss, doch schlecht genug!
Sklave:
Das bisschen Lesen könnte höchstens schaden.
Regieren ist kein Ding für Leute von
Charakter und Erziehung. Niederträchtig,
Unwissend muss man sein!...
Wursthändler:
Aber wie soll ich das Volk regieren?
Sklave:
Ganz leicht! Du machst es grade wie bisher.
Du hackst und rührst den Plunder durcheinander,
Hofierst dem Volk und streichst ihm süsse Wörtchen
Wie ein Ragout ums Maul; du hast ja, was ein
Demagog* nur immer braucht: die schönste
Brüllstimme, bist ein Lump von Haus aus, ein Krämer,
Kurzum, ein ganzer Staatsmann!»

Nichtbürger
Die Rechte und Pflichten galten nur für die männlichen athenischen Bürger. Als Athen sich aufwärts entwickelte und reich wurde, wanderten viele Menschen aus anderen Teilen Griechenlands in Athen ein. Sie durften sich niederlassen, erhielten aber das Bürgerrecht nicht. Erst recht keine Bürger waren die Sklaven, welche die Athener durch Krieg oder Kauf erbeuteten.

Die Gliederung der Bevölkerung Attikas um 430 v.Chr.:

– Vollberechtigte Bürger	40 000
– Frauen und Kinder von vollberechtigten Bürgern	120 000
– Niedergelassene ohne Bürgerrecht mit ihren Frauen und Kindern	50 000
– Sklaven	100 000
	310 000

Die Demokratie funktioniert nicht immer
Das 5. Jahrhundert v.Chr. war die Blütezeit Athens. Während dreissig Jahren gelang es dem Politiker Perikles, seine Meinung in der Volksversammlung durchzusetzen. Da es keine inneren Schwierigkeiten gab, konnten die Athener ihre Macht, ihren Handel und ihre Stadt ausbauen. Nach dem Tod des Perikles versuchten verschiedene Politiker, seine Nachfolge anzutreten. Sie versprachen dem Volk das Blaue vom Himmel, der eine erfolgreiche Kriege, der andere den ewigen Frieden. Das Volk änderte seine Meinung häufig und folgte einmal den Vorschlägen des einen, dann wieder jenen des andern. Das führte im Kampf mit anderen Griechenstädten zu schweren Niederlagen. Schliesslich geriet Athen am Ende des 4. Jahr-

* Demagog: Ein schlechter Politiker, der das Volk verführt

hunderts mit dem ganzen übrigen Griechenland unter die Herrschaft des Königs von Makedonien (in Nordgriechenland) und später unter jene der Römer. Damit war die Zeit der Demokratie in Athen zu Ende.

Schon damals aber galt die demokratische Ordnung in Athen als etwas ganz Besonderes. Die Geschichtsschreiber beschrieben sie in ihren Büchern. So erfuhren auch die Menschen späterer Epochen, wie sich die Athener in ihren besten Zeiten regiert hatten. Für manche wurde Athen zum Vorbild.

Das Wichtigste in Kürze:
Die Demokratie wurde zuerst in der griechischen Stadt Athen entwickelt. Über alle wichtigen Fragen entschied die athenische Volksversammlung.

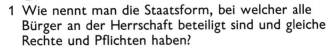

1 Wie nennt man die Staatsform, bei welcher alle Bürger an der Herrschaft beteiligt sind und gleiche Rechte und Pflichten haben?
2 Für welche Personen galten im alten Athen die gleichen Rechte und Pflichten? Welche Personen waren davon ausgeschlossen?
3 Wie heisst die auf einem Hügel gelegene Tempelburg von Athen?
4 Wie lauten die Bezeichnungen für Trauerspiel und Lustspiel? Welche Stoffe wurden im alten Athen in diesen beiden Theatergattungen bearbeitet?
5 Was bedeutete die demokratische Ordnung Athens für die damalige Zeit und für die Zukunft?
6 Zeichne die Front eines griechischen Tempels. Gibt es an deinem Wohnort Gebäude, welche ähnliche Bauteile haben?

Widerstand gegen den König?

Wann darf man einen Herrscher töten?

Schon immer hat es neben guten auch schlechte, grausame Herrscher gegeben. Muss man auch schlechten Herrschern gehorchen? Unter welchen Umständen darf man sich gegen sie wehren? Darf man einen ungerechten Herrscher töten? Gibt es in bestimmten Fällen ein Recht zum Widerstand? Diese Fragen haben die Menschen immer wieder beschäftigt.

Aus dem «Wilhelm Tell» Friedrich Schillers (5. Akt, 2. Szene): Tell hat den Landvogt Gessler erschossen. In seinem Haus sucht ein Flüchtling Zuflucht. Es ist der Prinz Johannes Parricida, der seinen Onkel, König Albrecht, ermordet hat, weil dieser ihm sein Erbgut nicht übergeben wollte:

«*Tell:*
Ihr seid's! Ihr habt den Kaiser
Erschlagen, Euern Ohm und Herrn...
Parricida:
Bei Euch hofft' ich Barmherzigkeit zu finden.
Auch Ihr nahmt Rach' an Eurem Feind.
Tell:
Unglücklicher!
Darfst du der Ehrsucht blut'ge Schuld vermengen
Mit der gerechten Notwehr eines Vaters?
Hast du der Kinder liebes Haupt verteidigt?
Des Herdes Heiligtum beschützt? Das Schrecklichste,
das Letzte von den Deinen abgewehrt?
Zum Himmel heb' ich meine reinen Hände,
Verfluche dich und deine Tat...*»

Besonders aktuell wurde dieses Problem im Zeitalter des Absolutismus. Damals vertraten die Könige die Meinung, sie seien allein von Gott in ihr Amt eingesetzt worden und daher auch nur Gott verantwortlich. Daher verlangten sie von ihren Untertanen in allen Fällen bedingungslosen Gehorsam. Selbst die Religion wurde vom Herrscher festgelegt.

Aufstand der Niederlande

Die Niederlande (die heutigen Staaten Niederlande und Belgien) unterstanden im 16. Jahrhundert dem König von Spanien. Dieser verfolgte die Protestanten, die vor allem im Norden immer mehr Anhang fanden. Diese leisteten heftigen Widerstand. Schliesslich erklärten die nördlichen Provinzen sich unter der Führung Wilhelms von Oranien für unabhängig, während die südlichen (das heutige Belgien) bei Spanien blieben.

Hinrichtung aufständischer Niederländer (um 1568)

156

Wilhelm von Oranien, der Führer des niederländischen Unabhängigkeitskampfes und Stammvater des heutigen niederländischen Königshauses

Aus der Unabhängigkeitserklärung der nördlichen Niederlande (1581):

4 «Ein Volk ist nicht wegen des Fürsten, sondern ein Fürst um des Volkes willen geschaffen; denn ohne Volk wäre er ja kein Fürst. Er ist dazu da, dass er seine Untertanen nach Recht und Billigkeit regiere und sie liebe wie ein Vater seine Kinder... Behandelt er sie aber nicht so, sondern bloss wie Sklaven, dann hört er auf, ein Fürst zu sein, und ist ein Tyrann. Die Untertanen aber haben das Recht..., wenn kein anderes Mittel mehr übrig ist und sie durch Bitten und Darlegungen keine Sicherheit für Leib und Gut, für Weib und Kind von dem Tyrannen erlangen können, diesen zu verlassen... Und so erklären wir denn jetzt den König von Spanien verlustig jedes Anspruchs auf die Herrschaft in den Niederlanden.»

Diese Unabhängigkeit musste in einem jahrzehntelangen Krieg gegen den spanischen König erkämpft werden. Die nördlichen Niederlande bildeten nun eine selbständige Republik, das heisst einen Staat ohne König. Die Regierung übernahm ein Rat aus Vertretern der verschiedenen Provinzen, während Mitglieder aus der Familie der Oranier als «Erbstatthalter» für das Kriegswesen verantwortlich waren.

Kein Absolutismus in Grossbritannien!

In England war die Macht des Königs schon seit dem Mittelalter durch das Parlament beschränkt. Das Parlament bestand aus zwei Teilen: Dem Oberhaus gehörten der hohe Adel und die wichtigsten Vertreter der Kirche an; das Unterhaus bestand aus Vertretern des niederen Adels und der gut gestellten Bürger und Bauern. Wie weit die Rechte des Königs, wie weit jene des Parlaments gingen, war nie klar abgemacht worden. Im 16. und 17. Jahrhundert versuchten nun die Könige, auch in England und Schottland (seit 1603 mit England verbunden) den Absolutismus durchzusetzen und das Parlament auszuschalten.

Es kam zu Unruhen und zum Bürgerkrieg; ein König wurde hingerichtet, ein anderer abgesetzt und vertrieben. Schliesslich aber konnten sich das Parlament und ein neu gewählter König, Wilhelm III., auf einen Kompromiss einigen:

Die Bill of Rights (Gesetz über die Rechte des Parlamentes) vom 22. Dezember 1689:

5 «Die geistlichen und weltlichen Lords (Mitglieder des Oberhauses) und die Commons (Mitglieder des Unterhauses) erklären:
- Der König darf keine Gesetze ohne Zustimmung des Parlamentes aufheben oder erlassen.
- Der König darf keine Steuern ohne Zustimmung des Parlamentes erheben.
- Jeder Bürger darf eine Bittschrift an den König richten. Er darf deswegen nicht verfolgt werden.
- Der König darf in Friedenszeiten nur mit Zustimmung des Parlamentes ein Heer aufstellen.
- Die Wahlen zum Parlament sollen frei und unbeeinflusst sein.
- Im Parlament herrscht Redefreiheit.»

König und Parlament

In der Zukunft kam es zu einer Arbeitsteilung zwischen dem Parlament und dem König. Oberhaus und Unterhaus beschlossen Gesetze und legten die Steuern fest. Der König und seine Minister führten aus, was das Parlament beschlossen hatte. Grossbritannien, wie England und Schottland nun meist zusammen genannt wurden, war nicht zur absoluten Monarchie geworden. Es war aber auch noch keine Demokratie.

Nur etwa zwanzig Prozent der männlichen Bürger, die über ein gewisses eigenes Vermögen verfügten,

Das englische Unterhaus im 17. Jahrhundert

Das britische Unterhaus heute

durften Vertreter ins Unterhaus wählen. Das Oberhaus setzte sich weiterhin nur aus hohen Adligen zusammen.

Das Leben in Grossbritannien und in den Niederlanden war viel freier als etwa in Frankreich. Auch wirtschaftlich entwickelten sich diese beiden Staaten besser. Ihre Handelsflotten beherrschten die Weltmeere und den Welthandel. Daher wurden sie für alle jene Leute, welche mit dem Absolutismus nicht einverstanden waren, zum Vorbild.

Das Wichtigste in Kürze:
Die Gegner des Absolutismus vertraten die Meinung, in bestimmten Fällen sei Widerstand gegen den Herrscher erlaubt. Sie behaupteten, die wahre Macht liege beim Volk, und dieses dürfe in bestimmten Fällen den Herrscher absetzen. In Grossbritannien und in den Niederlanden setzte sich die absolute Monarchie nicht durch.

1 Wie entstanden die heutigen Staaten Belgien und Niederlande (Holland)?
2 Erkläre den Ausdruck «Parlament».
3 Aus welchen zwei Teilen setzte sich das englische (später britische) Parlament zusammen? Wer gehörte diesen beiden Teilen an?
4 Wie wurde in Grossbritannien die Arbeit zwischen König und Parlament aufgeteilt?
5 Vergleiche die Staatsform im alten Athen mit derjenigen in Grossbritannien im 18. Jahrhundert.
6 Welches ist der Hauptunterschied zwischen der Monarchie in Grossbritannien damals und heute? Nenne einige weitere, heute noch bestehende Monarchien und die Namen der Monarchen. Welche Funktionen haben diese Könige?

Aufklärung

Vernunft, Verstand, Mündigkeit

Mündigkeit

Im Schweizerischen Zivilgesetzbuch heisst es:

6 «14. Mündig ist, wer das zwanzigste Lebensjahr vollendet hat.»

Immanuel Kant: Was ist Aufklärung? (1784):

7 «Aufklärung ist der Ausgang (das heisst das Heraustreten) des Menschen aus seiner... Unmündigkeit. Unmündigkeit ist das Unvermögen, sich seines Verstandes ohne Leitung durch jemand andern zu bedienen... Habe Mut, **dich** deines **eigenen** Verstandes zu bedienen, ist also der Wahlspruch der Aufklärung.»

Hat es einen Sinn, den eigenen Verstand zu gebrauchen? Kann man dadurch etwas erreichen, etwas an seinem Schicksal ändern?

Fortschritt?

Andreas Gryphius (1616–1664):

8 «Du siehst, wohin du siehst, nur Eitelkeit auf Erden:
Was dieser heute baut, reisst jener morgen ein;
Wo jetzt noch Städte stehn, wird eine Wiese sein,
Auf der ein Schäferkind wird spielen mit den Herden.
Was jetzt noch prächtig blüht, soll bald zertreten werden;
Was jetzt so pocht und trotzt, ist morgen Asch und Bein.
Nichts ist, das ewig sei, kein Erz, kein Marmorstein.
Jetzt lacht das Glück uns an; bald donnern die Beschwerden.»

Isaak Iselin (1728–1782): Philosophische und Patriotische Träume eines Menschenfreundes (1758):

9 «Der Mensch ist zur Tugend und zur Glückseligkeit geboren. Der Besitz der Glückseligkeit ist für ihn keine Unmöglichkeit. Er muss nur der Stimme der Natur, der Vernunft und der Gottheit folgen.»

Während langer Zeit waren die meisten Menschen der Meinung gewesen, es komme doch immer alles anders, als man es gewollt habe. Die Welt sei schlecht; am besten bereite man sich auf ein besseres Jenseits vor. Kriege, Seuchen, Hungersnöte bestärkten die Menschen in dieser Auffassung.

Seit der Mitte des 17. Jahrhunderts trat allmählich eine Wendung im Denken ein. Das Vertrauen in die Fähigkeiten des menschlichen Verstandes begann zu steigen. Dieses neue Denken nannte man Aufklärung: Der Mensch sollte über die Welt und über sich selbst Klarheit erhalten.

Grundsätze des Denkens der Aufklärung:

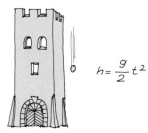

$$h = \frac{g}{2} t^2$$

1. Die Natur ist vernünftig geordnet. Was in der Natur geschieht, geschieht nicht durch Zufall, sondern auf Grund von Naturgesetzen. Jedes Naturgeschehen hat eine Ursache.

2. Die Menschen können diese Naturgesetze erkennen, wenn sie ihren Verstand gebrauchen. Durch vernünftiges Denken kommen wir hinter die Geheimnisse der Natur.

3. Die Menschen können die Naturgesetze praktisch anwenden und damit ihre eigene Lebenslage verbessern.

Köpfchen!

4. Je mehr Menschen ihren Verstand selbständig brauchen, desto grössere Fortschritte macht die Menschheit

1

2

Leonhard Euler (1707–1783): Die Klassen der Wahrheiten:

10 «Alles, was wir wissen, das wissen wir entweder durch Beobachtung oder durch Vernunftschlüsse oder durch den Bericht eines andern.»

Wissenschaften

Die Denker der Aufklärung wendeten ihre Grundsätze in zahlreichen Wissensgebieten an. Die Wissenschaften entwickelten sich:
- Die Natur wurde beobachtet. Experimente wurden durchgeführt und ausgewertet. Dadurch nahmen die Kenntnisse in Physik, Chemie, Biologie und Medizin zu.
- Die Menschen wendeten ihre Fähigkeit, logisch zu denken, an. Dadurch kam es zu Fortschritten in der Mathematik.
- Es wurden Berichte aus vergangenen Zeiten und fernen Ländern gesammelt. Dadurch vermehrten sich die Kenntnisse in Geschichte und Geographie.

Albrecht von Haller

Dieser Berner (1708–1777) war einer der vielseitigsten Wissenschafter der Zeit. Bereits mit zehn Jahren konnte er Latein und Griechisch. Mit 19 Jahren war er Doktor der Medizin, mit 28 Jahren Professor in Göttingen. Später kehrte er in seine Heimatstadt Bern zurück. Er befasste sich vor allem mit der Anatomie (Aufbau) und der Physiologie (Funktionsweise) des menschlichen Körpers, erforschte den Mechanismus der Atmung, die Funktion der Nerven, die Arbeitsweise des Herzens und viele andere Organe. Über all das verfasste er ein achtbändiges Werk in lateinischer Sprache (Elementa physiologiae corporis humani), in dem er das gesamte medizinische Wissen seiner Zeit zusammenfasste. Daneben verfasste er noch über 600 weitere Schriften, darunter auch Gedichte und Romane.

Edward Jenner: Pockenimpfung

Eine der gefürchtetsten Krankheiten waren damals die Pocken oder Blattern. Viele Menschen starben daran; andere trugen lebenslang entstellende Narben davon. Der englische Landarzt Edward Jenner (1749–1823) entdeckte, dass Menschen, welche sich einmal mit «Kuhpocken» (einer bei Menschen ziemlich harmlosen Rinderkrankheit) angesteckt hatten, nachher von den «Menschenpocken» verschont blieben. Nun entnahm er aus den Blattern der Hand einer an Kuhpocken erkrankten Bäuerin etwas Flüssigkeit und übertrug sie einem Knaben. Dieser erkrankte leicht an Kuhpocken. Nach einigen Wochen gab ihm Jenner Flüssigkeit aus den Blattern eines pockenkranken Kindes ein. Trotz der Ansteckung blieb der Knabe gesund. Damit hatte Jenner die Pockenimpfung entdeckt. Bald erklärten die meisten Staaten die Pockenimpfung für obligatorisch, und die Krankheit verschwand fast völlig aus Europa.

4

Durch Verbesserungen in der Hygiene und in der Medizin wurde das durchschnittliche Lebensalter (Alter, das ein Neugeborenes im Durchschnitt erreicht), wesentlich erhöht.

Durchschnittliche Lebenserwartung eines Neugeborenen in der Stadt Genf:

Zeitraum	durchschnittliche Lebenserwartung
vor 1600	8 Jahre
1600–1650	13 Jahre
1650–1700	27 Jahre
1700–1750	31 Jahre
1750–1800	40 Jahre

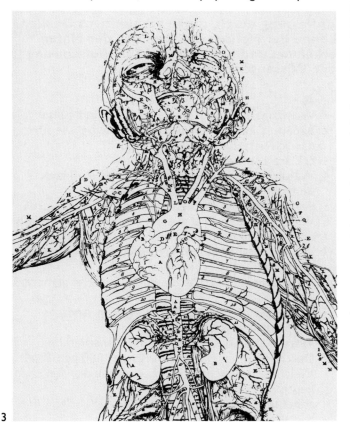

3

1 Chemisches Labor an der Universität Altdorf bei Nürnberg (um 1720)
2 Anatomieunterricht (Menschenkunde) an einer medizinischen Hochschule im 18. Jahrhundert
3 Albrecht von Haller: Zeichnung des menschlichen Körpers
4 Edward Jenner untersucht die an Kuhpocken erkrankte Bäuerin

Antoine Lavoisier: Oxydation

Schon oft hatte man sich gefragt, was eigentlich beim Verbrennen eines Stoffes geschehe. Man dachte, ein brennbares Element enthalte einen besonderen Brennstoff, das «Phlogiston», das beim Verbrennen von diesem Element abgetrennt werde. Der französische Chemiker Antoine Lavoisier (1743–1794) erkannte als erster durch Experimente, worin der Verbrennungsvorgang wirklich besteht:

Aus einem Bericht Lavoisiers an die Académie française (1772):

11 «Ich stellte fest, dass der Schwefel beim Verbrennen, weit davon entfernt, an Gewicht zu verlieren, im Gegenteil dabei zunimmt... Dasselbe gilt für den Phosphor. Diese Vergrösserung des Gewichts stammt von einer erstaunlichen Menge Luft, die während der Verbrennung... sich mit den Dämpfen verbindet. Diese Entdeckung... brachte mich auf den Gedanken, dass das, was sich bei der Verbrennung von Schwefel und Phosphor beobachten lasse, wohl bei allen Körpern, die bei der Verbrennung an Gewicht zunehmen, stattfinden könne...»

Damit hatte Lavoisier entdeckt, dass Verbrennung die Verbindung eines Stoffes mit Sauerstoff (Oxydation) bedeutet. Durch weitere Messungen erkannte er, dass sich bei der Verbrennung nur etwa ein Viertel der Luft unter einer Glasglocke mit dem verbrennenden Element verbindet. Daraus schloss er, dass die Luft nur zu einem Viertel aus Sauerstoff, zu drei Vierteln aber aus einem andern Element, dem Stickstoff, bestehe.

Elektrizität

Auch den elektrischen Erscheinungen in der Natur wollten die Menschen auf die Spur kommen.

Aus einem Schreiben des Amerikaners Benjamin Franklin (1706–1790) an einen Bekannten (1752):

12 «Nimm ein Kreuz aus zwei schmalen Streifen Zedernholz, die Arme so lang, dass sie gerade zu den vier Ecken eines grossen, dünnen Seidentaschentuches reichen, wenn es ausgebreitet ist. Befestige die Ecken des Tuches an den Enden des Holzes. So erhältst Du den Rumpf eines Drachens, der, versehen mit Schwanz, Schleife und Schnur, in die Luft steigen wird wie einer aus Papier. Da er aber aus Seide ist, ist er besser geeignet, Nässe und Wind während eines Gewitters auszuhalten, ohne zu zerreissen. An der Spitze des senkrechten Kreuzarmes ist ein Draht mit sehr scharfer Spitze zu befestigen, der etwa einen Fuss oder mehr über das Holz hinausragt. Am Ende der Halteschnur ist ein Seidenband anzubinden; dort, wo Schnur und Seidenband zusammentreffen, sollst du einen Schlüssel befestigen.

Den Drachen lässt man steigen, wenn ein Gewitter im Anzug scheint. Derjenige, der das Seidenband hält, muss in einer Tür oder einem Fenster oder unter irgendeinem Obdach stehen, so dass das Seidenband nicht nass wird. Man muss Sorge tragen, dass die Schnur nicht den Tür- oder Fensterrahmen berührt.

Sobald Gewitterwolken über den Drachen kommen, wird der gespitzte Draht das elektrische Feuer aus ihnen ziehen; der Drachen mitsamt der ganzen Schnur wird elektrisiert werden; die losen Fasern der Schnur werden sich in allen Richtungen auseinandersträuben und durch einen angenäherten Finger angezogen werden. Wenn der Regen Drachen und Schnur durchfeuchtet hat, so dass sie das elektrische Feuer frei leiten können, wirst du es, wenn du den Knöchel in die Nähe hältst, reichlich aus dem Schlüssel strömen sehen.»

Fortschritt!

Die zahlreichen Erfindungen und Erkenntnisse führten immer mehr Leute zur Überzeugung, dass die Menschheit in ihrer Geschichte zu immer besseren Lebensverhältnissen vorwärtsschreite.

Antoine de Condorcet (1743–1794): Der Fortschritt des menschlichen Geistes:

13 «Ich will... durch Überlegung und durch Tatsachenbeweis zeigen, dass der Vervollkommnung der menschlichen Fähigkeiten keine Grenze gesetzt ist... Der Tod wird eines Tages nur noch das Ergebnis aussergewöhnlicher Zufälle oder der langsamen allmählichen Auflösung der Lebenskräfte (das heisst: Altersschwäche) sein. Sicherlich wird der Mensch nicht unsterblich. Aber die Distanz zwischen der Geburt und dem Zeitpunkt, da es von Natur aus, ohne Krankheit oder Unfall, schwierig wird, weiterzuleben, könnte sich immer weiter verlängern.»

Das Wichtigste in Kürze:
Im Zeitalter der Aufklärung setzte sich die Auffassung durch, durch vernünftiges Denken könne der Mensch die Ordnung der Natur erkennen und beherrschen. Der Aufschwung der Wissenschaften begann.

1 Wie lange dauert es noch, bis du mündig bist?
2 Bedeutet Mündigkeit für Kant dasselbe wie für das Schweizerische Zivilgesetzbuch?
3 Erkläre den Begriff «Aufklärung».
4 Warum ist es nach der Meinung der Aufklärer sinnvoll, die Natur zu erforschen?
5 Erkläre, wie die Pockenimpfung erfunden wurde.
6 Welchen Nutzen hat die Erforschung des Aufbaus und der Funktionsweise des menschlichen Körpers?
7 Was geschieht bei der Verbrennung? Wer hat dies entdeckt?
8 Welche Erfindung hat Benjamin Franklin gemacht?
9 Vergleiche die Lebenseinstellung von Andreas Gryphius und Isaak Iselin.
10 Warum stieg das Alter, das die Menschen im Durchschnitt erreichten, zwischen 1600 und 1800? Welches Durchschnittsalter erreichen die Menschen heute:
a bei uns
b in den Entwicklungsländern?

Eine vernünftige Staatsordnung

Manche Denker der Aufklärung fragten sich: Was in der Natur geschieht, spielt sich nach vernünftigen Regeln ab. Gibt es also auch vernünftige Regeln für das Zusammenleben der Menschen? Gibt es eine vernünftige Staatsordnung?

Freiheit und Gleichheit

Um dieses Problem zu lösen, fragten sie zunächst nach den wichtigsten Bedürfnissen und Eigenschaften des Menschen:

John Locke (1632–1704): Zwei Abhandlungen über die bürgerliche Regierungsweise (1690):

14 «In welchem Zustand befinden sich die Menschen von Natur aus: Es ist dies ein Zustand völliger Freiheit,... ihre Handlungen zu regeln und über sich selbst und ihren Besitz zu verfügen.»

Aus der «Encyclopédie», einem Lexikon von 28 Bänden, das von Denis Diderot und Jean d'Alembert 1751–1772 herausgegeben wurde:

15 «Die natürliche Gleichheit unter den Menschen ist ein Prinzip, das wir niemals aus den Augen verlieren dürfen.»

Aus der Erklärung der Menschenrechte des amerikanischen Bundesstaates Virginia (verfasst von Thomas Jefferson), 1776:

16 «Alle Menschen sind von Natur aus in gleicher Weise frei und unabhängig und besitzen bestimmte, angeborene Rechte... auf den Genuss des Lebens und der Freiheit, auf die Mittel zum Erwerb und Besitz von Eigentum und des Erstrebens und Erlangens von Glück und Sicherheit.»

Zweck des Staates

Wozu, fragten die Denker weiter, braucht der Mensch den Staat?

John Locke (1632–1704): Zwei Abhandlungen über die bürgerliche Regierungsweise (1690):

17 «Das grosse und entscheidende Ziel, dessentwegen die Menschen sich zum Staat zusammenschliessen und einer Regierung unterstellen, ist die Bewahrung ihres Lebens, ihrer Freiheit und ihres Besitzes. Im Naturzustand (ohne Staat) fehlt ein allgemein anerkanntes... Gesetz, das einen Massstab für Recht und Unrecht setzt... Es fehlt auch ein unparteiischer Richter, der Autorität hat, um alle Streitigkeiten zu schlichten... Der Staat hat die Pflicht, Leben, Freiheit und Besitz eines jeden... zu schützen.»

Zwischen 1773 und 1776 erhoben sich die europäischen Siedler im östlichen Nordamerika gegen die Herrschaft Grossbritanniens. Um ihren Aufstand zu erklären, beschrieben sie den Zweck des Staates:

Aus der Erklärung der Menschenrechte des amerikanischen Bundesstaates Virginia (verfasst von Thomas Jefferson), 1776:

18 «Alle Macht ruht im Volk... Die regierenden Personen sind nur seine Beauftragten und Diener und ihm jederzeit verantwortlich... Eine Regierung ist oder sollte zum Schutz und zur Sicherheit des Volkes... eingesetzt sein.»

Die Denker der Aufklärung lehnten somit die absolute Monarchie, die damals übliche Staatsform, ab. Die meisten absoluten Könige der damaligen Zeit hielten sich nicht für «Beauftragte und Diener des Volkes».

Aufbau des Staates

Wie sollte ein Staat organisiert werden, welcher gleichzeitig für die Sicherheit der Bürger sorgte, ohne deren Freiheit einzuschränken?

Charles de Montesquieu (1689–1755): Der Geist der Gesetze (1748):

19 «Der Staat braucht drei Arten von Gewalt: Durch die gesetzgebende Gewalt werden Gesetze geschaffen, verbessert oder abgeschafft. Durch die vollziehende Gewalt wird Krieg geführt oder Friede geschlossen, wird für Sicherheit gesorgt und werden Einfälle fremder Völker vermieden. Durch die richterliche Gewalt werden Verbrecher bestraft und Streitigkeiten unter den Bürgern geschlichtet.»

Charles de Montesquieu (1689–1755): Der Geist der Gesetze (1748):

20 «Wenn die Ausübung der gesetzgebenden und der vollziehenden Gewalt einer einzigen Person oder einer einzigen Behörde zusteht, dann gibt es keine Freiheit. Dann ist nämlich zu befürchten, dass der Herrscher oder die Behörde solche Gesetze geben, die ihr beim Regieren alle Macht geben... Es gibt auch keine Freiheit, wenn die richterliche Gewalt nicht von der gesetzgebenden und vollziehenden Gewalt getrennt ist. Wäre sie mit der gesetzgebenden vereinigt, so... könnte der Richter selbst die Gesetze ausarbeiten, nach denen er zu richten hat. Wäre sie mit der vollziehenden Gewalt vereinigt, so könnte der Richter seine Entscheidungen mit der Kraft eines Unterdrückers durchsetzen.»

Auch die Forderung nach der Aufteilung der Staatsgewalten widersprach der absoluten Monarchie. Der absolute Monarch verfügte über alle drei Gewalten. Dagegen galten die Zustände in Grossbritannien vielen aufklärerischen Denkern als Vorbild. Hier war die Staatsgewalt zwischen König und Parlament aufgeteilt; hier war aber auch die persönliche Freiheit der Bürger grösser.

*Die Aufgaben der drei Staatsgewalten
am Beispiel des Gewässerschutzes:*

Gesetzgebende Gewalt (Legislative)	Vollziehende Gewalt (Exekutive)	Richterliche Gewalt (Judikative)

Nach der Meinung der aufklärerischen Denker sollten diese drei Staatsgewalten nicht von denselben Menschen ausgeübt werden.

Was passiert ohne Gewaltentrennung?

Gesetzgebende und vollziehende Gewalt sind in einer Hand.	Vollziehende und richterliche Gewalt sind in einer Hand.	Gesetzgebende und richterliche Gewalt sind in einer Hand.

Braucht es noch einen König?

Charles de Montesquieu (1689–1755): Der Geist der Gesetze (1748):

21 «Eigentlich müsste das Volk in seiner Gesamtheit die gesetzgebende Gewalt besitzen. Das ist aber in grösseren Staaten unmöglich... Daher muss das Volk durch Vertreter tun, was es nicht selbst tun kann... In jedem grösseren Ort sollen die Einwohner einen Vertreter wählen. Der Hauptvorteil solcher Vertreter ist, dass sie fähig sind, die Staatsangelegenheiten zu beraten. Das Volk eignet sich dazu nicht... Es darf bei der Regierung nur insofern beteiligt sein, als es seine Vertreter wählt..., denn jeder weiss im allgemeinen, ob der, den er wählt, mehr Einsicht besitzt als die andern...

Die vollziehende Gewalt muss in den Händen eines Königs liegen, weil diese Aufgabe einer Regierung... besser durch einen als durch viele wahrgenommen wird...

Auch den geringsten Bürgern in einem freien Staat steht es zu, von ihresgleichen gerichtet zu werden... Die Richter sind der Mund, der die Worte des Gesetzes ausspricht.»

Montesquieu wollte also das Königtum erhalten, jedoch die Rechte des Königs einschränken. Das Volk sollte nicht direkt, sondern durch gewählte Vertreter die Gesetze erlassen. Daher wurde er von Jean-Jacques Rousseau kritisiert.

Eine Versammlung im «Salon» von Madame Geoffrin in Paris um 1755 (Gemälde von Anicet Lemonnier: Première lecture... en 1755)

Alle Macht dem Volk!

Rousseau war der Meinung, Gleichheit aller Bürger bestehe nur dann, wenn das ganze Volk die wichtigen Entscheidungen fälle. Das Vorbild war für ihn nicht Grossbritannien, sondern die direkte Demokratie, wie sie in Athen im Altertum bestanden hatte.

Jean-Jacques Rousseau (1712–1778): Der Gesellschaftsvertrag (1762):

22 «Die Staatshoheit... besteht im Willen aller Bürger. Dieser Wille lässt sich nicht vertreten... Gewählte Abgeordnete... sind nur seine (das heisst: des Volkes) Bevollmächtigten und dürfen nichts entscheidend beschliessen. Jedes Gesetz, welches das Volk nicht selbst bestätigt hat, ist null und nichtig, es ist überhaupt kein Gesetz. Das englische Volk wähnt, frei zu sein. Darin täuscht es sich. Nur während der Wahlen der Parlamentsmitglieder ist es frei. Haben diese stattgefunden, dann lebt es wieder in Knechtschaft und ist nur Objekt (das heisst: passiver Gegenstand) der Staatsgewalt.»

Politische Wirkung

Die Bücher der aufklärerischen Denker wurden von den gebildeten Bürgern eifrig gelesen. Überall bildeten sich Gesellschaften, in welchen man regelmässig politische und philosophische Fragen diskutierte. Besonders in Frankreich verbreitete sich die Überzeugung, die absolute Monarchie sei unzeitgemäss geworden, immer mehr. Hier gab es am meisten Kritiker und am meisten Grund zur Kritik.

Das Wichtigste in Kürze:

Die Denker der Aufklärung traten für eine vernünftige Ordnung des Staates im Interesse des einzelnen Menschen ein. Die meisten von ihnen waren gegen die absolute Monarchie und für eine Aufteilung der Staatsgewalt auf verschiedene Behörden.

1 Was versteht man in der Geschichte unter «Aufklärung»?
2 Welches sind nach der Meinung der Aufklärer die Grundrechte der Menschen?
3 Wozu brauchen die Menschen Staaten?
4 Welche Gewalten unterscheiden die Aufklärer im Staat? Welche Aufgaben haben diese Gewalten?

5 Warum forderten die Aufklärer «Gewaltentrennung»?
6 Vergleiche die Ansichten von Montesquieu und Rousseau über die Wahl von Volksvertretern und die Rechte des Volkes.
7 Wie wirkten sich die Gedanken der Aufklärer für die absolute Monarchie aus? Warum?

Revolution in Frankreich

Warum eine Revolution?

Seit dem Tod Ludwigs XIV. hatte sich das Regierungssystem in Frankreich nicht geändert. Auch Ludwig XV. (1715–1774) und Ludwig XVI. (1774–1792) regierten absolutistisch.

Die 3 Stände

Seit dem Mittelalter war die Bevölkerung in drei «Stände» eingeteilt: 1. Geistlichkeit, 2. Adel und 3. Dritter Stand. Geistlichkeit und Adel hatten viele Vorrechte; vor allem waren sie fast ganz von Steuern befreit. Die Vorrechte der Adeligen gingen auf die Zeit zurück, da sie noch in ihren Burgen das Volk beschützt und allein das Heer des Königs gestellt hatten. Das war längst vorbei: Das Heer bestand aus Söldnern, Feinde waren seit über hundert Jahren nicht mehr in Frankreich eingedrungen. Die Kirche vollbrachte zwar Leistungen im Schul- und Armenwesen, doch gab es viele Bischöfe und Klöster, die in Luxus und Müssiggang lebten.

Die Situation des Dritten Standes (Karikatur auf einem Flugblatt 1789)

Staat ohne Geld

Wie zur Zeit Ludwigs XIV. überstiegen die Staatsausgaben meistens die Staatseinnahmen. Die Differenz, das Defizit, glichen der König und sein Finanzminister dadurch aus, dass sie bei den Banken Geld ausliehen. So häuften sich die Staatsschulden immer mehr an. 1787 betrugen sie fast 5 Milliarden Pfund,*

* Zum Vergleich: Ein französischer Handwerksgeselle verdiente pro Tag etwa 1 Pfund.

was den Einnahmen von zehn Jahren entsprach. Etwa die Hälfte der Staatsausgaben entfiel auf die Schuldzinsen. Der Staat stand vor der Zahlungsunfähigkeit. In dieser Lage beschloss der König, in Zukunft auch vom Adel Steuern zu verlangen. Damit war dieser nicht einverstanden. Da der König im Heer und in der Verwaltung auf die Adeligen angewiesen war, fiel es ihm schwer, seinen Willen durchzusetzen. Er entschied sich daher, Vertreter aus allen drei Ständen (die «Generalstände») zusammenzurufen, um das Finanzproblem zu lösen. Seit 175 Jahren hatte es keine solche Versammlung mehr gegeben.

Die französischen Staatsausgaben 1788:

	in Millionen Pfund
Schuldzinsen und Rückzahlung von Schulden	315
Armee	164
Hof in Versailles	38
Pensionen	31
Übriges	82
	630

Die Franzosen wählen

In den Dörfern und Städten Frankreichs versammelten sich die Bürger, aufgeteilt nach ihrem Stand, und wählten Wahlmänner. Die Wahlmänner eines Distrikts wiederum wählten einen Vertreter in die Ständeversammlung. Schliesslich kamen im Mai 1789 in Versailles je etwa 300 Vertreter der Geistlichkeit und des Adels und 600 Vertreter des Dritten Standes zusammen. Die letzteren stammten alle aus dem wohlhabenden Bürgertum und waren hauptsächlich Juristen. Die Bauern und Handwerker hatten weder die Zeit noch die notwendige Bildung, den Dritten Stand in Versailles zu vertreten.

Die Unzufriedenheit und die Hoffnungen in der Bevölkerung waren gross, aber unterschiedlich:

Das wollen Adel und hohe Geistlichkeit...

Der Adel und die hohe Geistlichkeit wollten ihre Vorrechte bewahren und ihren Einfluss verstärken. Daher schlugen sie vor, dass bei allen Fragen jeder Stand für sich abstimmen und dann eine Stimme abgeben solle. Sie hofften, so den Dritten Stand jeweils 2:1 überstimmen zu können.

Aus einer Erklärung des Adels der Provinz Burgund:
23 «Der Adel Burgunds erklärt, dass er jetzt und in Zukunft ohne Unterlass gegen all das protestiert, was in den Generalständen des Königreichs beschlos-

sen werden wird, sofern man anders als nach Ständen abstimmen sollte...»

Das wollen die Bürger...

Die Vertreter des Dritten Standes verfolgten ganz andere Ziele:

Aus der Flugschrift von Goarre de Kervélegan:
24 «Ist es wirklich wahr, meine Mitbürger, dass ihr davon träumt, die entwürdigenden Ketten zu zerbrechen, die der hochmütige Adel euch seit urdenklichen Zeiten tragen lässt?... Seid ihr es müde, den zahlenmässig stärksten, kräftigsten und wirksamsten Teil des Staates zu bilden, ohne davon das geringste Aufheben zu machen? Wollt ihr eure ursprüngliche Freiheit wieder entdecken...? Adel und Klerus (das heisst: die Geistlichkeit), diese beiden räuberischen Stände, haben sich alle Vorteile gesichert... Diese Feinde des Glücks der Völker zahlen nichts an den Staat, obwohl sie die grössten Güter besitzen...»

1 Der Dritte Stand erhebt sich (Flugblatt 1789)
2 Ein revolutionärer Sansculotte mit der Trikolore in der Hand

Aus der Flugschrift «Was ist der Dritte Stand?» von Emmanuel Sieyès:
25 «Also, was ist der Dritte Stand? Alles, aber ein gefesseltes und unterdrücktes Alles. Was wäre er ohne die bevorrechteten Stände? Alles, aber ein freies und blühendes Alles!... Die bescheidene Absicht des Dritten Standes ist es, bei den Generalständen den gleichen Einfluss wie die Bevorrechteten zu haben... Er verlangt daher, dass nach Köpfen und nicht nach Ständen abgestimmt wird.»

Unter den wohlhabenden Bürgern hatten sich die Ideen der Aufklärung durchgesetzt. Sie wollten daher nicht nur Steuern für die Adligen einführen, sondern die Gelegenheit benützen, die Vorrechte der ersten zwei Stände abzuschaffen und den Staat umzugestalten.

Das wollen die Sansculottes...

Unter den einfachen Bürgern spielten vor allem jene von Paris, das damals etwa 600 000 Einwohner hatte, eine wichtige Rolle. Man nannte sie «Sansculottes» (culotte: die Kniehose), weil sie statt Kniehosen und Kniestrümpfen, wie es in den besseren Kreisen üblich war, lange, offene Hosen trugen (siehe Bild unten und Seite 174).

Ihr Einkommen war meistens sehr gering; zwei Drittel davon brauchten sie für Nahrungsmittel, allein schon die Hälfte für das tägliche Brot. Jede Teuerung war für sie eine Katastrophe. Die Ernte von 1788 war schlecht gewesen, und das Getreide wurde nun langsam knapp und teuer.

Ein Bericht über die Ernährungslage in Paris im Juli 1789:
26 «Der Mangel wurde immer grösser. Jeder Bäckerladen war von einer Menge umlagert, der das Brot mit grösster Knausrigkeit zugeteilt wurde, und jede Zuteilung war begleitet von Ängsten für die Versorgung von morgen... Oft war der Platz vor dem Brotladen blutig; die Leute rissen sich die Nahrung aus den Händen und schlugen sich. Die Werkstätten standen

leer: Arbeiter und Handwerker verloren ihre Zeit mit dem Kampf um ein wenig Nahrung, und dieser Kampf machte es ihnen dann am nächsten Tag unmöglich, das Brot zu bezahlen...»

Die Sansculottes unterstützten die Forderungen nach einer Neugestaltung des Staates. Sie erwarteten aber von dieser Neugestaltung vor allem die Beseitigung der Not, in der sie lebten.

Das wollen die Bauern...

Wiederum anders waren die Hoffnungen der Bauern:

Aus dem Bericht eines Bauern (1789):

27 «Die ganze Gegend ist mit Abgaben verpestet... Was soll man von all diesen Abgaben halten: von Körnerfrüchten, Gemüsen, Geld, Geflügel, Holz, Obst, Kerzen... Warum hat man Frankreich nicht von all diesen Abgaben frei gemacht?... Wozu die Gebühren bei Kauf und Verkauf von Land? Da gibt einer sein letztes Geld her für ein Stück Land und muss zunächst Vertragsgebühren zahlen und dann erst noch den Vertrag dem Seigneur (Grundherr) vorweisen, der einen Bruchteil des Kaufpreises für sich verlangt: der eine einen Zwölftel, der andere einen Zehntel, der

1 Der Bauer zur Zeit der Französischen Revolution
2 Die Eröffnung der Generalstände in Versailles am 5. Mai 1789
3 König Ludwig XVI. (Gemälde von J. S. Duplessis)
4 Der «Schwur im Ballhaus» am 20. Juni 1789 (Zeichnung von Jacques-Louis David)

dritte einen Fünftel... Die Beamten des Bischofs plündern die Pächter bei jedem Besitzerwechsel. So hat der Vertreter des neugewählten Bischofs alle Pachtverträge des Vorgängers für ungültig erklärt und alle Pächter vor die Tür gesetzt, die die Pachtabgaben nicht verdoppeln wollten.»

Für die Bauern war die Senkung der Steuern und Abgaben am wichtigsten.

Was will der König?

König Ludwig XVI. war guten Willens und milde, aber unentschlossen und energielos. Als er die Versammlung der Ständevertreter (Generalstände) eröffnete, war die Stimmung schon sehr gespannt. Bedingungslose Anhänger hatte er nirgends. In dieser Zwickmühle stellte er sich auf die Seite des Adels und der hohen Geistlichkeit. Er befahl den Vertretern der Stände, nach Ständen getrennt zu diskutieren und abzustimmen. Nur das Steuerproblem sollten sie behandeln, zu etwas anderem habe er sie nicht zusammengerufen!

Die Revolution beginnt

Die Vertreter des Dritten Standes hielten sich nicht an diesen Befehl. In einer Turnhalle, dem «Ballhaus», in der Nähe erklärten sie sich zur Nationalversammlung, zur Vertretung des ganzen Volkes. Sie gaben sich selbst die Aufgabe, für Frankreich eine neue Ordnung nach den Grundsätzen der Aufklärung zu schaffen. Diese neue Ordnung sollte für alle Zeit schriftlich, in einer Verfassung, festgehalten werden. Der König

4

sollte nicht alle, aber einen Teil seiner Macht verlieren. Viele ärmere Geistliche aus dem Ersten und einige fortschrittliche Adelige aus dem Zweiten Stand schlossen sich ihnen an und wurden aufgenommen. Das war der Beginn der Revolution.

Das Wichtigste in Kürze:
Wegen der grossen Finanzprobleme musste der französische König eine Versammlung von Vertretern der drei Stände – Geistlichkeit, Adel, Dritter Stand – einberufen. Aus dieser entwickelte sich 1789 die Nationalversammlung. Sie wollte eine gerechte und vernünftige Staatsordnung für Frankreich schaffen.

1 Wie hiessen die drei Stände in Frankreich vor der Revolution?
2 Worüber stritten sich die Vertreter der drei Stände in der vom König einberufenen Versammlung?
3 Wie reagierte der Dritte Stand, als der König für die anderen Stände Partei ergriff?
4 Wie hiess der französische König, welcher zu dieser Zeit regierte? Beschreibe seinen Charakter.
5 Welche Aufgabe gab sich die «Nationalversammlung» selbst?

6 Erkläre den Ausdruck «Verfassung».
7 Welche wichtigen Punkte sollten in einer Verfassung enthalten sein?

Der Weg zu einer Verfassung (1789–1791)

Was wird der König tun?

Der König war unschlüssig. Einige Berater schlugen ihm vor, die Nationalversammlung mit Truppen auseinanderzujagen. Ein beim Volk beliebter Minister wurde entlassen. Militärische Mittel lehnte der König aber ab:

Der König an seinen Bruder, den Grafen von Artois (13. Juli 1789):

28 «In diesem Augenblick Widerstand leisten hiesse sich der Gefahr aussetzen, die Monarchie zu Grunde zu richten... Ich habe die Befehle, die ich gegeben hatte, zurückgenommen. Meine Truppen werden Paris verlassen. Reden Sie mir nicht mehr von einem Gewaltstreich, von einem grossen Machtakt. Ich halte es für klüger, hinzuhalten, dem Sturm zu weichen und alles von der Zeit, von dem Erwachen der rechtschaffenen Menschen und der Liebe der Franzosen zu ihrem König zu erwarten.»

Trotzdem liefen Gerüchte um, der König greife zur Gewalt. Unter der Bevölkerung von Paris entstand grosse Aufregung. In ganz kurzer Zeit wurde ein Stadtrat gewählt. Aus den Zeughäusern wurden Waffen geholt. Eine Bürgerwehr, die Nationalgarde, mit bald 30 000 Mitgliedern, wurde gebildet. Die wenigen königlichen Truppen verliessen die Stadt. Einzig die Bastille, eine alte Festung, die jetzt als Gefängnis diente, blieb mit etwa 80 invaliden Soldaten und 30 Schweizer Söldnern besetzt. Gegen diese wandte sich am 14. Juli 1789, dem heutigen Nationalfeiertag Frankreichs, eine riesige Volksmenge.

Der Sturm auf die Bastille

Aus dem Bericht des Schweizer Offiziers Ludwig von Flüe, der zu den Verteidigern der Bastille gehörte (Die Bastille war durch mehrere Gräben, über die Zugbrücken zu hintereinander gestaffelten Toren führten, geschützt. Die Besatzung verteidigte jedoch nur den innersten Zugang.):

29 «Gegen drei Uhr nachmittags ging ein Trupp bewaffneter Bürger... zum Angriff über. Sie drangen ohne Schwierigkeit durch das erste Tor vor... Man kletterte auf die erste Brücke, die aufgezogen war, schnitt die Gegengewichte ab, an denen die Ketten befestigt sind, und die Brücke fiel... Der Gouverneur der Bastille hatte befohlen, in keinem Fall auf die Belagerer zu schiessen, bevor sie aufgefordert wären, sich zurückzuziehen... Nachdem man die Brücke heruntergelassen hatte, war es leicht, das zweite Tor einzuschlagen. Die Menge strömte nun über die steinerne Brücke zum dritten Tor (das vor dem letzten Graben und der letzten Brücke lag). Es gab ein allgemeines Geschrei, die Brücke sollte heruntergelassen werden. Man forderte sie auf, sich zurückzuziehen, wenn nicht, würde geschossen. Immer lauter ertönten die Schreie ‹Die Brücken herunter!› Da wurde... befohlen, Feuer zu geben. Die Belagerer schossen ihrerseits auf unsere Schiessscharten... Die Belagerer hatten auch drei Kanonen... Sie stellten sie am Zugang zur Brücke auf, den Lauf gegen das innerste Tor gerichtet... Als der Gouverneur diese Vorbereitungen von den Türmen oben sah..., erklärte er sich bereit zu kapitulieren. Im Beratungssaal fand ich ihn damit beschäftigt, einen Zettel zu schreiben, durch den er den Belagerern mitteilte, er habe in der Festung 20 000 Pfund Pulver, und wenn seine Kapitulation nicht angenommen würde, werde er die Festung, die Besatzung und die Umgebung in die Luft sprengen. Ich erlaubte mir in diesem Augenblick, ihm einige Vorstellungen über die geringe Notwendigkeit zu machen, schon jetzt zu diesem letzten Mittel zu greifen. Ich sagte ihm, dass die Besatzung und die Festung noch keinen Schaden genommen hätten..., denn es waren von uns nur ein Invalider getötet und zwei oder drei verwundet worden... Aber ich musste gehorchen. Ich liess den Zettel durch ein Loch der aufgezogenen Brücke reichen... und übergab ihn einem Mann in Offiziersuniform, der über ein Brett an das Tor hinankam. Aber es war erfolglos. Weiter hörten wir: ‹Nieder die Brücken! Keine Kapitula-

tion!>... Ich wartete auf den Augenblick, in dem der Gouverneur seine Drohung ausführte. Daher war ich sehr überrascht, als vier invalide Soldaten (offenbar auf Befehl des Gouverneurs) zu den Türflügeln gingen, sie öffneten und die Brücke herunterliessen. Sogleich drang die Menge ein. Augenblicklich wurden wir entwaffnet... Man stürmte in alle Wohnungen, warf alles durcheinander, plünderte, bemächtigte sich der vorhandenen Waffen und warf die Papiere der Archive aus den Fenstern... Ich wurde mit einem Teil meiner Truppe... zum Rathaus geführt. Auf dem Weg durch die Stadt waren die Strassen, ja sogar die Dächer voll von unzähligen Menschen, die mich beschimpften und verfluchten. Beständig waren Degen, Bajonette und Pistolen auf mich gerichtet... Wer keine Waffen hatte, schleuderte Steine nach mir, die Weiber knirschten mit den Zähnen und drohten mit den Fäusten... Ich kam schliesslich unter allgemeinem

Geschrei, ich solle gehängt werden, in die Nähe des Rathauses, als man mir einen auf eine Lanze gespiessten Kopf vorhielt, den ich mir ansehen musste. Jemand sagte, es sei jener des Gouverneurs... Mit solchen Aussichten stieg ich zum Rathaus hinauf... Da ich kein anderes Mittel mehr sah, mich und die Überreste meiner Truppe vor dem Tod zu retten, erklärte ich, ich wolle auf die Seite der Stadt und der Nation treten... Es gab Beifallsrufe und ein allgemeines Geschrei: ‹Bravo, bravo, Schweizer!›... Sofort wurde Wein gebracht, und wir mussten auf das Wohl der Stadt und der Nation trinken.»

Die Nationalversammlung an der Macht

Die Auswirkungen des Bastillesturms waren gross. Der König verzichtete nun endgültig darauf, mit seinem Heer in die Entwicklung einzugreifen. Die Nationalversammlung spürte das Volk hinter sich und ging nun daran, eine fortschrittliche, aufgeklärte Ordnung für Frankreich auszuarbeiten. Gleichzeitig

Der Sturm auf die Bastille vom 14. Juli 1789

begann sie, immer mehr an Stelle des Königs die Regierung auszuüben. Während sechs Jahren lag die Macht in Frankreich nun bei etwas über 700 Bürgern, die fast täglich versammelt waren.

Der Bastillesturm stärkte auch das Selbstvertrauen der Pariser Bevölkerung, besonders der Sansculottes. Im Herbst 1789 zogen die Nationalgarde und viel sonstiges Volk nach Versailles und zwangen den König und die Nationalversammlung, ihren Sitz nach Paris zu verlegen. Die Königsfamilie wohnte nun im Tuilerienpalast, die Nationalversammlung versammelte sich in einem Saal in der Nähe. Seither standen beide unter dem Druck der Pariser Sansculottes. Der König hatte nur noch seine Leibgarde, hauptsächlich Schweizer Söldner, zur Verfügung.

Bauernaufstände

Der Bastillesturm wirkte sich aber auch ausserhalb von Paris aus. Vielerorts stürmten die Bauern die Adelsschlösser und Klöster und verbrannten die Urkunden, in denen ihre Abgaben festgelegt waren. Zahlreiche Adelige retteten sich ins Ausland. Dort versuchten sie, die europäischen Herrscher zu bewegen, militärisch gegen das revolutionäre Frankreich vorzugehen.

1

Freiheit und Gleichheit

Um die Wünsche der Bauern und Bürger zu befriedigen, schaffte die Nationalversammlung alle Vorrechte des Adels und der Kirche ab. Der Grundbesitz der Kirche wurde verstaatlicht und später verkauft. Wichtigste Käufer waren reiche Bürger und wohlhabende Bauern.

Aus einer Rede des Abgeordneten Le Guen de Kérangal in der Nationalversammlung (4. August 1789):

30 «Sie werden, meine Herren, das erregte Frankreich nicht eher zur Ruhe bringen, als bis Sie dem Volke versprochen haben, dass Sie alle Adelsvorrechte...

verwandeln wollen und dass die Gesetze, die Sie schaffen wollen, bis auf die letzten Wurzeln alles vernichten, worüber sich das Volk beklagt... Beeilen Sie sich, Frankreich dieses Versprechen zu geben... Sie haben keinen Augenblick mehr zu verlieren, jeder Tag Aufschub verursacht neue Brände. Wollen Sie erst einem verwüsteten Frankreich Gesetze geben?»

Die neue Verfassung

In den ersten zwei Jahren der Revolution war das französische Volk ziemlich einig. Die Begeisterung über die neu gewonnene Freiheit war gross. Im Herbst 1791 schloss die Nationalversammlung ihre Arbeit an der neuen Verfassung ab.

Aus der Verfassung von 1791:

31 «1. Die Menschen sind und bleiben von Geburt an frei und gleich an Rechten...

2. Das Ziel einer jeden politischen Vereinigung besteht in der Erhaltung der... Menschenrechte. Diese Rechte sind Freiheit, Sicherheit und Widerstand gegen die Unterdrückung...

4. Die Freiheit besteht darin, alles tun zu können, was dem anderen nicht schadet...

7. Kein Mensch darf anders als nach den Vorschriften des Gesetzes... verhaftet und gefangengenommen werden.

11. Gedanken- und Meinungsfreiheit ist eines der kostbarsten Menschenrechte; jeder Bürger kann daher frei schreiben, reden, drucken...

17. Das Eigentum ist ein unverletzliches und heiliges Recht. Es kann niemandem genommen werden, ausser im Falle öffentlicher Notwendigkeit unter der Bedingung einer gerechten und vorherigen Entschädigung.»

1 Bauern erstürmen im Juli 1789 ein Schloss
2 Ein Zeitungskiosk im Jahr 1789

2

Ein Freiheitsbaum wird gepflanzt

Der Staatsaufbau Frankreichs nach der Verfassung von 1791 (Konstitutionelle Monarchie = Königtum mit Verfassung):

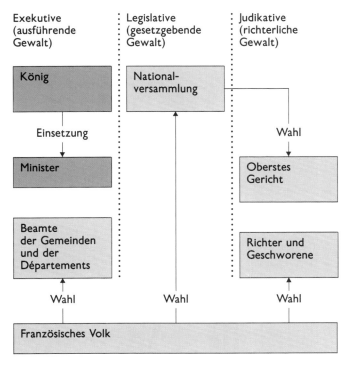

Der König blieb also in seinem Amt. Er war aber an die Gesetze gebunden, welche die Nationalversammlung erliess.

Das Wichtigste in Kürze:

Der Bastillesturm vom 14. Juli 1789 führte zum Zusammenbruch der alten Ordnung in Frankreich. Die Nationalversammlung übernahm die Herrschaft. Sie schuf eine Verfassung, die auf den Grundsätzen der Aufklärung aufgebaut war.

🦉

1 Mit welchem Ereignis begann der Volksaufstand gegen den König? Welche Auswirkungen hatte dieses Ereignis?
2 Wohin mussten König und Nationalversammlung im Herbst 1789 umziehen? Warum?
3 In welcher Lage befand sich der König nun?
4 Welche Massnahmen traf die Nationalversammlung, um die Wünsche der Bauern und Bürger zu befriedigen?

🦉🦉

5 Beurteile das Verhalten des Königs. Hätte er die Revolution verhindern können?
6 Zeichne schematisch den Staatsaufbau Frankreichs nach der Verfassung von 1791. Wie bezeichnet man diese Staatsform? Vergleiche die Verfassung von 1791 mit den Staatstheorien der Aufklärer.

173

Die Revolution in der Krise (1792–1795)

Gründe der Krise

Ab 1792 geriet die Französische Revolution in eine Krise. Dies hatte mehrere Gründe:

Der König: Ludwig XVI. fand sich mit dem Verlust seiner alten Stellung nicht ab. Er hoffte auf einen Umsturz oder ein Eingreifen der andern europäischen Herrscher zu seinen Gunsten. Schon 1790 hatte er versucht, aus Paris nach Ostfrankreich zu königstreuen Truppen zu entweichen. Er war aber unterwegs entdeckt und nach Paris zurückgebracht worden. Nun war das Volk misstrauisch gegen ihn.

Der Krieg: Die Nationalversammlung wollte nicht nur die Franzosen, sondern auch die andern Völker Europas vom Absolutismus befreien. Daher erklärte sie 1792 den Herrschern von Österreich und Preussen den Krieg. Weil diese bald Unterstützung von Spanien, Grossbritannien und später Russland erhielten, hatte Frankreich fast ganz Europa zum Gegner. Für Frankreich verlief der Krieg zuerst sehr ungünstig. Ein grosser Teil der adeligen Offiziere hatte das Heer verlassen und stand jetzt auf der Gegenseite. Im französischen Heer herrschte wenig Ordnung. Die gegnerischen Armeen drangen in Nordfrankreich ein.

Die wirtschaftliche Lage: Wegen des Krieges stiegen die Staatsausgaben stark an. Die Verschuldung des Staates nahm daher zu statt ab. Um die Schulden zu bezahlen, druckte der Staat Papiergeld. Nun gab es viel Geld, aber wenig zu kaufen. Die Bauern waren misstrauisch, verkauften gar kein Getreide oder nur gegen Silbergeld. Daher wurde das Getreide immer teurer und immer knapper.

Die Versorgungslage in Paris nach einem Bericht der Zeitung «Moniteur» (25. Februar 1793):

32 «Seit einigen Tagen deutete alles auf Aufruhr hin. Nun ist er da... Man stürmte die Brotläden, doch konnten die Leute den Bedarf nur mit Mühe decken... Am Montag, dem 25., war überall von Wucher und der Verteuerung von Zucker, Kaffee, Seife und Kerzen die Rede. Frauen durchzogen alle Viertel der Stadt... Bald rotteten sich die Leute zusammen und liefen zu den Kolonialwarenhändlern, wo sie nach Gutdünken die Preise für die Waren festsetzten und die Lager ausräumten. Diese Plünderungen und Raubzüge dauerten bis gegen Abend an.»

Der Sturm auf den Tuilerienpalast

Diese Entwicklung enttäuschte die einfachen Bürger, die Sansculottes. Sie hatten gehofft, durch die Revolution werde alles besser. Jetzt schien das Gegenteil einzutreffen. Daher suchte man nach Sündenböcken. Zuerst richtete sich der Volkszorn gegen den König, den man für den Verräter hielt. Am 10. August 1792 stürmten die Volksmassen den Tuilerienpalast. Der König floh mit seiner Familie in den Sitzungssaal der Nationalversammlung.

Aus dem Augenzeugenbericht des deutschen Medizinstudenten Justus Erich Bollmann:

33 «Um neun Uhr morgens zogen die bewaffneten Haufen... vorbei an meinem Fenster gegen die Tuilerien zu... Ich kam noch vor ihrer Ankunft in den Garten der Tuilerien. Ein grosser, bewaffneter Haufe von Schweizergardisten und Nationalgardisten bewegte sich langsam vom Schloss weg zum Saal der Nationalversammlung. Der König, seine Schwester, seine Frau und seine zwei Kinder waren in ihrer Mitte..., das war der einzige Weg, um ihr Leben zu sichern... Ich sah den König in den Saal der Nationalversammlung hineingehen... und drängte mich auch hinein... Bald darauf hörte man die ersten Kanonenschüsse... Ich entfernte mich und war hernach immer in der Nähe des Gefechts. Die Horde von Sansculottes war gegen das Schloss gezogen und hatte die Schweizergarde aufgefordert, es zu übergeben. Diese hatte sich geweigert. Die Sansculottes feuerten, die Schweizer feuerten wieder. Auf beiden Seiten lud man die Kanonen... Die Schweizer, kaum tausend Mann, verliessen sich auf die Unterstützung der Nationalgarde, aber diese liess sie im Stich, floh zum

Ein bewaffneter Sansculotte im Jahr 1792

1 Der Sturm auf die Tuilerien vom 10. August 1792
2 Der Löwe im Gletschergarten von Luzern (Bertel Thorwaldsen, 1819) erinnert an den Untergang der Schweizergardisten beim Tuileriensturm

Teil, machte zum Teil gemeinschaftliche Sache mit den Angreifern. Die Schweizer, bestürmt von allen Seiten, überwältigt von der Menge, streckten endlich die Waffen... Aber jetzt, nachdem sie sich ergeben hatten, fiel man jämmerlich über sie her, zwanzig über einen, und ermordete sie. Man hat sie totgeschlagen, wo man sie fand..., man hat sie lebendig ins Feuer geworfen, man hat sie geschunden und verstümmelt... Selbst die toten Körper blieben von keiner Art der Misshandlung frei. Abends führte man die verstümmelten Leichname fort, dreissig bis vierzig auf einem Wagen; oben darauf setzten sich die Lanzenträger triumphierend...»

Das Ende des Königs

Unter dem Druck der Sansculottes setzte die Nationalversammlung den König ab und erklärte Frankreich zur Republik. Einige Monate später verurteilte sie ihn wegen Verrats zum Tode und liess ihn öffentlich hinrichten. Auch die Königin Marie-Antoinette wurde wenig später hingerichtet, während der Kronprinz, ein zehnjähriger Knabe, in Gefangenschaft starb.

Aus dem Bericht des Scharfrichters Sanson über die Hinrichtung Ludwigs XVI. (1793):
«Der König stieg auf das Gerüst... Er liess sich dann an die Stelle führen, wo man ihn festband, und da hat er sehr laut gerufen: ‹Volk, ich sterbe unschul-

Die Hinrichtung Ludwigs XVI. am 21. Januar 1793

dig.› Dann drehte er sich uns zu und sagte zu uns: ‹Meine Herren, ich bin unschuldig an alledem, wessen man mich beschuldigt. Ich wünsche, dass mein Blut das Glück der Franzosen kitten möge.› Das, Bürger, sind seine letzten und echten Worte... Und um der Wahrheit die Ehre zu geben: Er hat das alles mit einer Kaltblütigkeit und Festigkeit mitgemacht, die uns alle erstaunt hat. Ich bleibe ganz überzeugt, dass er diese Festigkeit aus der Religion genommen hat, von welcher niemand mehr als er überzeugt schien.»

Die Sansculottes bedrängen die Nationalversammlung

Nun regierte die Nationalversammlung allein. Die Lage besserte sich dadurch aber nicht. Daher richteten die Sansculottes nun ihre Forderungen und Verratsbeschuldigungen an die Nationalversammlung. Mehrmals wurde das Versammlungsgebäude von ihnen belagert.

Eine Abordnung der Sansculottes betritt den Sitzungssaal der Nationalversammlung (18. April 1793). Der Wortführer erklärt:

35 «Wir kommen, um im Namen aller Bürger von unseren Nöten zu berichten... Seit vier Jahren gibt es keine Opfer, die das Volk dem Vaterland nicht gebracht hat. Zum Lohn verlangt es von euch jetzt

Brot... Kommt uns hier nicht mit dem Eigentumsrecht. Das Recht auf Eigentum kann nicht gleichzeitig das Recht sein, Mitbürger verhungern zu lassen... Wir fordern deshalb die Festsetzung eines Höchstpreises für Mehl..., die Abschaffung des Getreidehandels, die Aufhebung jeglichen Zwischenhandels.»

Die Mitglieder der Nationalversammlung stammten fast alle aus dem wohlhabenden Bürgertum. Für sie waren gerade der freie Handel und das freie Eigentum ohne staatliche Vorschriften wichtige Ziele der Revolution. Der Druck der Bevölkerung und die Kriegslage überzeugten aber einen Teil von ihnen, dass harte Zwangsmassnahmen notwendig seien, um den Staat zu retten.

Kampf um die Macht

Innerhalb der Nationalversammlung kämpften verschiedene Politiker um die Macht. Jeder beschuldigte seine Gegner, sie seien Verräter. Am erfolgreichsten war zunächst der Rechtsanwalt Maximilien Robespierre. Er übernahm die Forderungen der Sansculottes und gewann dadurch ihre Unterstützung. Ein Gesetz ermöglichte es, einen Bürger auch wegen ganz geringfügiger kritischer Äusserungen zum Tode zu verurteilen. Eine eigentliche Terrorherrschaft entstand. Täglich wurden die Verurteilten auf Karren zur «Place de la Révolution» geführt und vor einer johlenden Volksmenge durch die Guillotine hingerichtet.

1

TRIBUNAL CRIMINEL

Révolutionnaire établi par la Loi du 10 mars 1793, l'an 2e. de la République.

L'exécuteur des Jugemens criminels ne fera faute de se rendre *Demain 21 Jenvier Brumaire* *1793*, à la Maison de Justice pour y mettre à exécution le jugement qui condamne *Jean Silvain Bailly exmaire de Paris*

à la peine de *Mort*

l'exécution aura lieu à *unze* heures du *Matin* sur la place de *l'esplanade entre le Champ de Mars et la Rivière de Seine*

l'Accusateur public.

Au Tribunal ce *20* Brumaire an d'an 2

2

3

1 Maximilien Robespierre (Gemälde von Léopold Boilly)
2 Hinrichtungsbefehl für den ehemaligen Pariser Bürgermeister Jean-Sylvain Bailly
3 Die Guillotine

Aus dem Gesetz über die Einrichtung des Revolutionsgerichtes (1794):

36 «Das Revolutionsgericht dient der Bestrafung der Volksfeinde. Volksfeinde sind all jene, die mit Gewalt oder Heimtücke versuchen, die staatsbürgerlichen Freiheiten zu beseitigen... Die Strafe für alle Vergehen, die vor das Revolutionsgericht gelangen, ist der Tod. Zur Verurteilung genügt jeder Beweis, der... spontan die Zustimmung aller gerechten und vernünftigen Menschen findet... Ein Verteidiger wird den Verschwörern nicht bewilligt...»

Aufstände im ganzen Land

Die Vorgänge in Paris führten zu Aufständen im übrigen Land. Die einen erhoben sich aus Anhänglichkeit zum König oder zur katholischen Kirche, andere, weil sie nicht in den Krieg ziehen wollten, wieder andere, um sich für die Hinrichtung ihrer Vertreter in der Nationalversammlung zu rächen. Die

Truppen der Nationalversammlung unterdrückten die Aufstände blutig. Im ganzen Land gab es 30 000 bis 40 000 Todesopfer.

Beschluss der Nationalversammlung über die Stadt Lyon, deren Aufstand niedergeschlagen worden war (1793):

37 «Die Stadt Lyon wird zerstört. Alle Häuser, die von Reichen bewohnt gewesen sind, werden niedergerissen... Der Name Lyon soll verschwinden... Die Ansammlung von Häusern, die stehen bleiben, soll von nun an den Namen ‹Ville Affranchie› (‹befreite Stadt›) tragen.»

Die Lage Frankreichs 1792 bis 1794:

Aus Berichten von Vertretern der Nationalversammlung über die Bestrafung Lyons:

38 «Meine Gesundheit bessert sich wegen der Vernichtung der Feinde unseres Vaterlandes von Tag zu Tag. Es geht ganz vortrefflich; alle Tage wird ein Dutzend expediert (das heisst: hingerichtet), aber in wenigen Tagen wirst Du von Hinrichtungen von zwei- oder dreihundert auf einmal hören. Die Häuser werden tüchtig eingerissen...»

«Immerzu Köpfe, jeden Tag fallen Köpfe! Welche Wonnen hättest Du gekostet, wenn Du gestern diese Verurteilung von 209 Bösewichten mitgemacht hättest... Im ganzen sind es schon über 500; noch doppelt so viele werden ohne Zweifel drankommen...»

Erfolg im Krieg

Trotz all dieser Wirren brach Frankreich nicht zusammen. Die meisten Franzosen waren zwar gegen den Terror, sie waren aber auch gegen die Rückkehr des Absolutismus und der Adelsvorrechte. Daher wehrten sie sich hartnäckig gegen die Söldnerarmeen der europäischen Herrscher. Im Sommer 1794 wendete sich das Kriegsglück. Nordfrankreich wurde befreit, und die französischen Armeen gingen zum Angriff über.

Zur gleichen Zeit wurden in Paris während eines Monats 1300 Menschen hingerichtet, während 8000 im Gefängnis auf die Verurteilung warteten. In der Nationalversammlung war niemand mehr seines Lebens sicher. Daher bildete sich gegen Robespierre eine Verschwörung. Den Verschwörern gelang es, einen Teil der Nationalgarde hinter sich zu bringen. Mit deren Hilfe nahmen sie Robespierre und seine Anhänger gefangen und liessen sie ohne Urteil hinrichten.

Ende des Terrors und neue Verfassung

Das Verdienst der Verschwörer war, dass sie den Terror nicht weiterführten. Das Leben wurde wieder freier. Auch die Beschränkungen des Handels galten nicht mehr. Daraus ergab sich eine erneute Teuerung. Als letztes führte die Nationalversammlung eine neue Verfassung ein. Sie wird Direktorialverfassung genannt (Regierung durch ein Direktorium).

Paul Barras, ein früherer Adliger, war der führende Mann in der Direktorialregierung

Der Staatsaufbau Frankreichs nach der Verfassung von 1795 (Republik: Staat ohne König):

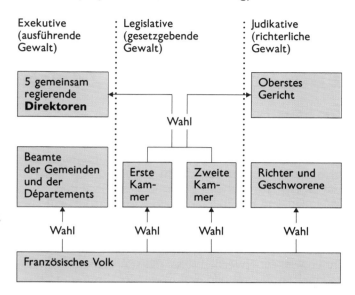

Die beiden Kammern sollten sich gegenseitig kontrollieren und so eine neue Terrorherrschaft verhindern.

Wer hat etwas erreicht?

Die Sansculottes hatten ihr Ziel, eine gesicherte Lebensmittelversorgung zu mässigen Preisen, nicht erreicht. Ihre Lage verschlechterte sich in den folgenden Jahren noch. Aufstandsversuche wurden jetzt aber von der Armee niedergeworfen. Die Profiteure der Revolution waren letzten Endes:
- die wohlhabenden Bürger: Sie hatten jetzt die angestrebten Freiheiten und konnten sich politisch betätigen.
- die Bauern: Sie zahlten wesentlich weniger Abgaben und besassen zum Teil mehr Land als früher.

Das Wichtigste in Kürze:

Das Ziel der Revolution, Frankreich eine neue, dauerhafte Ordnung zu geben, wurde nicht erreicht. Die Entwicklung führte zum Sturz des Königtums und zu schweren inneren Kämpfen. Gleichzeitig geriet Frankreich mit den meisten übrigen europäischen Staaten in Krieg.

1 Zähle Gründe auf, weshalb die Französische Revolution ab 1792 in eine Krise geriet.
2 Was geschah beim Sturm auf den Tuilerienpalast?
3 Welches Schicksal erlitt die Königsfamilie?
4 Erkläre den Ausdruck «Republik».

5 Brachte die Französische Revolution Fortschritte? Wer profitierte vor allem von der Revolution? Sind Revolutionen überhaupt sinnvoll?
6 Zeichne schematisch den Staatsaufbau Frankreichs nach der Verfassung von 1795. Welches sind die Hauptunterschiede zu 1791?

Kernthema 3:

Revolution in Europa

Eine Revolution in Zürich?

Die Stadt beherrscht das Land

Die Zürcher Landschaft wurde immer noch von der Stadt Zürich regiert (vergleiche Seite 131–136). Die Untertanen auf dem Land waren zum Teil sehr arm, zum Teil aber auch recht begütert. Vor allem die Dörfer am Zürichsee hatten sich durch den Weinbau und die Tuchindustrie wirtschaftlich gut entwickelt.

Die Stadtbürger hatten auch wirtschaftliche Vorrechte. Manche Handwerksberufe durften nur von ihnen ausgeübt werden. Nur die städtischen Kaufleute durften Baumwolle und Seide einführen und die gewobenen Stoffe bleichen, bedrucken und verkaufen. Meistens gaben sie das Rohmaterial nicht direkt an die Heimarbeiter auf dem Land (vergleiche Seite 137–140), sondern über Zwischenhändler. Diese, die «Fabrikanten» oder «Tüchler», waren auf dem Land recht angesehen. Gerne hätten sie direkt mit dem Ausland Handel getrieben und die ganze Tuchherstellung auf dem Land durchgeführt.

Aufklärung

Die Gedanken der Aufklärung und die Ereignisse der Französischen Revolution wurden auch in Zürich bekannt.

Salomon von Orelli über den Einfluss der Aufklärung und der Revolution:

39 «Die... in der Stadt grassierende Lesesucht hatte die Gründung von Lesezirkeln und Lesebibliotheken veranlasst... Die Lesegesellschaften zu Wädenswil und Stäfa ahmten das Beispiel der Stadt nach... Sie lasen begierig die Schriften Voltaires und Rousseaus... Gleich am Anfang der Französischen Revolution wurde die Schweiz mit Revolutionsschriften überstreut... Die, welche diese Schriften lasen, predigten ihren Inhalt auch denen, welche nicht lesen konnten; ihr Inhalt wurde der Gesprächsgegenstand in allen Wirtschaften und Gesellschaften.»

Salomon von Orelli über das Verhältnis zwischen Stadtbürgern und Landleuten:

40 «Die Leute am See mussten von den Stadtbürgern Demütigungen leiden, die nur kränkten, nichts nützten. Bei einer militärischen Musterung war es üblich, dass der einfachste Bürger... immer **Herr** Hauptmann, **Herr** Leutnant usw. genannt wurde, der angesehenste Landmann hingegen mit einem grossen, schuldenfreien Hof..., reiche Fabrikanten, die Hunderten Brotverdienst gaben..., Landärzte... mussten mit ‹Hauptmann›, ‹Leutnant› ohne das schmeichelhafte Beiwort ‹Herr› vorlieb nehmen.»

Kaspar Pfenninger (links), 1760–1838, und Heinrich Neeracher, 1764–1797, zwei Mitverfasser des Stäfner Memorials

Die Landschaft fordert

Vor allem in der Lesegemeinschaft Stäfa diskutierte man eifrig politische Probleme. Schliesslich verfassten einige ihrer Mitglieder und Anhänger – der Hafner Heinrich Neeracher, der Arzt Kaspar Pfenninger, der Bäcker Heinrich Ryffel und der Horgener Fabrikant Heinrich Stapfer – eine Eingabe an die Regierung, das «Stäfner Memorial».

Aus dem Stäfner Memorial (1794):

41 «Welches aber sind die vornehmsten Rechte eines freien Bürgers? Unstreitig folgende: die Sicherheit gegen Despotismus und drückende Abgaben; die Gleichheit vor dem Gesetz; Freiheit des Erwerbs und ungehinderter Gebrauch seiner Fähigkeiten... Alle diese Vorrechte geniesst der Stadtbürger von Zürich. Aber geniesst sie auch der Landmann...? Diese Frage ist durch unsere Klagen eindeutig beantwortet worden, und es ist erwiesen, wie weit der Landmann dem freien Bewohner Zürichs nachgesetzt ist... Daher rufen der Geist der Zeit und unser Bedürfnis unserer hohen Landesobrigkeit zu: ‹Väter des Vaterlandes, schliesst doch die Freiheit und Gleichheit nicht in diese Stadtmauern ein, sondern verpflanzt sie uneigennützig und grossmütig bis an die Grenzen unseres Staats, damit Friede und Eintracht ewig auf Eurem Lande wohnen!› »

Die Stadt bleibt hart

Der Text wurde zuerst in Abschriften auf der Landschaft herumgegeben, um möglichst viel Unterstützung zu erhalten. Der Zürcher Rat erfuhr davon, zitierte die Verfasser und verhaftete sie. Wegen Unruhestiftung wurden Neeracher für sechs, Pfenninger und der Arzt Andreas Staub, der das Memorial im Oberland verbreitet hatte, für vier Jahre aus dem zürcherischen Gebiet verbannt. Alle übrigen, über 70 Personen, die mit dem Memorial zu tun gehabt hatten, wurden gebüsst oder ermahnt.

Stellungnahme des Zürcher Rates an die Bürger und Untertanen vom 24. November 1794:

42 «Während die zerstörende Flamme des Kriegs in halb Europa wütet und das Eigentum, die Gesundheit und das Leben von Tausenden dahinrafft..., blüht unser liebes Vaterland unter weisen Gesetzen, einer väterlichen Regierung und dem heilsamen Einfluss der Religion und Sittlichkeit. Jedem ist sein Leben, seine Ehre und sein Vermögen bestens gesichert... Wie sehr musste es also unser landesväterliches Herz kränken, als wir in Erfahrung brachten, dass da und dort auf der Landschaft getrachtet wird,... durch emsig ausgebreitete Schriften die Gemüter irrezuführen und eine für die öffentliche Ruhe höchst gefährliche Neuerungssucht zu erwecken... Dieses im Finstern schleichende Gift veranlasst uns, aus besonderer landesväterlicher Fürsorge diese hochobrigkeitliche Erklärung bekanntzumachen... Wir ermahnen demnach alle vaterländisch gesinnten Bürger und Angehörigen..., sich sorgfältig vor dem neuerungssüchtigen und unseligen Schwindelgeist zu hüten... Bei ihrer Eidespflicht fordern wir sie auf, dass sie jeden Versuch, die schuldige Treue der Landesangehörigen gegen uns zu erschüttern, den Behörden sogleich anzeigen und dieser auch alle Schriften von der erwähnten Art ungesäumt abliefern.»

Die Landschaft fordert weiter

Mit diesem Ausgang waren die Gemeinden am Zürichsee nicht zufrieden. Sie fanden alte Urkunden, welche zeigten, dass die Landbevölkerung in der Zeit der Reformation und früher ein grösseres Mitspracherecht besessen hatte. Der Rat erklärte, diese Urkunden seien längst nicht mehr gültig. Das liessen die Leute vom See nicht gelten. In Stäfa, Küsnacht und Horgen fanden Gemeindeversammlungen statt. Jede Gemeinde wählte ihre Vertreter. Diese sollten mit dem Zürcher Rat über die Gültigkeit der Urkunden verhandeln.

Der Zürcher Rat wollte nicht verhandeln. In Zürich stieg die Spannung.

Aus dem Bericht der Zürcherin Barbara Hess-Wegmann:

43 ««Wäre es ihnen nur um die alten Urkunden zu tun – ich wollte ihnen die darin bewilligten Sachen gern gönnen, aber es ist nicht das, sondern das Memorial ist ihnen noch im Kopf!› sagte Bürgermeister Wyss im Rat... Dass sie eigenmächtig eine Art Rat (das heisst: die Vertreter) wählten..., dies schien zu zeigen, dass sie nicht mehr wie bisher regiert werden wollten... Gewiss ist aber, dass ohne Furcht vor dem Umsichgreifen der Grundsätze der Französischen Revolution die Sache nicht für so wichtig angesehen und nicht mit *der* Hitze und Bitterkeit behandelt worden wäre.»

Die Stadt greift zur Gewalt

Man befürchtete einen Überfall der Leute vom See auf die Stadt. Etwa 2500 Soldaten wurden aufgeboten, die meisten aus dem Norden des Kantons, wo es noch ruhig war. Mit diesen marschierte der Zürcher «General» Hans Jakob Steiner nach Stäfa, das als Herd der Unruhe galt. Es gab keinen Widerstand. Die Stäfner hatten überhaupt nicht an militärische Aktionen gedacht und wurden völlig überrascht.

Gegen die führenden Leute der Seegemeinden wurden zwei lebenslängliche, eine zwanzigjährige und drei zehnjährige Gefängnisstrafen ausgesprochen. Den Gemeindekassier von Stäfa, Hans Jakob Bodmer, wollte man zuerst sogar hinrichten, begnügte sich aber dann damit, dass der Scharfrichter das Schwert über seinem Kopf schwang. Stäfa musste eine Busse von 60 000 Gulden* bezahlen.

Das Wichtigste in Kürze:

Das Beispiel der Franzosen spornte die Untertanen auf der Zürcher Landschaft an, ihre Stellung zu verbessern. Die Landleute stellten im «Stäfner Memorial» Forderungen auf. Die Stadt unterdrückte diese Bestrebungen.

1 Welche wirtschaftlichen Vorrechte hatten die Stadtbürger gegenüber der Landbevölkerung?
2 Nenne die wichtigsten Forderungen im «Stäfner Memorial». Warum nannten die Verfasser die regierenden Herren in Zürich «Väter des Vaterlandes»?
3 Wie reagierte die Zürcher Regierung auf das «Stäfner Memorial»?
4 Welche Folgen hatte die Haltung der Zürcher Regierung?

5 Nenne Gründe, welche die Zürcher Regierung zu ihrem Vorgehen veranlassten.
6 Würdest du persönlich für die Zürcher Regierung oder für die Landbevölkerung Partei ergreifen? Begründe deine Haltung.

* Gulden: 2 Pfund. Ein Handwerksgeselle verdiente pro Tag etwa 1½ Pfund.

Die Revolution erreicht die Schweiz

Frankreichs Bürger zu den Waffen!

1792 brach der Krieg zwischen Frankreich und den Herrschern von Österreich und Preussen aus. Diese glaubten, mit dem revolutionären Frankreich rasch fertig zu werden. Wie sollte ein Staat, dessen adelige Offiziere zum grossen Teil geflüchtet waren, den erprobten Berufsheeren der Feinde Frankreichs widerstehen können? Aber die französische Nationalversammlung organisierte den Widerstand. Das neue Frankreich sollte von allen Bürgern verteidigt werden. Die allgemeine Wehrpflicht wurde eingeführt. Allein 1793 wurden 300 000 Franzosen zur Armee aufgeboten.

Der Politiker Bertrand Barère in der Nationalversammlung zum «Grossen Aufgebot» (1793):

44 «Von dieser Stunde an bis zu dem Augenblick, da die Feinde vom Boden der Republik verjagt sein werden, sind und bleiben alle Franzosen zum Armeedienst einberufen. Die jungen Männer werden in den Kampf ziehen; die Ehemänner werden die Waffen schmieden und den Nachschub transportieren; die Frauen werden Zelte und Uniformen nähen und in den Lazaretten Dienst tun; die Kinder werden alte Wäsche zu Verbandmaterial zupfen...»

Die Anstrengungen waren erfolgreich. Seit 1794 lagen die französischen Armeen gegenüber jenen der europäischen Könige im Angriff. Frankreich verfolgte dabei zwei Ziele:

- Die Errungenschaften der Revolution (Freiheit und Gleichheit) sollten verbreitet werden.
- Durch Abgaben, die in den besetzten Ländern erhoben wurden, sollte die leere und verschuldete französische Staatskasse gefüllt werden. Die Besiegten sollten dem Sieger den Krieg bezahlen.

So wurde die Revolution zum Exportartikel, aber auch zum Grund – oder Vorwand –, Frankreichs Macht und Gebiet zu erweitern.

Warum siegten die Franzosen?

Bis 1797 eroberte Frankreich Belgien, Holland, das deutsche Gebiet links des Rheins sowie Oberitalien. Für diese Erfolge gab es mehrere Ursachen:

- Weil in Frankreich nun die allgemeine Wehrpflicht galt, hatte dieses ebenso viele Soldaten wie all seine Gegner zusammen. Verluste konnten leicht durch neue Aufgebote ersetzt werden. Daher riskierten die französischen Generäle in den Schlachten mehr als ihre Gegner, welche mit teuren Berufssoldaten kämpften.

Europa 1798

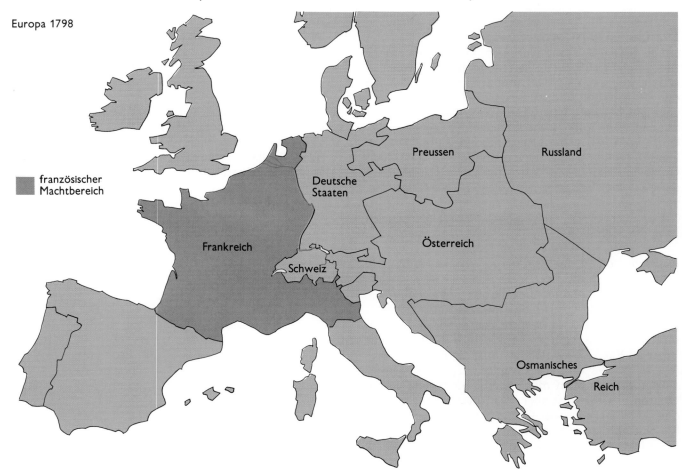

französischer Machtbereich

Preussen · Russland · Deutsche Staaten · Frankreich · Österreich · Schweiz · Osmanisches Reich

- Die Laufbahn in der französischen Armee hing nur noch von den Fähigkeiten, nicht von der adeligen Herkunft ab. Begabte Soldaten und Unteroffiziere stiegen in kurzer Zeit zum General auf. Daher hatten die französischen Armeen die besseren Führer.
- Die französischen Armeen ernährten sich ausschliesslich aus den besetzten Ländern. Sie brauchten daher weniger Nachschub und konnten viel schneller vorrücken.

1797 schloss Frankreich mit seinen Gegnern einen Frieden, der allerdings nicht lange währen sollte. Durch diesen wurde die Schweiz zu einem wichtigen Verbindungsland zwischen Frankreich und dem eroberten Oberitalien (siehe Karte). Zudem hatten die grösseren schweizerischen Orte wie Bern und Zürich gefüllte Staatskassen. Schliesslich hatte die Schweiz nach der Meinung der französischen Revolutionäre eine falsche und überholte Ordnung. Aus all diesen Gründen beschloss die französische Regierung, die Schweiz in ihre Abhängigkeit zu bringen und ihr eine Staatsordnung zu geben, die der französischen ähnlich war.

Die Eidgenossenschaft vor 1798

Die damalige Schweizerische Eidgenossenschaft war ein kompliziertes Gebilde (siehe auch Seite 186). Sie bestand aus:
- dreizehn **vollberechtigten Orten**: Diese waren miteinander durch die Bundesbriefe verbündet. Ihre Gesandten trafen sich regelmässig an der Tagsatzung. Beschlüsse der Tagsatzung waren nur gültig, wenn alle dreizehn Orte damit einverstanden waren. Innerhalb dieser Orte gab es meistens einen herrschenden Teil (zum Beispiel die Stadt Zürich) und einen beherrschten (zum Beispiel die Zürcher Landschaft).
- den **Zugewandten Orten**: Diese waren nur locker und oft nur mit einem Teil der dreizehn Orte verbündet.
- den **Gemeinen (gemeinsamen) Herrschaften**: Diese befanden sich im Besitz von mehreren der dreizehn Orte. Die Bewohner waren Untertanen. Die besitzenden Orte setzten Landvögte ein, welche über sie regierten.

Frankreich hoffte, in der Schweiz möglichst viele Untertanen zum Aufstand gegen ihre Herren zu bringen. Wenn das gelang, konnten die französischen Truppen ohne grossen Widerstand in die Schweiz einmarschieren.

Rathaus von Lottigna im Val Blenio (Tessin), Sitz der eidgenössischen Landvögte über die gemeine Herrschaft Bleniotal

Drehbuch der Schweizer Geschichte vom Oktober 1797 bis März 1798:

Zeit	übrige Eidgenossenschaft	Zürich
Oktober 1797	Das bisher bündnerische Veltlin fällt unter französische Herrschaft.	
November 1797	Der in Italien siegreiche französische General, Napoleon Bonaparte, reist durch die Schweiz nach Hause und wird an vielen Orten von der Bevölkerung gefeiert.	In Zürich schlagen fünf Bürger vor, die seit der Besetzung von Stäfa gefangenen sechs Untertanen in Anbetracht der schwierigen Zeiten freizulassen. – Der Rat bezeichnet diesen Vorschlag als «unerhört und gefährlich».
Mitte Dezember 1797	Französische Truppen besetzen die südliche Hälfte des Fürstbistums Basel sowie Biel.	
Ende Dezember 1797	Die französische Regierung erklärt, wenn waadtländische Untertanen von Bern die Freiheit forderten, so werde sie diese Leute beschützen. – Französische Truppen marschieren bei Genf an die waadtländische Grenze.	
Anfang Januar 1798	Die eidgenössische Tagsatzung berät die Lage in Aarau. Sie beschliesst, in allen eidgenössischen Orten sollten die alten Bundesbriefe als Zeichen der Einigkeit wieder beschworen werden. Weitere Beschlüsse kommen nicht zustande.	Der Beschluss der Tagsatzung wird in den Dorfkirchen von der Kanzel verlesen. In Thalwil wird der Pfarrer dabei ausgepfiffen, in Stäfa wird so gelacht und gehustet, dass der Pfarrer nicht verstanden wird. – Der Zürcher Rat berät, ob man die sechs Gefangenen freilassen und der Landschaft die Handels- und Gewerbefreiheit gewähren solle.
Mitte Januar 1798	Aufstand der Basler Landschaft gegen die Stadt. Die Stadt gibt nach und führt die Gleichberechtigung für alle Basler in Stadt und Land ein. – Zunehmende Unruhe im Waadtland. Bern zieht seine Truppen im Waadtland nach Yverdon zurück.	

Freiheitsbaum auf dem Münsterplatz in Basel (Januar 1798)

Zeit	übrige Eidgenossenschaft	Zürich
Ende Januar 1798	Frankreich fordert die Waadtländer zum Aufstand gegen Bern auf. In Lausanne wird eine Waadtländer Regierung gebildet. Die Berner Landvögte und Truppen räumen die Waadt kampflos. Französische Truppen besetzen die Waadt. Bern bittet die übrigen Eidgenossen um Hilfe. – In Luzern tritt die Regierung zurück.	Der Zürcher Rat führt in den Gemeinden der Landschaft Versammlungen durch, um die Wünsche der Bevölkerung zu erfahren. Dabei geht es zum Teil tumultartig zu. In Wädenswil wird ein Anhänger der Stadt zur Kirche hinausgeworfen, in Horgen ein solcher hinausgeprügelt und ein anderer sogar totgeschlagen. In einigen Dörfern am See werden Freiheitsbäume aufgestellt. – Bürgermeister von Wyss erklärt, man müsse die Gefangenen freilassen und der Landbevölkerung die Handelsfreiheit gewähren.
Anfang Februar 1798	Aufstände im südlichen Teil Freiburgs und im Unterwallis. Französische Truppen besetzen auch diese Gebiete. – Bern bietet sein Heer auf.	Der Zürcher Rat beschliesst die völlige Gleichberechtigung von Stadt und Land. Die Gefangenen von 1795 werden freigelassen; die Verbannten können zurückkehren. Eine Landeskommission wird eingesetzt. Sie besteht zu einem Viertel aus Stadtbürgern, zu drei Vierteln aus Bürgern der Landschaft und soll eine neue Ordnung für Zürich ausarbeiten. In den meisten Gemeinden werden Freiheitsbäume aufgestellt. Pfarrer, die sich dagegen wenden, werden zum Teil verjagt. «Besser und klüger betrug sich Pfarrer Brennwald zu Maschwanden. Er war krank, als man daselbst den Freiheitsbaum aufrichtete. Sobald er aber davon Nachricht erhielt, schickte er den Bauern zwei Tansen Wein ins Gemeindehaus und liess ihnen Glück und Wohlsein wünschen. Dafür wurde er vom ganzen Amt gepriesen und gewann alle Herzen seiner Pfarrkinder.» *(Bericht von Barbara Hess-Wegmann)*
Mitte Februar 1798	Der französische General im Waadtland fordert die Berner Regierung auf, zurückzutreten und die Demokratie einzuführen. Die Berner Regierung ist zwar zu Reformen bereit, lehnt aber diese Bedingungen ab.	Der alte Zürcher Rat will nur noch so lange regieren, bis die Landeskommission ihre Arbeit abgeschlossen hat.
Ende Februar 1798	Der französische General erklärt der Berner Regierung, wenn seine Bedingungen nicht bis zum 1. März angenommen würden, werde er den Krieg eröffnen. – Von den übrigen Orten erhält Bern wenig oder gar keine Unterstützung.	Die Landeskommission beginnt mit ihrer Arbeit. – Zürich schickt Bern 1000 Mann zu Hilfe. Diese kommen dort jedoch nicht mehr zum Einsatz.
Anfang März 1798	Französische Truppen greifen von Nordwesten und Südwesten Freiburg, Bern und Solothurn an (1. März). Freiburg und Solothurn ergeben sich sofort. Während der Kämpfe tritt die Berner Regierung zurück. Dies verursacht im Berner Heer Verwirrung. Nach verlustreichen Kämpfen kapituliert Bern und wird von französischen Truppen besetzt (5. März).	Die Landbevölkerung fordert, der alte Zürcher Rat solle sofort zurücktreten und die Regierung an die Landeskommission abtreten.
Mitte März 1798		Der alte Zürcher Rat tritt zurück. Die Landeskommission übernimmt die Regierung.

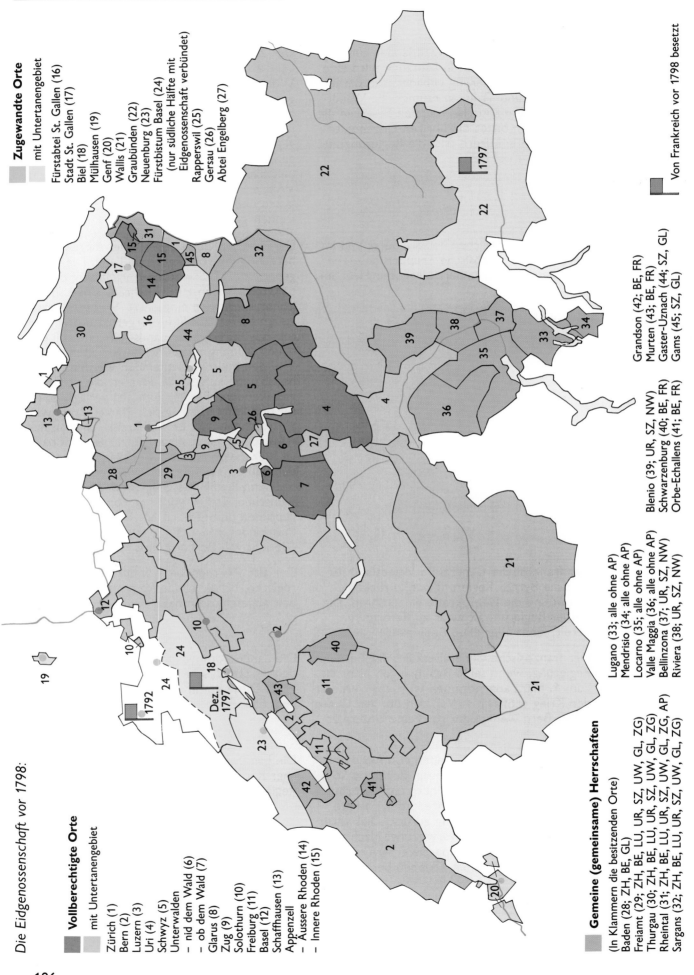

Die Eidgenossenschaft vor 1798:

Vollberechtigte Orte

mit Untertanengebiet

Zürich (1)
Bern (2)
Luzern (3)
Uri (4)
Schwyz (5)
Unterwalden
– nid dem Wald (6)
– ob dem Wald (7)
Glarus (8)
Zug (9)
Solothurn (10)
Freiburg (11)
Basel (12)
Schaffhausen (13)
Appenzell
– Äussere Rhoden (14)
– Innere Rhoden (15)

Zugewandte Orte

mit Untertanengebiet

Fürstabtei St. Gallen (16)
Stadt St. Gallen (17)
Biel (18)
Mülhausen (19)
Genf (20)
Wallis (21)
Graubünden (22)
Neuenburg (23)
Fürstbistum Basel (24)
(nur südliche Hälfte mit
Eidgenossenschaft verbündet)
Rapperswil (25)
Gersau (26)
Abtei Engelberg (27)

Von Frankreich vor 1798 besetzt

Gemeine (gemeinsame) Herrschaften

(In Klammern die besitzenden Orte)
Baden (28; ZH, BE, GL)
Freiamt (29; ZH, BE, LU, UR, SZ, UW, GL, ZG)
Thurgau (30; ZH, BE, LU, UR, SZ, UW, GL, ZG)
Rheintal (31; ZH, BE, LU, UR, SZ, UW, GL, ZG, AP)
Sargans (32; ZH, BE, LU, UR, SZ, UW, GL, ZG)

Lugano (33; alle ohne AP)
Mendrisio (34; alle ohne AP)
Locarno (35; alle ohne AP)
Valle Maggia (36; alle ohne AP)
Bellinzona (37; UR, SZ, NW)
Riviera (38; UR, SZ, NW)

Blenio (39; UR, SZ, NW)
Schwarzenburg (40; BE, FR)
Orbe-Echallens (41; BE, FR)

Grandson (42; BE, FR)
Murten (43; BE, FR)
Gaster-Uznach (44; SZ, GL)
Gams (45; SZ, GL)

Nach der Niederlage Berns gab es für die Schweizer – sowohl für die ehemaligen Herren wie die ehemaligen Untertanen – zwei Überraschungen:

Die Schweiz muss zahlen...

Die Franzosen plünderten die Schweiz aus. Zuerst wurde die Berner Staatskasse mit zehn Millionen Pfund nach Paris geführt. Anschliessend wurde der Staatsbesitz von Bern, Zürich, Luzern, Freiburg und Solothurn (total ungefähr 23 Millionen Pfund) zum französischen Eigentum erklärt. Schliesslich hatten noch die begüterten Familien aus diesen Städten

15 Millionen Pfund zu bezahlen. Basel wurde verschont, weil es sich am schnellsten der Revolution angeschlossen hatte.

... und gehorchen

Die Franzosen diktierten den Schweizern die neue Ordnung, ohne sie zu fragen. Die Eidgenossenschaft sollte ein einheitlicher Staat werden, in welchem die Kantone nur noch eine geringe Bedeutung hatten (alles Weitere dazu auf Seite 195–197).

Vor allem die innerschweizerischen Orte waren damit nicht einverstanden. Daher rückten die französischen Truppen von Bern nach Zürich vor und unterwarfen von da aus im Mai 1798 Schwyz und Glarus, die am längsten Widerstand leisteten.

Damit war die Schweiz zu einem besetzten Land geworden. Eine fremde Armee von etwa 70000 Mann musste von der Bevölkerung untergebracht, ernährt und mit Ersatzkleidern versehen werden.

Kampf um Zürich

Schon im Februar 1799 brach der nächste grosse Krieg aus. Frankreich stand Österreich, Russland und Grossbritannien gegenüber. Eine österreichische Armee zog durch die Ostschweiz. Es kam zur Ersten Schlacht bei Zürich (4.–6. Juni). Die Franzosen räumten die Stadt und zogen ihre Truppen auf den Uetliberg und das Gebiet zwischen Dietikon und Albisrieden zurück. Nachdem aber die Österreicher durch eine russische Armee abgelöst worden waren, griffen die Franzosen wieder an und siegten in der Zweiten Schlacht bei Zürich (25./26. September). Damit hatten

1 Karikatur aus Zürich nach dem Einmarsch der Franzosen
2 Kämpfe beim Beckenhof in Unterstrass während der Zweiten Schlacht bei Zürich

187

sich die Franzosen als die stärkeren erwiesen. Während fünfzehn Jahren unterstand nun die Schweiz der französischen Herrschaft.

Für die Bevölkerung brachte der Krieg grosse Not. Die Dörfer in der Umgebung Zürichs, in denen die Truppen der Kriegsparteien lagerten, mussten weitgehend für deren Unterhalt aufkommen. Die Zahl der Soldaten war weit grösser als die der Dorfbewohner. So blieb für diese kaum etwas übrig.

Die Belastung durch den Krieg:

Die Gemeinde **Rümlang,** die damals etwa 800 Einwohner zählte, war vom **März bis Ende Mai** 1799 von französischen Truppen besetzt. In dieser Zeit hatte sie zu liefern:
- 5700 Kilogramm Brot
- 2600 Kilogramm Fleisch
- 12 400 Mass Wein (1 Mass = etwa 1,3 Liter)
- 459 Zentner Heu (1 Zentner = 50 Kilogramm)
- 500 Bund Stroh
- 64 Klafter Holz (1 Klafter = etwa 3 Kubikmeter)

Die Rümlanger mussten bei der Errichtung von Befestigungen mitarbeiten. Zu diesem Zweck wurden 1000 Bäume gefällt.

Beim Rückzug der Franzosen vor der Ersten Schlacht bei Zürich wurde die Brücke über die Glatt zerstört.

Von **Juni bis September** 1799 lagerten in Rümlang zuerst österreichische, dann russische Soldaten. Diese verpflegten sich aus eigenen Magazinen. Rümlang musste nur für die Pferde 310 Fuder (etwa 800 Kubikmeter) Heu liefern.

Da auf einem Kornfeld gelagert wurde, wurden 70 Juchart (1 Juchart = etwa 33 Aren) Getreideland unbrauchbar. Die Wiesen wurden von den Pferden abgeweidet. Die russischen Soldaten nahmen Obst und Trauben von den Bäumen und Reben.

Von **September bis Dezember** 1799 war Rümlang wieder von französischen Truppen besetzt. In dieser Zeit lieferte Rümlang:
- 5400 Kilogramm Brot
- 6600 Kilogramm Fleisch
- 3500 Mass Wein
- 700 Zentner Heu
- 1530 Bund Stroh
- 55 Klafter Holz

Der Schaden, den Rümlang im Jahr 1799 erlitt, wurde mit 180 000 Pfund angegeben. (Der Taglohn eines Arbeiters betrug damals etwa 1½ Pfund.) – Ende 1799 hatten von 162 Familien nur noch 16 genügend Mittel, um ohne Hilfe bis zur nächsten Ernte durchzukommen. 125 dagegen waren völlig mittellos und ohne jede Vorräte.

Nach der Zweiten Schlacht bei Zürich wurde die **Stadt** von General Masséna zu folgenden Leistungen gezwungen:
- etwa 40 000 Kilogramm Brot
- 20 000 Mass Wein
- 10 000 Flaschen Schnaps
- 20 000 Viertel (1 Viertel = etwa 20 Liter) Hafer
- 100 Ochsen
- 750 000 Pfund

André Masséna, Kommandant der französischen Truppen

Ein Bericht von Johann Jakob Hirzel aus Zürich vom 5. Juni 1799 während der Ersten Schlacht um Zürich (Um den Soldaten vor der Schlacht Mut einzuflössen, gab man ihnen auf beiden Seiten beträchtliche Mengen Schnaps zu trinken.):

45 «Die österreichischen Soldaten sind... so betrunken, dass sie sich blindlings ins Feuer stürzen;... wenn sie aber auch vorher wie betäubt gegen das Kanonenfeuer rannten, so sind sie geduldig wie Lämmer, sobald sie sich dem Feind ergeben können. Ihre Gegner sparen freilich auch nichts (an Schnaps), um sich zu begeistern...»

Esther Cramer-Meyer berichtet am 5. September über die Lage in Zürich:

46 «Der russische Obergeneral (Korsakow) logiert in der Krone (Haus zum Rechberg), die Offiziere in den Bürgerhäusern... Bei Wiedikon, Enge, Wollishofen liegen auch sehr viele Truppen... Sie sind hungrig und erhalten täglich nur einen Kreuzer Sold (etwa ein Fünfzigstel eines damaligen Taglohns!)... Sie essen roh, was sie finden: Erdäpfel, Äpfel, Birnen, Bohnen, Trauben... Die hiesige Fraumünsterkirche ist nun zum russischen Gottesdienst eingerichtet; es wird darin täglich Messe gelesen... Ich glaube, dass sich die kaiserlichen Offiziere nicht über Zürich werden beklagen können, denn sie geniessen hier sehr viel Vergnügen. Jeden Donnerstag und jeden Sonntag brach-

ten sie Musik auf den Platz, dann» wurde im Pavillon bis in die Nacht getanzt...»

Aus einem Bericht von Paul Meyer aus Zürich:

47 «Am 14. September 1799: Überall, wo Truppen liegen, haben sie die Erdäpfel ausgegraben, die Obstbäume geleert, Bohnen und Erbsen gepflückt. Sie haben sogar Zwetschgen, die noch ganz grün waren, und Trauben, die noch so hart waren, dass sie den Feind damit hätten totschiessen können, gegessen...

Am 16. Oktober: Von den Franzosen haben Albisrieden, Altstetten, Schlieren und Urdorf sehr gelitten. Aus Mangel an Heu und Hafer hat sogar die Kavallerie ihren Pferden Roggen und Weizen gegeben... Das Obst, die Erdäpfel, das Gemüse, der vorjährige und der diesjährige Wein, Futter und Vieh, fast alle Schweine, das meiste des kupfernen und eisernen Geschirrs, das alles ist weg.»

Aus einem Bericht von Barbara Hess-Wegmann über den Verlauf der Zweiten Schlacht bei Zürich:

48 «Gegen 12 Uhr hiess es, die Franzosen seien schon in Höngg, sie seien bei Dietikon über die Limmat gegangen... Nachts waren alle Strassen voll russischer Soldaten, Wagen und Fuhrleute. In der Nacht wurden die Läden an der Wühre alle ausgeplündert und da und dort Türen erbrochen, um Wein und Speise zu finden, denn die Soldaten litten grossen Hunger, sollten kämpfen und hatten nun seit 24 Stunden nichts mehr zu essen bekommen. Viele Bürger gaben den auf der Gasse Liegenden Wein und Brot. Entsetzlich Verwundete brachte man ein. Im Lazarett... keine Ärzte, kein Verbandsmaterial, keine Speise. Viele mussten unverbunden über Nacht auf der Gasse aus Mangel an Platz liegen bleiben, und viele starben vor all dem Elend bis am Morgen. Der Oetenbacher Hof und der Münsterhof lagen voll Verwundeter; am Donnerstag wurde auch die Predigerkirche mit solchen gefüllt... Am Donnerstagmittag zogen sich die Russen ganz in die Stadt zurück, und die Sihlpforte wurde geschlossen. Die Franzosen nahten..., Kugeln flogen hie und da in die Stadt, doch ohne zu entzünden... Um 12 Uhr hiess es, es sei eine Kapitulation abgeschlossen worden (Tatsächlich hatten die Zürcher ohne Widerstand den Franzosen die Sihlpforte geöffnet)... Nun drangen zwei französische Kompagnien in Eile durch die Stadt gegen die Kronenpforte (bei der heutigen Universität). Hier und auf den Schanzen daneben waren noch Russen... Eine Menge von ihnen wurde gefangen... Freitags und samstags raubten und schändeten die Franzosen noch in vielen einsam stehenden Häusern in der Umgebung der Stadt. Ein grässlicher Anblick bot sich am Freitag morgen in Ober- und Unterstrass. Auf der Strasse und in den Feldern und Weinbergen lag eine Menge Toter nackt oder in zerrissenen Kleidern. Stücke zerschlagener Waffen und Wagen, ganze Pfützen Blut..., von Jammer betäubte Menschen, allenthalben zerschlagene Fenster und beschädigte Häuser, niedergetretene Weinreben... Kein Haus, in dem nicht mehr oder minder geplündert worden war!»

Erzherzog Karl, österreichischer Kommandant in der Ersten Schlacht bei Zürich

Der Stellvertreter Erzherzog Karls, Friedrich Freiherr von Hotze, hiess ursprünglich Hotz und stammte aus Richterswil. In österreichischem Dienst brachte er es bis zum Feldmarschalleutnant und erhielt den Adelstitel.

189

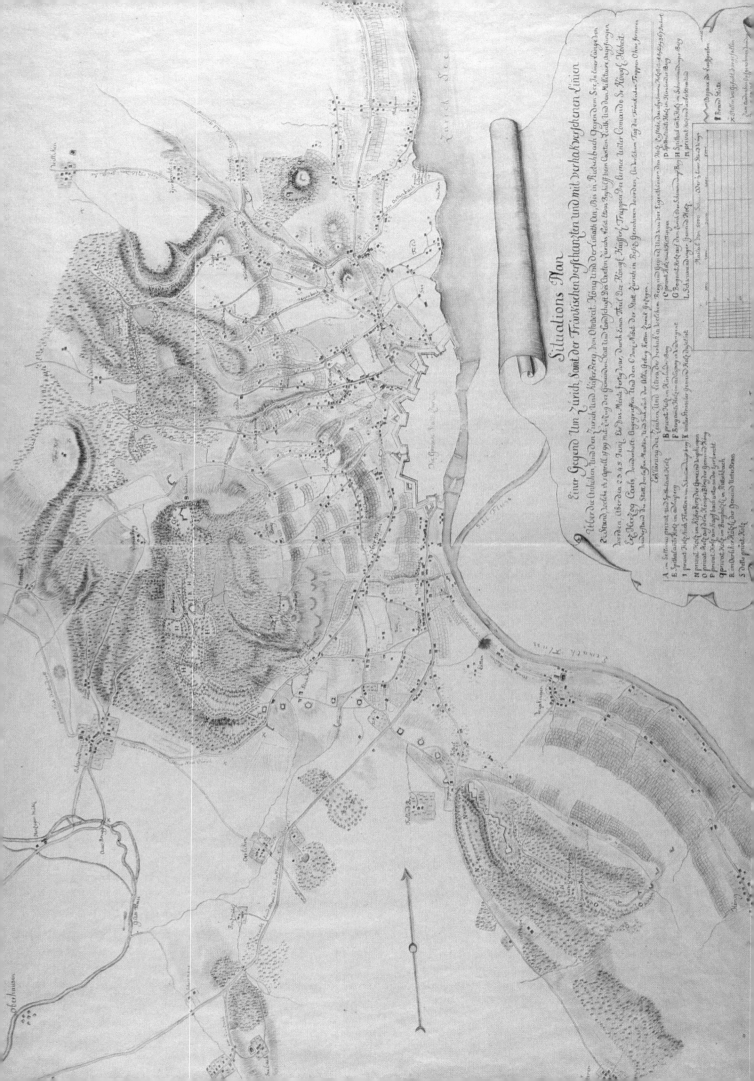

Situations Plan

Einer Gegend Um Zürich Samt der Frantzösischen Verschantzten und mit Verlab besehenen Linien

Über die Lindischen Lind Den Zürich Und Küferberg von Ober Heit: König Und Der Limath An. Bis in Riekelbach Gegen dem See. Ja einer Länge Von
Zu Stund Welche Herr den 2. 3 4 5 Juny. 1799 Mit Einig der Gemeinde Nam Und Landschaft Des Cantons Zürich. Wie Eben Begriff vom Canton Zürich Und Den Militaire Angefangen
Worden. Aber den 2 3 4 5 Juny. Die Das Werk fertig war. Durch Einen Theil Die König: Kayßerl. Truppen der Berne Under Commando Sr. König: Hoheit
Sr Hertzog Carls. Wonderheit. Eingegriffen Und den Ober: Theil der Stadt Zürich in Besitz Genohmen Worden. An Welchem Tag die Frantzischen Truppen Ohne ferneres
Wiederstand Der Stadt Durchge Martin, Und Sich Ans der Alten Gelegz Ketten Zurück Gelegen.

Erklärung Der Zeichen, Und Littera der Deshalb zu Verstehen.

A. == Setten zu prenesl und Spik:prenesl Roleg.   B. prenesl Roleg == Rain:lie: Berg   C. prenesl Roleg das Spitzen:berg den Mair, L. Roleg. Den Gemeinen Das: Roleg als Helg zu Spik:prenesl
E. Spik:lauf die Roleg im Waldiprig   F. Bergwirte Roleg im Wol:gwey in Waber:gol   D. Spik:lauf das Roleg an Horw:liedien Berg
1. prenesl Roleg Rock Flanten == Schurten:Jagdpy   K. under Schantzen genannt Roleg Dugelok   G. Bergwirt Roleg auf Den Lieule Das: Schannen == Rolog H. Spitbuzl Roleg Roleg == Schurten:Dugel: Berg
M. prenesl Roleg im Kilter: Berg Der Gemeinde Dugel:wgen   L. Schurten:Burger Genannt Roleg.
O. prenesl Roleg den Kenguil Kloster Gemainde: Wäny
P. prenesl Roleg am Begriff Kant welten under Spik:lauf.
q. prenesl Roleg == Begriff Roleg in Riekel: Bach
R. under lit: Roleg == Burghölßl in Riekelbach
S. Delt: prenesl Roleg

Das Wichtigste in Kürze:

1798 besetzte das revolutionäre Frankreich die Schweiz. In den meisten Kantonen brach die Herrschaft der alten Regierungen widerstandslos zusammen. Die Schweiz wurde besetztes Land. 1799 bekämpften sich auf Schweizer Boden französische, österreichische und russische Heere. Die Bevölkerung litt unter dem Krieg.

Abbildung links: Zürich und Umgebung rechts der Limmat zur Zeit der Schlachten bei Zürich 1799 (zeitgenössischer Plan)

1 Warum waren die französischen Armeen erfolgreich?
2 Warum wollten die Franzosen die Schweiz in Besitz nehmen?
3 Erkläre die Begriffe «13 Orte», «Zugewandte Orte», «Gemeine Herrschaften».
4 Wie wirkte sich der französische Einmarsch für die Schweiz aus?

5 Warum konnten die Franzosen die Schweiz so leicht erobern? Kann man daraus für die heutige Zeit Lehren ziehen?
6 Manche Leute hofften, mit Hilfe der Franzosen könnten die Zustände in der Schweiz verbessert werden. Wurden ihre Hoffnungen erfüllt? Inwiefern?

Europa unter Napoleon

In der Zeit, da das Direktorium über Frankreich regierte (1795–1799; siehe auch Seite 179), waren die französischen Armeen sehr erfolgreich. Österreich erlitt in Italien schwere Niederlagen, die Schweiz wurde besetzt (siehe Seite 182–185). Im Innern Frankreichs stand es schlechter. Weiterhin gab es von allen Seiten Aufstandsversuche. Die Direktoren waren unter sich völlig zerstritten.

Wegen ihrer Siege waren die französischen Generale beliebt und angesehen. Die meisten von ihnen begnügten sich mit ihren militärischen Erfolgen und mit der Beute, die sie zu reichen Männern machte. Einer von ihnen aber strebte nach mehr: Napoleon Bonaparte.

Der Aufstieg Napoleons

Napoleon Bonaparte (1769–1821) stammte aus Korsika und begann noch vor der Revolution die Laufbahn eines Berufsoffiziers. Er schloss sich der Französischen Revolution an und wurde schon 1796, mit 27 Jahren, General der französischen Armee, die nach Italien vorstossen sollte. In einem Jahr besiegte er die österreichischen Truppen in mehreren Schlachten und besetzte ganz Oberitalien. Nun galt er als grosser Held.

Napoleon im vertraulichen Gespräch über seine Ziele mit dem Diplomaten André Miot de Mélito (1797):

49 «Glauben Sie, dass ich in Italien Siege erfechte, um damit das Ansehen der Männer des Direktoriums zu erhöhen...? Glauben Sie vielleicht, dass ich eine Republik begründen will? Welcher Gedanke!... Das ist eine Wahnvorstellung, in die die Franzosen vernarrt sind, die aber auch wie so manche andere vergehen wird. Was sie brauchen, das ist Ruhm, die Befriedigung ihrer Eitelkeit. Von der Freiheit verstehen sie nichts. Blicken Sie auf die Armee! Die Erfolge und die Triumphe, die wir soeben davongetragen haben, die

Napoleon Bonaparte in seinem Arbeitszimmer
(Gemälde von Jacques-Louis David)

191

haben dem französischen Soldaten seinen wahren Charakter wiederverschafft. Für ihn bin ich alles. Das Direktorium soll sich nur einfallen lassen, mir das Kommando über die Armee wegzunehmen! Dann wird man schon sehen, wer der Herr ist. Die Nation braucht einen Führer, einen durch Ruhm hervorragenden Führer, aber keine Theorien über Regierung, keine grossen Worte... Mein Entschluss ist gefasst; wenn ich nicht Herr sein kann, werde ich Frankreich verlassen.»

Napoleon ergreift die Macht

Im November 1799 nützte Napoleon den Streit unter den Direktoren aus. Im Bündnis mit zwei Direktoren besetzte er die Regierungsgebäude mit Truppen. Das Direktorium und die beiden Kammern (siehe Seite 179) wurden aufgelöst. Statt dessen regierte Napoleon nun als «Erster Konsul» über Frankreich. Das Volk leistete keinen Widerstand. Man war froh, dass nun wieder eine feste Ordnung geschaffen wurde. Fünf Jahre später erhob sich Napoleon zum «Empereur», zum Kaiser. Das änderte nichts an seiner Macht, war aber eine Rangerhöhung. Als Kaiser hoffte Napoleon, die Herrschaft in seiner Familie zu verankern.

Die Kaiserkrönung Napoleons 1804 in der Kathedrale Notre-Dame in Paris: Der Kaiser krönt seine Gattin Joséphine.

Napoleon unterwirft den Kontinent

Die Kriege gingen weiter. Grossbritannien, Österreich und Russland fanden sich nicht damit ab, dass Frankreich so mächtig geworden war. Sie fürchteten auch, dass sich durch Napoleon die Ideen der Revolution weiter verbreiten würden. Umgekehrt war Napoleon auf Erfolge angewiesen, wenn er die Macht über Frankreich behaupten wollte, denn erfolglose Generale regieren selten lang.

Auf dem Festland war Napoleon so erfolgreich wie kaum ein Herrscher vor ihm. Österreich, Preussen und Russland erlitten schwere Niederlagen. Deutschland, Italien und Spanien wurden von Frankreich abhängig. Dagegen wurde die französische Flotte von der britischen vernichtend geschlagen (Schlacht bei Trafalgar 1805). Napoleon hatte nun kein Mittel mehr, um Grossbritannien direkt anzugreifen.

Unter Napoleons Herrschaft: Vorteile...

Für die Franzosen hatte Napoleons Herrschaft manche Vorteile. Die besiegten Länder mussten riesige Zahlungen leisten. Mit diesem Geld füllte Napoleon die Staatskasse und bezahlte die Staatsschulden. An die Stelle des wertlosen Papiergeldes der Revolutionszeit trat eine wertbeständige Silbermünze, der Franc. Unter Napoleon trat ein Gesetzbuch in Kraft, das gleiches Recht für alle Bürger schuf, der «Code civil» (auch: «Code Napoléon»). Das Gerichtswesen

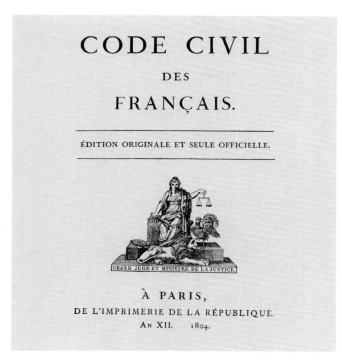

CODE CIVIL

DES

FRANÇAIS.

ÉDITION ORIGINALE ET SEULE OFFICIELLE.

GRAND JUGE ET MINISTRE DE LA JUSTICE.

À PARIS,

DE L'IMPRIMERIE DE LA RÉPUBLIQUE.

AN XII. 1804.

Die erste Ausgabe des Code civil, 1804

wurde so geordnet, dass jeder die gleichen Chancen hatte. Napoleon vereinheitlichte die Masse und Gewichte, wobei er überall das Dezimalsystem einführte.

Die Familie im Code civil, im Schweizerischen Zivilgesetzbuch von 1912 und im heutigen Familienrecht:
50 *Aus dem Code civil:*
«212. Die Ehegatten sind einander Treue, Hilfe und Beistand schuldig.
213. Der Mann ist seiner Frau Schutz, die Frau ihrem Manne Gehorsam schuldig.
214. Die Frau ist verpflichtet, bei dem Manne zu wohnen und ihm überall hin zu folgen, wo er seinen Aufenthalt nehmen will. Der Mann ist verpflichtet, ihr alles, was für das Leben erforderlich ist, nach seinem Vermögen und seinem Stande zu gewähren.
215. Die Frau kann ohne Erlaubnis ihres Mannes nicht vor Gericht einen Prozess führen.
371. Das Kind jeden Alters schuldet seinen Eltern Achtung und Ehrerbietung.
372. Es bleibt unter ihrer Gewalt bis zu seiner Volljährigkeit.
373. Sind die Eltern verheiratet, so übt der Vater allein diese Gewalt aus.
374. Das Kind darf ohne Erlaubnis des Vaters nicht von zu Hause ausziehen, ausser zu freiwilligem Eintritt in den Militärdienst nach zurückgelegtem achtzehntem Altersjahr.»
Aus dem Schweizerischen Zivilgesetzbuch von 1912:
«159. Die Ehegatten verpflichten sich gegenseitig, das Wohl ihrer Gemeinschaft in einträchtigem Zusammenwirken zu wahren und für die Kinder gemeinsam zu sorgen. Sie schulden einander Treue und Beistand.
160. Der Ehemann ist das Haupt der ehelichen Gemeinschaft. Er bestimmt die eheliche Wohnung und hat für den Unterhalt für Weib und Kind in gebührender Weise Sorge zu tragen.

161. ... Die Ehefrau steht dem Mann mit Rat und Tat zur Seite und hat ihn in seiner Sorge für die Gemeinschaft zu unterstützen. Sie führt den Haushalt.
168. Die Ehefrau kann Prozesse führen...
271. Eltern und Kinder sind einander allen Beistand und alle Rücksicht schuldig, die das Wohl der Gemeinschaft erfordert.
274. Während der Ehe üben die Eltern die elterliche Gewalt gemeinsam aus. Sind die Eltern nicht einig, so entscheidet der Wille des Vaters.
275. Die Kinder sind den Eltern Gehorsam und Ehrerbietung schuldig.
278. Die Eltern sind befugt, die zur Erziehung der Kinder nötigen Züchtigungsmittel anzuwenden.»
Aus dem heute gültigen Familienrecht der Schweiz (Revidiertes Zivilgesetzbuch von 1977 und 1985):
«159. Die Ehegatten verpflichten sich gegenseitig, das Wohl der Gemeinschaft in einträchtigem Zusammenwirken zu wahren und für die Kinder gemeinsam zu sorgen. Sie schulden einander Treue und Beistand.
163. Die Ehegatten sorgen gemeinsam, ein jeder nach seinen Kräften, für den gebührenden Unterhalt der Familie...
164. Der Ehegatte, der den Haushalt besorgt, die Kinder betreut oder dem andern im Beruf oder Gewerbe hilft, hat Anspruch darauf, dass der andere ihm regelmässig einen angemessenen Betrag zur freien Verfügung ausrichtet.
168. Jeder Ehegatte kann mit dem andern oder mit Dritten Rechtsgeschäfte abschliessen...
271. Eltern und Kinder sind einander allen Beistand, alle Rücksicht und Achtung schuldig, die das Wohl der Gemeinschaft erfordert.
297. Während der Ehe üben die Eltern die elterliche Gewalt gemeinsam aus...
301. Die Eltern leiten im Blick auf das Wohl des Kindes seine Pflege und Erziehung... Das Kind schuldet seinen Eltern Gehorsam; die Eltern gewähren dem Kind die seiner Reife entsprechende Freiheit der Lebensgestaltung und nehmen in wichtigen Angelegenheiten, soweit tunlich, auf seine Meinung Rücksicht.»

... und Nachteile für die Franzosen

Anderseits hatte der französische Bürger in der Politik nichts mitzureden. Napoleon regierte allein, gestützt auf Armee, Beamte und Polizei. Dauernd führte Frankreich irgendwo Krieg. Auch wenn diese Kriege für Frankreich siegreich verliefen, forderten sie doch von den Franzosen viele Opfer. Immer wieder wurden neue Soldaten aufgeboten, von denen ein grosser Teil nie mehr zurückkehrte. Im ganzen forderten die Kriege zwischen 1792 und 1815 (als Napoleon endgültig gestürzt wurde) auf französischer Seite über eine Million, auf gegnerischer Seite fast zwei Millionen Tote.

Vorteile und Nachteile für die andern

Auch für die Staaten, die nun von Frankreich abhängig waren, brachte die Herrschaft Napoleons gewisse Vorteile. Viele seiner Neuerungen wurden übernommen.

Europa 1812

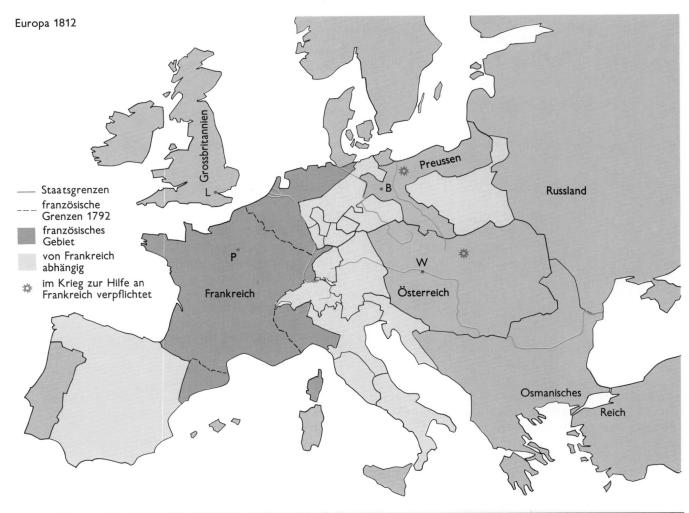

Staatsgrenzen

--- französische
Grenzen 1792

französisches
Gebiet

von Frankreich
abhängig

im Krieg zur Hilfe an
Frankreich verpflichtet

Aus einem Brief Napoleons an seinen Bruder Jérôme, den er zum Herrscher über das deutsche Land Westfalen ernannt hatte (1807):

51 «Dein Thron wird nur auf dem Vertrauen und der Liebe Deiner Untertanen befestigt sein. Was aber das deutsche Volk am sehnlichsten wünscht, ist, dass diejenigen, die nicht adlig sind, durch ihre Fähigkeiten gleiche Rechte haben... Dein Königtum wird sich durch die Wohltaten des Code civil und durch das öffentliche Gerichtsverfahren... auszeichnen... Dein Volk muss sich einer Freiheit, einer Gleichheit, eines Wohlstandes erfreuen, die den übrigen Einwohnern Deutschlands noch nicht bekannt sind...»

Anderseits mussten die von Frankreich abhängigen Staaten hohe Abgaben zahlen und Napoleon Soldaten zur Verfügung stellen. In manchen Ländern kam es zu Aufständen. Besonders die Spanier widersetzten sich der französischen Herrschaft. Sie kämpften in kleinen, selbständigen Gruppen, welche die Franzosen immer wieder aus dem Hinterhalt angriffen und ihnen schwere Schäden zufügten. Diese Kriegsweise nannte man «guerilla» (spanisch: «Kleinkrieg», das heisst: Krieg mit kleinen Verbänden).

Bild links: Erschiessung spanischer Aufständischer in Madrid (1808) durch französische Soldaten (Gemälde von Francisco Goya)

Das Wichtigste in Kürze:
1798 ergriff in Frankreich der erfolgreiche General Napoleon Bonaparte die Macht. Es gelang ihm, ganz Mittel- und Westeuropa unter seine Kontrolle zu bringen. Napoleon führte manche Neuerungen ein, die sich bis heute ausgewirkt haben.

1 Zähle einige Stationen aus dem Lebenslauf Napoleons bis zur Kaiserkrönung auf.
2 Welche Vorteile und welche Nachteile hatte Napoleons Herrschaft für Frankreich?
3 Welche europäischen Länder konnte Napoleon besiegen und in seine Abhängigkeit bringen?
4 Welches Land konnte die französische Flotte besiegen und so die Eroberung durch Napoleon verhindern?

5 Vor kurzer Zeit hatten sich die Franzosen von der Königsherrschaft befreit und eine Republik gegründet. Jetzt aber jubelten viele Franzosen Napoleon zu und begrüssten seine Alleinherrschaft. Versuche, dies zu erklären.
6 Trage auf einer Europakarte den Herrschaftsbereich Napoleons ein.

Die Schweiz unter Napoleon

Die Helvetische Republik

Auch die Schweiz war von Frankreich abhängig. Nach ihrem Einmarsch 1798 schufen die Franzosen aus der alten Eidgenossenschaft die «République Hélvétique une et indivisible» (die einheitliche und unteilbare Helvetische Republik). Sie war ganz nach dem Vorbild des damaligen Frankreich organisiert (siehe Seite 179). Danach wurde die Schweiz von einem Direktorium mit fünf Mitgliedern regiert. Diese setzten in den Kantonen Statthalter ein. Die Kantone verloren jede Selbständigkeit; die Kantonsgrenzen wurden öfters verändert, manche neugeschaffenen Kantone existierten nur wenige Monate. Diese Lösung bewährte sich nicht. Es gab andauernd Regierungswechsel, Umstürze, Aufstände und Bürgerkriege. Die meisten Schweizer hingen an der Eigenständigkeit ihres Kantons. So gab es etwa bei einem Aufstand in Nidwalden im Herbst 1798 500 Tote, während 600 Häuser, darunter der Hauptort Stans, verbrannten. Heinrich Pestalozzi eröffnete darauf in Stans ein mit einer Schule verbundenes Waisenhaus.

Aus dem Bericht des französischen Generals Schauenburg, welcher den Aufstand in Nidwalden unterdrückte (1798):

52 «Gegen 6 Uhr abends waren wir vollkommen Herr dieser unglücklichen Gegend, die zum grossen Teil vom Feuer verheert und verwüstet ist... Alles, was Waffen trug, ist getötet worden. Wir haben ungefähr 350 Verwundete. Es war einer der heissesten Tage, die ich je gesehen. Man schlug sich mit Keulen. Man zermalmte sich mit Felsstücken... Kurz, man wendete alle möglichen Mittel an, um einander zu vernichten.»

Heinrich Pestalozzi und die Waisen von Stans
(Gemälde von Konrad Grob)

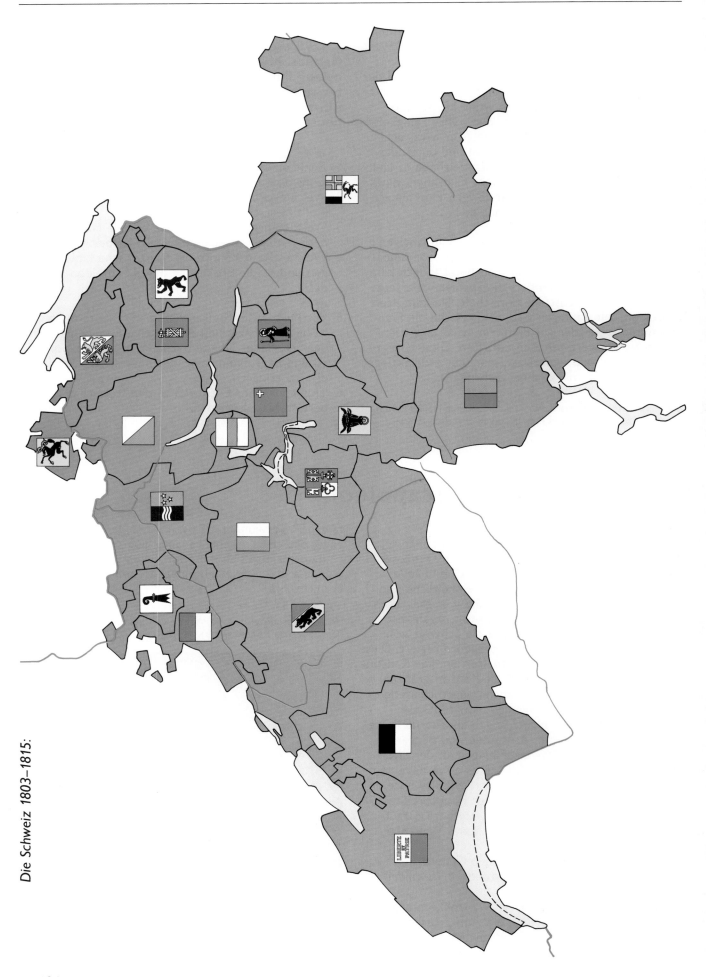

Die Schweiz 1803–1815:

Die Organisation der Schweiz 1803–1815
(Mediationsverfassung):

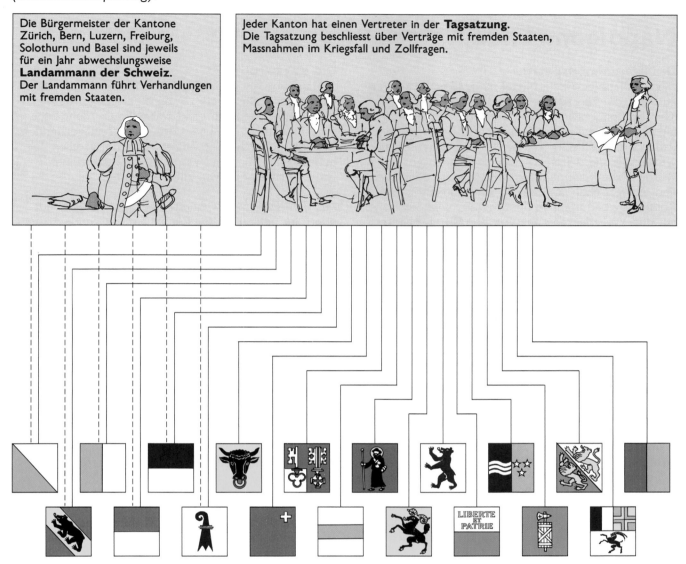

Die Bürgermeister der Kantone Zürich, Bern, Luzern, Freiburg, Solothurn und Basel sind jeweils für ein Jahr abwechslungsweise **Landammann der Schweiz**. Der Landammann führt Verhandlungen mit fremden Staaten.

Jeder Kanton hat einen Vertreter in der **Tagsatzung**. Die Tagsatzung beschliesst über Verträge mit fremden Staaten, Massnahmen im Kriegsfall und Zollfragen.

Die Mediationsverfassung von 1803

Schliesslich hatte Napoleon von den ewigen Unruhen in der Schweiz genug und schuf die Mediationsverfassung. Sie wird so genannt, weil Napoleon als «Médiateur» (Vermittler) in den Streit der Parteien eingriff. Die Eidgenossenschaft bestand nun aus 19 selbständigen, gleichberechtigten Kantonen. Auch innerhalb eines Kantons sollten alle Bürger gleichberechtigt sein. Die Eidgenossenschaft war auch verpflichtet, Napoleon Truppen zur Verfügung zu stellen.

Das Wichtigste in Kürze:

Um die inneren Streitigkeiten in der Schweiz zu schlichten, schuf Napoleon die Mediationsverfassung. Die Eidgenossenschaft bestand nun aus 19 selbständigen, gleichberechtigten Kantonen.

1 Wie wurde die Schweiz zur Zeit der «Helvetischen Republik» regiert?
2 Wer eröffnete nach dem Aufstand der Nidwaldner gegen die Franzosen in Stans ein Waisenhaus?
3 Wie hiess die Verfassung, welche Napoleon für die Schweiz schuf? Worin bestand der Hauptunterschied zur Verfassung der Helvetischen Republik?

4 Welche der heutigen Kantone gehörten zur Zeit der von Napoleon geschaffenen Verfassung nicht zur Schweiz?
5 Überlege, welche Folgen wohl die Verpflichtung der Eidgenossenschaft hatte, Napoleon Truppen zur Verfügung zu stellen.

Napoleons Ende

Die Kontinentalsperre

Weil Napoleon kein Mittel fand, Grossbritannien zu besiegen, verordnete er die Kontinentalsperre. Kein europäisches Land durfte Waren an Grossbritannien liefern oder von ihm beziehen. Er hoffte, dass dadurch die britische Wirtschaft zusammenbrechen würde und die Briten so zum Nachgeben gezwungen würden. Die Kontinentalsperre schadete aber auch den europäischen Staaten. So kam zum Beispiel keine Rohbaumwolle mehr in die Schweiz, weil der Handel auf den Weltmeeren ganz von den Briten beherrscht wurde. Hinzu kam, dass Napoleon, um die französischen Fabrikanten zu schonen, der schweizerischen Textilindustrie den Export verbot. 1812 waren in der Ostschweiz 20 000 Heimarbeiter arbeitslos.

Auch Russland beteiligte sich zuerst unter Druck an der Kontinentalsperre. Als der russische Kaiser aber merkte, welche Schäden ihm der Unterbruch des Handels mit Grossbritannien brachte, hielt er sich nicht mehr an sie. Eine Wirtschaftssperre erreicht aber ihr Ziel nur, wenn sich alle daran beteiligen. Daher wollte Napoleon den russischen Kaiser bestrafen und ihn zur Einhaltung der Sperre zwingen.

Der Feldzug gegen Russland

Im Sommer 1812 zog Napoleon mit der «Grande Armée» nach Russland. Sie setzte sich aus Angehörigen vieler europäischer Völker zusammen, darunter 13 000 Schweizern. Die Russen stellten sich nur selten zur Schlacht, sondern zogen sich immer mehr ins Landesinnere zurück. Im September besetzte Napoleon Moskau. Zahlreiche Brände, die vermutlich von den Russen gelegt wurden, führten aber zur weitgehenden Zerstörung der überwiegend aus Holzhäusern bestehenden Stadt. Der Winter nahte, und die fast 400 000 Mann starke Hauptmacht der «Grande Armée» hatte keine Unterkunft mehr.

Napoleons «Grande Armée» 1812:

241 000 Franzosen
147 000 Deutsche
70 000 Polen
34 000 Österreicher
28 000 Italiener
13 000 Schweizer
27 000 Angehörige anderer Staaten
560 000 Mann

Im Verlauf des Feldzuges wurden noch weitere 50 000 Mann eingesetzt. Von den total eingesetzten 610 000 Mann überlebten 110 000.

Russland verfügte etwa über 500 000 Mann. Seine Verluste betrugen etwas über 200 000.

Die Katastrophe

Napoleon entschloss sich zum Rückmarsch. Dieser wurde zur Katastrophe. In dem bereits auf dem Hinweg ausgeplünderten Land waren kaum mehr Lebensmittel aufzutreiben. Die Kälte des hereinbrechenden Winters nahm zu. Die Russen, die zum grossen Teil beritten und für den Winter besser ausgerüstet waren, griffen nun von allen Seiten her an.

Aus dem Bericht des württembergischen Oberleutnants von Yelin über den Rückzug der «Grande Armée»:
53 «Tausende starben schon jetzt an Entkräftung und Hunger, die Pferde nährten sich kümmerlich von Baumrinde und altem, verfaultem Stroh und Holz... Die langen Nächte waren fürchterlich, das grüne Holz wollte nicht brennen... Oft kam es, wenn das Feuer angezündet war, dass Stärkere kamen und die ersten verjagten, wobei es öfters zu Mord und Totschlag kam. Diejenigen, welche während des Marsches zusammenbrachen, blieben auf der Strasse liegen, die nächsten Fuhrwerke gingen über sie hinweg, noch ehe sie ganz tot waren, und zermalmten sie; kein Mensch nahm sich die Mühe, solche Unglückliche auf die Seite zu schaffen oder aus dem Weg zu ziehen...»

Aus dem Bericht des französischen Unteroffiziers François Bourgogne:
54 «Schon gegen neun Uhr lag ein Teil von uns in einem von Kälte, Hunger und den von Strapazen hervorgerufenen Schmerzen oft unterbrochenen Schlummer. Mein armseliges Mahl bestand in Pferdeleber und etwas Schnee... Es war ein starker Nordwind, der durch den Wald heranbrauste und eine Kälte von 27 Grad mitbrachte. Die Soldaten vermochten es nicht mehr, auf ihren Plätzen auszuharren, und schreiend liefen sie irgendeiner Richtung zu, in der sie Feuer sahen. Doch bald wurden sie von den Schneewirbeln eingehüllt, verloren die Richtung und gerieten in tiefe Schneewehen, aus denen sie sich mit ihren schwachen Kräften nicht mehr herauszuarbeiten vermochten. Viele Hunderte kamen auf diese Weise um, viele Tausende aber starben auf ihren Plätzen in hoffnungsloser Ergebung...»

Viele Franzosen, die in Gefangenschaft gerieten, fielen der Wut der russischen Bauern und Soldaten zum Opfer.

An der Beresina

Als die französische Hauptmacht den Fluss Beresina Ende November erreichte, zählte sie noch etwa 50 000 Mann. Die Schweizer Soldaten mussten die nachdrängenden Russen aufhalten, um den Übergang über den Fluss zu ermöglichen. Sie selbst durften sich erst als letzte zurückziehen.

*Aus dem Bericht des württembergischen Leutnants
Karl Kurz über die letzten Kämpfe an der Beresina
am 29. November 1812 (Es war den Franzosen
gelungen, zwei Brücken über den Fluss zu bauen.
Bevor aber alle die Brücken überschritten hatten,
drängten die Russen heran.):*

55 «Ein naher Kanonendonner und Gewehrsalven
künden auf einmal das Nahen des Feindes an...
Immer dichtere fliehende Haufen nahen in unge-
ordnetem Zuge heran, und die Brücken erblickend,
stürzen sie sich in besinnungsloser Eile auf diesen
Rettungsweg. Jeder glaubt, jetzt sei der günstigste
Augenblick zur Rettung für ihn, und so stürzen und
drängen alle zugleich... auf die schmalen Zugänge zu
den Brücken. Zertretene Leichname, gefallene Pferde, die sich noch in ihren letzten Zuckungen über
noch lebende, niedergeworfene Menschen hinwälzen,
bilden schon ein fast unübersteigbares Bollwerk...
Der Wehruf der durch die feindlichen Geschosse
Zerschmetterten, der Zertretenen, derer, die in die
tobenden Fluten des Stromes stürzten; die grässli-
chen Flüche der von der Brücke wieder Zurückge-
drängten... – all diese Szenen mischten sich grauen-
voll in das vollendete Zerrbild des überall drohenden
Todes und der Zerstörung... Das menschliche Mass
unseres Jammers und Entsetzens schien erschöpft, als
unter immer näher tönendem Donner des Geschützes... sich in immer dichteren Reihen die Feinde auf
den entfernten Anhöhen zeigten... Reiter stürzten
sich in den Strom und suchten ihn trotz der Eisschol-
len zu durchschwimmen; die meisten wurden aber

Die Grande Armée in Russland auf dem Rückzug (Aquarell eines
Unbekannten)

nach wenigen Schritten von den brausenden Wellen verschlungen... Die Massen wogten jetzt so gewaltsam gegen die Ufer des Stromes hinan, dass sie sich nicht allein gegen die Brücken, sondern gerade in den Strom schoben. Vergebens drängten die Vordersten gegen die anwogenden Massen zurück; sie wurden von den hohen Ufern zu Hunderten hinabgestürzt in die Wellen... Die Kugeln schlugen nun immer dichter in die verzweifelte Masse, und in den hallenden Donner des Geschützes mischte sich das Wehgeschrei Halbzerschmetterter, der Angstruf der in dem Strom Versinkenden und das Toben und Fluchen derer, die mit verzweifelter Gewalt vorwärts zu dringen versuchten. Am fürchterlichsten steigerte sich das Entsetzen vor und auf den Brücken selbst... Der Fuss trat nicht auf Leichen, sondern auf Lebende, die sich, halb zerstampft, in wilden Zuckungen wälzten... Ein entmenschter Kampf entbrannte auf diesen Stellen. Der Kamerad wollte sich Bahn brechen durch den Untergang des Kameraden; schonungslos stürzte er ihn über den Rand der Brücke, wenn er ihn am Weiterkommen hinderte. Die Gestürzten klammerten sich im Fallen noch an die Nächsten an, um sie mit sich in den Abgrund zu reissen oder von ihnen Rettung zu finden. Diese setzten sich aber zur Wehr, und mit dem Säbel oder mit dem Bajonett erteilten sie den tödlichen Hieb oder Stich, der die angstvolle Umklammerung der Verzweifelnden löste und sie blutend in die Fluten stürzte...»

Der Übergang über die Beresina, 25.–29. November 1812 (Lithographie von Victor Adam)

Napoleons Herrschaft bricht zusammen

Am Jahresende 1812 war von der «Grande Armée» fast nichts mehr übrig. Napoleon selbst hatte sie nach dem Beresina-Übergang verlassen und war nach Paris zurückgekehrt. Seine Niederlage in Russland führte aber dazu, dass sich nun die übrigen europäischen Staaten Russland anschlossen und sich gegen ihn erhoben. Diesmal war er der schwächere. Obwohl er sich nicht scheute, selbst fünfzehnjährige Knaben zu den Waffen aufzubieten, musste er bis Ende 1813 nach mehreren Niederlagen Deutschland räumen. Im April 1814 zogen russische, preussische und österreichische Truppen in Paris ein.

Der Wiener Kongress

Die Herrscher von Russland, Österreich, Preussen und Grossbritannien veranstalteten nun in Wien einen Kongress fast aller europäischer Staaten. Hier sollte nach den vielen Kriegen eine dauerhafte Friedensordnung geschaffen werden. Revolutionen sollten für alle Zeiten verhindert werden. Als König in Frankreich setzten sie einen Bruder Ludwigs XVI., Ludwig XVIII., ein. Die von Frankreich in der Revolutionszeit eroberten Gebiete wurden wieder selbständig oder fielen an Österreich und Preussen.

Die «Hundert Tage» und das Ende

Napoleon hatte nach seiner Niederlage auf seinen Thron verzichten müssen und dafür als kleines Fürstentum die Insel Elba erhalten. Damit fand er sich aber nicht ab. 1815 kehrte er heimlich nach Frankreich zurück. Ein grosser Teil des Heeres lief zu ihm

Europa 1815

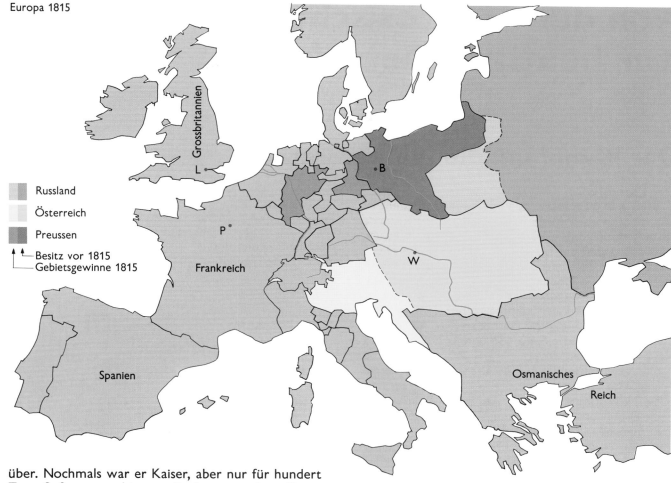

Russland
Österreich
Preussen
Besitz vor 1815
Gebietsgewinne 1815

Grossbritannien

L

Frankreich

P

Spanien

B

W

Osmanisches

Reich

über. Nochmals war er Kaiser, aber nur für hundert
Tage. Sofort marschierten die Armeen seiner Gegner
ein zweites Mal in Frankreich ein und besiegten ihn
endgültig. Nun wurde er auf der Insel St. Helena im
südlichen Atlantik bis zu seinem Tod 1821 gefangen-
gehalten.

Das Wichtigste in Kürze:
**Napoleon wollte Grossbritannien durch eine
Wirtschaftsblockade (Kontinentalsperre) zum
Nachgeben zwingen. Da sich Russland nicht
daran hielt, unternahm er den Russlandfeld-
zug. Dieser wurde zu einer Katastrophe. Fast
alle Staaten erhoben sich gegen Napoleon
und bereiteten seiner Herrschaft ein Ende.**

1 Warum griff Napoleon Russland an?
2 Was geschah in Moskau?
3 Was geschah an der Beresina?
4 Was geschah mit Napoleon nach seiner Niederlage
   im April 1814?
5 Was geschah in den «Hundert Tagen»? Welches
   Schicksal erlitt Napoleon danach?
6 Welche Aufgabe hatte der Wiener Kongress?

7 Viele Franzosen verehren Napoleon noch heute.
   Wie beurteilst du ihn?

Von der Französischen Revolution zur heutigen Demokratie

Der Kampf um die Freiheitsrechte

Die Liberalen

1815 war Napoleon endgültig besiegt worden. In den meisten europäischen Staaten herrschten wieder absolute Könige. Viele Leute dachten, die Ideen der Aufklärung und der Französischen Revolution seien jetzt für alle Zeit begraben. Andere aber setzten sich weiter für diese Ideen ein. Sie nannten sich «Liberale» («Freiheitsfreunde»; von lateinisch «libertas»: die Freiheit). Die Liberalen kämpften für

- die Verwirklichung der Freiheitsrechte für jeden Bürger (vergleiche Seite 163 und 172, Quellentext 31)
- die Verwirklichung der Gewaltentrennung (vergleiche Seite 163 und 164)
- die Mitbestimmung des Volkes in der Politik durch die Einführung des Wahlrechts (vergleiche Seite 173).

In manchen Ländern versuchten die Liberalen, durch Revolutionen ans Ziel zu gelangen. In andern Ländern verlief die Entwicklung friedlich. Am Anfang des 20. Jahrhunderts besassen schliesslich die meisten europäischen Staaten mehr oder weniger liberale Verfassungen: Die Bürger besassen recht viel Freiheit, die drei Gewalten waren voneinander getrennt, die gesetzgebende Gewalt (meistens «Parlament» genannt) wurde vom Volk gewählt.

Sicherung der Freiheitsrechte

Nach dem Ersten Weltkrieg wurden jedoch in manchen Ländern diese liberalen Verfassungen umgestürzt. Diktatoren wie Hitler und Stalin unterdrückten jede Freiheit. Nach dem Zweiten Weltkrieg wurden daher die Bemühungen, die Freiheitsrechte zu sichern, verstärkt. Die Mitglieder der Vereinten Nationen (UNO) unterzeichneten die «Erklärung der Menschenrechte». Die westeuropäischen Staaten, darunter die Schweiz, gingen einen Schritt weiter. Sie schlossen die «Konvention zum Schutze der Menschenrechte und Grundfreiheiten» ab (1950; Beitritt der Schweiz 1972). In Strassburg wurde eine «Europäische Kommission» eingerichtet. Wer glaubt, seine Freiheitsrechte seien von den Behörden seines Staates verletzt worden, kann sich an sie wenden. Die Mitgliedstaaten der Konvention müssen sich an die Entscheidungen dieser Kommission halten.

In der heutigen Schweiz und in vielen andern Staaten verfügt der Bürger über viele Freiheitsrechte. Allerdings gelten diese häufig nicht unbeschränkt. Weil der Mensch nicht allein, sondern mit andern Menschen zusammenlebt, muss er auch die Grenzen seiner Freiheit akzeptieren.

Die wichtigsten Freiheitsrechte:

Freiheitsrecht

Recht auf Leben und persönliche Freiheit

Recht auf Gleichheit vor dem Gesetz

Recht auf Eigentum

Glaubens- und Gewissensfreiheit

Pressefreiheit

Vereins- und Versammlungsfreiheit

Bedeutung	Einschränkungen
Die Behörden des Staates dürfen niemanden töten oder einsperren. Sie müssen nach Möglichkeit für die Sicherheit der Bürger sorgen.	Wer gegen ein Gesetz verstösst, kann verhaftet und durch ein Gericht zu einer Gefängnisstrafe (eventuell auch zum Tod) verurteilt werden.
Die Gesetze gelten für alle Bewohner des Staates gleich und müssen von allen eingehalten werden.	Nur Inhaber des Bürgerrechtes dürfen an Wahlen und Abstimmungen teilnehmen. Ausländer sind davon ausgeschlossen.
Die Behörden des Staates dürfen niemandem sein Eigentum wegnehmen. Sie müssen nach Möglichkeit Raub und Diebstahl verhindern.	Der Staat kann einem Eigentümer zwangsweise Land abkaufen, wenn dieses für die Allgemeinheit gebraucht wird (z.B. Strassenbau, Bau eines Schulhauses, Waffenplatz).
Jeder darf sich zu der Religion bekennen, die ihm am meisten zusagt. Jede Religionsgemeinschaft darf ihren Gottesdienst abhalten.	Die Religionszugehörigkeit befreit einen nicht von den staatsbürgerlichen Pflichten (vergleiche Seite 145).
Die Behörden des Staates dürfen den Druck und den Verkauf von Zeitungen und Büchern nicht verbieten.	Zeitungen und Bücher dürfen nicht zu Verbrechen auffordern. Es dürfen keine militärischen Geheimnisse verraten werden.
Die Bürger dürfen sich zu Vereinen aller Art (Politik, Kultur, Sport, Wirtschaft) zusammenschliessen. Die Bürger dürfen sich versammeln, um ihre Meinung zu äussern.	Vereinigungen, welche kriminelle Ziele verfolgen oder die Staatsordnung mit Gewalt verändern wollen, sind verboten. Versammlungen auf öffentlichem Grund (Demonstrationen) können verboten werden, wenn Gewaltanwendung zu befürchten ist.

Die Freiheitsrechte in verschiedenen Verfassungen

Aus der Verfassung des Kantons Zürich (1831):

56 3. Alle Bürger haben die gleichen Rechte.
4. Die Glaubensfreiheit ist gewährleistet.
5. Die Freiheit der Presse ist gewährleistet.
6. Die Freiheit des Handels und des Gewerbes ist gewährleistet, soweit sie mit dem Wohl der Gesamtbürgerschaft... vereinbar ist.
9. Die persönliche Freiheit jedes Bewohners ist gewährleistet.
15. Die Verfassung sichert die Unverletzlichkeit des Eigentums und gerechte Entschädigung für Abtretungen, die das öffentliche Wohl erfordert.

Aus der schweizerischen Bundesverfassung von 1874:

4. Alle Schweizer sind vor dem Gesetz gleich.
44. Die Glaubens- und Gewissensfreiheit ist unverletzlich. Die Glaubensansichten entbinden nicht von der Erfüllung der bürgerlichen Pflichten.
55. Die Pressefreiheit ist gewährleistet.
56. Die Bürger haben das Recht, Vereine zu bilden.

Aus dem Grundgesetz der Bundesrepublik Deutschland (1949):

2. Jeder hat das Recht auf Leben und körperliche Unversehrtheit.
3. Alle Menschen sind vor dem Gesetz gleich. Männer und Frauen sind gleichberechtigt.
4. Die Freiheit des Glaubens und des Gewissens sind unverletzlich. Niemand darf gegen sein Gewissen zum Kriegsdienst mit der Waffe gezwungen werden.
5. Jeder hat das Recht, seine Meinung in Wort, Schrift und Bild frei zu äussern... Eine Zensur ist verboten.
8. Alle Deutschen haben das Recht, sich ohne Anmeldung oder Erlaubnis friedlich und ohne Waffen zu versammeln. Für Versammlungen unter freiem Himmel kann dieses Recht... beschränkt werden.
9. Alle Deutschen haben das Recht, Vereine und Gesellschaften zu bilden.
14. Das Eigentum... ist gewährleistet... Eigentum verpflichtet. Sein Gebrauch soll zugleich dem Wohl der Allgemeinheit dienen. Eine Enteignung ist nur zum Wohl der Allgemeinheit zulässig.

Aus der Erklärung der Vereinten Nationen (UNO) über die Menschenrechte (1948):

1. Alle Menschen sind frei und gleich an Würden und Rechten geboren.
2. Jeder Mensch hat das Recht auf Leben, Freiheit und Sicherheit der Person.
7. Alle Menschen sind vor dem Gesetz gleich.
9. Niemand darf willkürlich festgenommen, in Haft gehalten oder des Landes verwiesen werden.
13. Jeder Mensch hat das Recht, sein Land zu verlassen und in sein Land zurückzukehren.
18. Jeder Mensch hat Anspruch auf Gedanken-, Gewissens- und Religionsfreiheit.

19. Jeder Mensch hat das Recht auf freie Meinungsäusserung.
20. Jeder Mensch hat das Recht auf Versammlungs- und Vereinigungsfreiheit zu friedlichen Zwecken.

Aus der Konvention zum Schutze der Menschenrechte und Grundfreiheiten (abgeschlossen von westeuropäischen Staaten im Rahmen des Europarates 1950):

2. Das Recht jedes Menschen auf das Leben wird gesetzlich geschützt.
5. Jeder Mensch hat ein Recht auf Freiheit und Sicherheit. Die Freiheit darf einem Menschen... nur auf dem gesetzlich vorgeschriebenen Weg entzogen werden.
9. Jeder hat Anspruch auf Gedanken-, Gewissens- und Religionsfreiheit.
10. Jeder hat Anspruch auf freie Meinungsäusserung.
11. Alle Menschen haben das Recht, sich friedlich zu versammeln.
25. Die Kommission kann durch... jede natürliche Person, nichtstaatliche Organisation oder Personenvereinigung angegangen werden, die sich durch eine Verletzung der in dieser Konvention anerkannten Rechte... beschwert fühlt.

Das Wichtigste in Kürze:

Im 19. Jahrhundert setzten sich die Liberalen für die Verwirklichung der Freiheitsrechte ein. Heute garantiert die Staatsordnung in vielen Staaten den Bürgern zahlreiche Freiheitsrechte.

1 Wofür setzten sich die Liberalen im letzten Jahrhundert ein?
2 Die meisten Verfassungen der europäischen Länder am Anfang des 20. Jahrhunderts waren «liberal». Erkläre diesen Ausdruck.
3 Welche Organisationen sind heute bemüht, die Freiheitsrechte des Menschen zu schützen?
4 Wohin kann sich heute ein Europäer wenden, wenn er glaubt, seine Freiheitsrechte seien von den Behörden seines Staates verletzt worden?
5 Zähle die wichtigsten Freiheitsrechte auf, und schreibe die wichtigsten Einschränkungen derselben dazu. Kennst du weitere Einschränkungen?
6 Gibt es auch für dich Freiheitsrechte, welche durch Gesetze geschützt sind? Wohin kannst du dich wenden, wenn du glaubst, deine Freiheitsrechte seien verletzt worden?

Die Entwicklung zur Demokratie

Kampf um Demokratie

In der Französischen Revolution hatten die Bürger nicht nur für Freiheitsrechte, sondern auch für Mitbestimmungsrechte in der Staatsführung, der Politik, gekämpft. Die liberalen Politiker im 19. Jahrhundert setzten diesen Kampf fort. Sie sagten: Nur wenn das Volk die Politik bestimmt, kann es seine Freiheitsrechte bewahren. Zuerst waren noch viele der Ansicht, dass nur die gebildeten oder vermögenden Bürger fähig seien, Staatsangelegenheiten zu verstehen und darüber zu entscheiden. Mit der Zeit aber setzte sich die Meinung durch, jeder erwachsene männliche Bürger sollte in der Politik gleich viel zu sagen haben. Dies bedeutete die Entwicklung zur Demokratie, zur Volksherrschaft. In immer mehr Staaten setzte sich die demokratische Staatsform durch. In manchen von diesen gab es zwar weiterhin einen König oder eine Königin, doch übten die Herrscher nur noch wenig Macht aus.

Wie aber sollte das Volk bestimmen, was im Staat geschehen sollte? Die Bürger konnten sich schliesslich nicht täglich besammeln und politisieren. Auch die Demokratie kam ohne Regierung nicht aus. Daher wurden verschiedene **Formen der Demokratie** entwickelt.

Direkte Demokratie

In diesem System wählt das Volk nicht nur die Regierung. Es beschliesst auch über alle wichtigen Fragen direkt. Jeder Bürger kann Vorschläge machen, über die das Volk dann abstimmt. Nur über die unwichtigeren und alltäglichen Dinge muss die Regierung das Volk nicht befragen.

Die direkte Demokratie ist nur möglich, wenn das Volk nicht zu gross ist. Nur dann kann es sich versammeln, diskutieren und beschliessen. Daher ist die direkte Demokratie vor allem in kleineren Gemeinden üblich.

Direkte Demokratie:

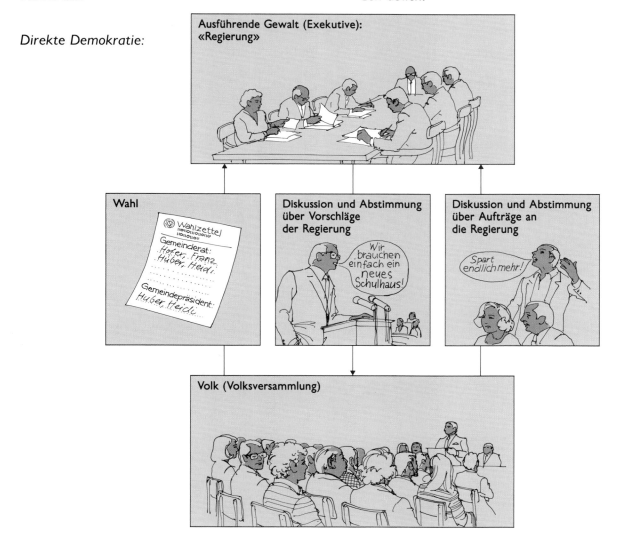

Indirekte Demokratie

In diesem System überträgt das Volk seine Mitbestimmungsrechte an die von ihm gewählten Volksvertreter. Weil sich jeder Bürger an der Wahl beteiligen kann, sollte die Volksvertretung die Meinung des ganzen Volkes widerspiegeln (repräsentieren).

Diese Art der Demokratie ist auch in grossen Staaten möglich. Beispiele dafür sind etwa Grossbritannien, die Bundesrepublik Deutschland und Italien. Die Wahl erfolgt nicht durch eine Volksversammlung, sondern an der Urne: In jedem Dorf und in jedem Stadtquartier wird eine Urne aufgestellt, in welche der Bürger seinen Wahlzettel einlegt.
Der Bürger kann aber nicht direkt in der Politik mitbestimmen.

Indirekte (repräsentative) Demokratie:

Parteien

Damit gewählt werden kann, müssen Wahlvorschläge gemacht werden. Diese Aufgabe übernehmen die Parteien. Jede Partei hat ihre besonderen Vorstellungen, wie der Staat regiert werden sollte. Bei der Wahl der Volksvertretung schlägt sie eigene Parteimitglieder zur Wahl vor. Sie hofft, dass möglichst viele von ihnen gewählt werden. Wenn ihr das gelingt, so hat sie nachher in der Volksvertretung grossen Einfluss und kann dort ihre Ziele verwirklichen.

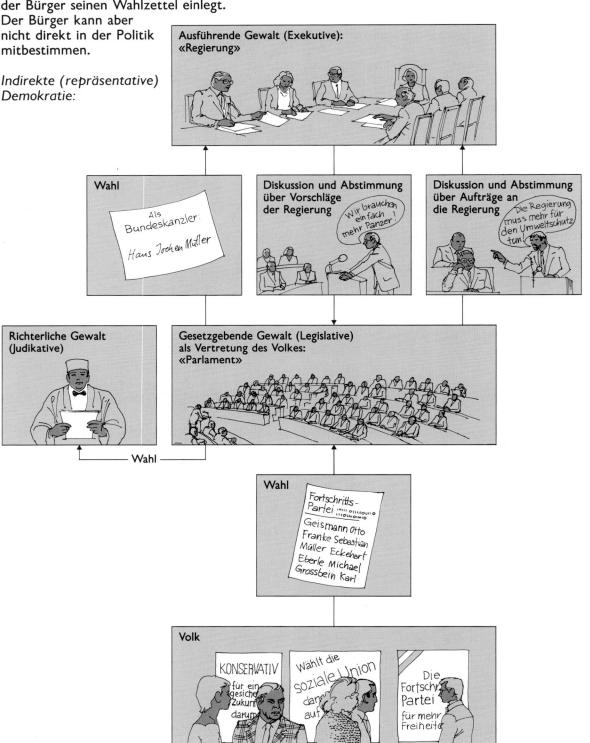

Halbdirekte Demokratie in der Schweiz

In der Schweiz fand man, die indirekte Demokratie biete dem Bürger zuwenig Mitbestimmungsmöglichkeiten. Man entwickelte daher für die grösseren Gemeinden und Städte, die Kantone und den Bund eine mittlere Lösung.

In diesem System kann das Volk nicht nur seine Vertreter wählen, sondern auch zu wichtigen Angelegenheiten ja oder nein sagen. In einigen kleinen Kantonen wählt und beschliesst das Volk zum Teil nicht an der Urne, sondern in einer Volksversammlung, der Landsgemeinde.

Die halbdirekte Demokratie:

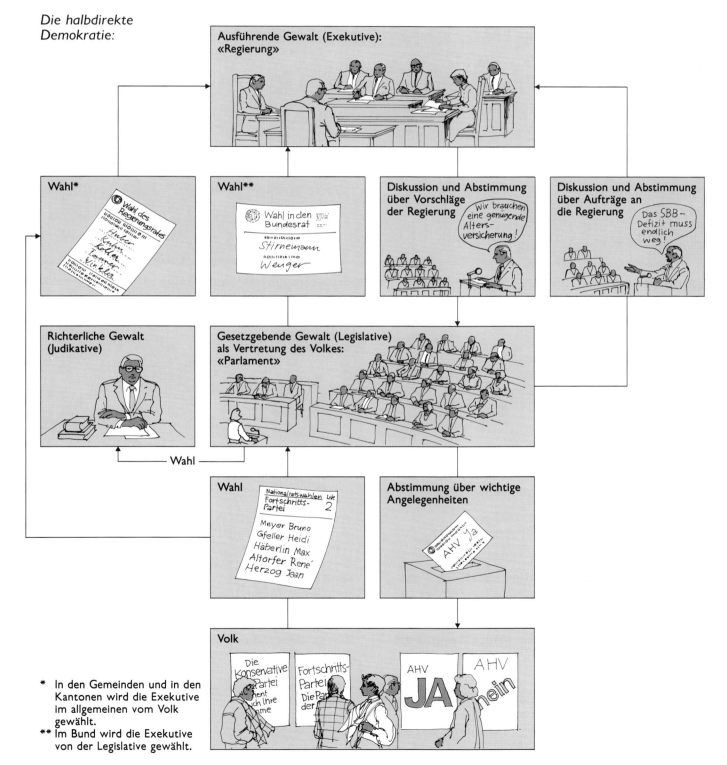

*   In den Gemeinden und in den Kantonen wird die Exekutive im allgemeinen vom Volk gewählt.
** Im Bund wird die Exekutive von der Legislative gewählt.

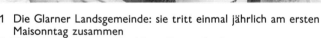

1 Die Glarner Landsgemeinde: sie tritt einmal jährlich am ersten Maisonntag zusammen
2 Volksabstimmung an der Urne: Stimmabgabe
3 Volksabstimmung an der Urne: Stimmenauszählung

Das Wichtigste in Kürze:

Im 19. und 20. Jahrhundert setzte sich die Idee der Gleichberechtigung aller Bürger in der Politik in immer mehr Staaten durch. Verschiedene Formen der Demokratie wurden entwickelt: die direkte, die indirekte und die halbdirekte Demokratie.

1 Wie kann das Volk, nach der Meinung der liberalen Politiker, seine Freiheitsrechte bewahren?
2 Welche Rechte hat das Volk in der direkten Demokratie? Wie kann es mitbestimmen?

3 An wen überträgt das Volk seine Rechte in der indirekten Demokratie?
4 Welche Rechte hat das Volk in der halbdirekten Demokratie der Schweiz?

5 Welche Aufgaben haben die politischen Parteien? Kennst du schweizerische Parteien und ihre Ziele?
6 Warum wohl hat man sich in der Schweiz weder für die direkte noch die indirekte Demokratie, sondern für einen Mittelweg entschieden?
7 Zeichne das Schema der halbdirekten Demokratie der Schweiz (Volk, drei Gewalten, Wahlen, Abstimmungen).
8 Zähle alle Möglichkeiten auf, wie ein Schweizer Bürger oder eine Schweizer Bürgerin an der Politik in unserem Staat teilnehmen kann.

Die Gleichberechtigung der Frau

Gleichberechtigung für die Frauen?

Die Denker der Aufklärung hatten die Gleichberechtigung aller Menschen gefordert. Die meisten von ihnen hatten dabei aber nur die Männer im Auge. Es war für sie noch selbstverständlich, dass eine Frau heiratete und dann von ihrem Mann versorgt und geschützt wurde. Einige fragten allerdings bereits: «Warum nicht auch Gleichberechtigung für die Frauen? Unterscheiden sie sich denn so stark von den Männern?» Während der Französischen Revolution verfasste Olympe Marie de Gouges eine «Erklärung der Rechte der Frau und Bürgerin».

Aus der Erklärung der Rechte der Frau und Bürgerin von Olympe Marie de Gouges (1791):

57 «1. Die Frau ist frei geboren und bleibt dem Manne gleich an Rechten...

6. Recht und Gesetz sollten Ausdruck des Gemeinwillens sein. Alle Bürgerinnen und Bürger sollen persönlich oder durch ihre Vertreter an ihrer Gestaltung mitwirken...»

Diese Erklärung blieb ohne direkte Wirkung. Im Gesetzbuch Napoleons, dem Code civil (siehe Seite 193), dominierte der Mann in der Familie.

Neue Aufgaben und neue Möglichkeiten für die Frauen

Im 19. Jahrhundert nahmen aber immer mehr Frauen die Freiheitsideen des Liberalismus auch für sich in Anspruch. Einige forderten das Recht, studieren zu dürfen, und erhielten es schliesslich auch. 1867 wurde zum ersten Mal auf der Welt an der Universität Zürich eine Studentin zum Doktor der Medizin befördert. Die meisten Mädchen erhielten aber nach der obligatorischen Schulzeit immer noch keine weitere Ausbildung.

In der gleichen Zeit stellten sich für die Frauen auch neue Probleme. Viele waren nicht mehr nur Hausfrauen, sondern auch Fabrikarbeiterinnen. Manche hatten einen Gatten, der nicht für sie sorgte, sondern das Geld vertrank. Die Erziehung der Kinder wurde so zu einer besonders schwierigen Aufgabe. Um die Lage der Frauen zu verbessern, entstanden zahlreiche Frauenvereine. Diese erkannten, dass die Frauen ihre Ziele nur ganz erreichen konnten, wenn sie auch in der Politik mitreden durften. Sie forder-

Kongress des «Internationalen Verbandes für das Frauenstimmrecht» 1920 in Genf

ten das Frauenstimmrecht. Gegen das Ende des 19. Jahrhunderts wurde die Frauenstimmrechtsbewegung immer stärker.

Frauenstimmrecht

In den meisten Ländern konnte das Frauenstimmrecht durch den Beschluss der gesetzgebenden Gewalt, des Parlaments, eingeführt werden. Diesem gehörten nur Männer an. Die Mehrheit von diesen liess sich mit der Zeit davon überzeugen, das Frauenstimmrecht einzuführen.

Die Einführung des Frauenstimmrechts in verschiedenen Staaten (Auswahl):

1893 Neuseeland
1906 Finnland
1913 Norwegen
1915 Dänemark
1917 Russland, Niederlande
1918 Grossbritannien (bis 1928 nur Frauen über
      30 Jahren)
1919 Deutsches Reich, Österreich, Polen, Schweden
1920 Vereinigte Staaten von Amerika
1945 Frankreich, Italien
1947 Japan
1952 Griechenland
1961 Paraguay (letzter amerikanischer Staat)
1971 Schweiz (letzter europäischer Staat ausser
      Liechtenstein)
1984 Liechtenstein

Frauenstimmrecht in der Schweiz

In der Schweiz mussten nicht nur National- und Ständerat, sondern auch der männliche Volksteil ja zum Frauenstimmrecht sagen. Er war nur schwer dazu zu bewegen. Seit dem Ende des Ersten Weltkrieges wurde in verschiedenen Kantonen mehrmals über die Einführung des Frauenstimmrechts abgestimmt, doch bis 1959 überall mit negativem Ergebnis. 1959 führten Neuenburg und Waadt als erste Kantone das Frauenstimmrecht ein.

Abstimmungsresultate über die Einführung des Frauenstimmrechts im Kanton Zürich:

Jahr	Ja-Stimmen	Nein-Stimmen
1920	21 633	88 595
1947	39 018	134 599
1954	48 143	119 543
1966	93 372	107 773
1970	115 839	57 010

Über die Einführung des Frauenstimmrechtes in eidgenössischen Angelegenheiten wurde 1959 und 1971 abgestimmt.

1

2

1 Abstimmungskampf um das Frauenstimmrecht in Zürich 1947
2 Abstimmungskampf um das eidgenössische Frauenstimmrecht 1971

Abstimmungsresultate über die Einführung des Frauenstimmrechts in eidgenössischen Angelegenheiten (ganze Schweiz):

Jahr	Ja-Stimmen	Nein-Stimmen	zustimmende Kantone	ablehnende Kantone
1959	322 727	654 939	3	19
1971	621 109	323 882	15½	6½

Aus der Broschüre «Im Sinne der Gerechtigkeit und der Demokratie» (1958):

58 «Seit hundert Jahren hat sich eine gewaltige Reifung der Frauen vollzogen. Sie sind aus dem abgeschlossenen häuslichen Leben hinaus ins Erwerbsleben getreten. Sie sind zu modernen Menschen geworden, die mit der ganzen Kultur, mit allen Problemen des gegenwärtigen Lebens aufs engste verknüpft sind. Es ist ihr Bedürfnis, vollen Anschluss auch an das politische Leben zu erhalten... Der Ausschluss der Frauen von den politischen Rechten entsprach den sozialen und politischen Verhältnissen, wie sie vor hundert Jahren bestanden. Er entspricht den heutigen Verhältnissen nicht mehr. Der heutige Staat, die heutige Gesellschaft braucht die Mitarbeit der Frauen... Mann und Frau müssen gemeinsam an unserer Demokratie weiterbauen!»

Aus dem «Züri-Bote» des Bundes der Zürcherinnen gegen das Frauenstimmrecht (1966):

59 «Was nützt es unserem Land oder: Was nützt es der Frau, wenn wir das Frauenstimmrecht einführen? Wir müssen in beiden Fällen mit einem klaren ‹Nichts› antworten. Denn es ist klar, dass die Verdoppelung der Dummen wie der Gescheiten an der Urne dem Lande nicht dient. Auch die vielerwähnten ‹intelligenten Frauen› werden wenig nützen, fehlt es doch in unserer Politik nicht an Intelligenz, höchstens etwa an persönlichem Mut... Die Schweizerin gehört, auch ohne aktives Mit-Politisieren, zu den rechtlich bestgestellten Frauen der Welt. Sie geniesst gesetzliche Vorteile, die die Männer nicht haben: keine Militärdienstpflicht, frühere AHV-Renten..., Sonderschutzbestimmungen im Arbeitsgesetz... Es ist eine grosse Frage, ob jene intellektuellen Frauen, die Zeit haben, in der Politik mitzureden, im Sinne der einfachen Schweizerin, der Mütter und Berufstätigen wirken würden.»

In den folgenden Jahren wurde das Frauenstimmrecht auch in allen Kantonen eingeführt, zuletzt (1990) in Appenzell-Innerrhoden. Die Frauen können in den National-, den Stände- und den Bundesrat gewählt werden. Die Demokratie gilt auch für sie. 1984 wurde mit Elisabeth Kopp die erste Bundesrätin gewählt.

Das fehlende Stimmrecht war nicht der einzige Rechtsunterschied zwischen Frau und Mann. In der Ehe galt lange der Mann als alleiniges Familienoberhaupt (siehe Seite 193). Oft erhielten die Frauen auch für die gleiche Arbeit weniger Lohn. In anderen Bereichen waren sie allerdings auch bevorzugt: sie leisteten keinen Militärdienst, bezogen früher die staatliche Altersrente und hatten beim Tod ihres Mannes Anspruch auf eine Witwenrente.

Je mehr die Ausbildung, die beruflichen Möglichkeiten und die Selbständigkeit der Frauen verbessert wurden, desto heftiger wurde die völlige Gleichberechtigung von Mann und Frau gefordert. 1981 stimmte das Volk einer Ergänzung der Schweizerischen Bundesverfassung zu:

60 «Art. 4, Abs. 2: Mann und Frau sind gleichberechtigt. Das Gesetz sorgt für ihre Gleichstellung, vor allem in Familie, Ausbildung und Arbeit. Mann und Frau haben Anspruch auf gleichen Lohn für gleichwertige Arbeit.»

Um diese Bestimmung zu verwirklichen, müssen allerdings noch sehr viele Gesetze geändert werden. Daher bestehen trotz dieser Verfassungsbestimmung manche Rechtsunterschiede zwischen Mann und Frau heute noch.

Das Wichtigste in Kürze:
Im 19. Jahrhundert nahm die Frauenstimmrechtsbewegung ihren Anfang. Im 20. Jahrhundert setzte sich das Frauenstimmrecht in den meisten Staaten durch.

1 Welche Einstellung hatte man bis ins 19. Jahrhundert zu den Aufgaben der Frauen in der Gesellschaft?
2 Weshalb war es in der Schweiz viel schwieriger, das Stimm- und Wahlrecht für Frauen einzuführen, als in anderen Ländern?
3 Welches waren die Argumente der Befürworter des Frauenstimmrechtes, und wie argumentierten die Gegner?
4 Welche Rechtsunterschiede zwischen Männern und Frauen bestanden ausser dem fehlenden Stimmrecht?
5 Gegner des Frauenstimmrechtes sagen immer wieder, dass die Frauen mehrheitlich gar nicht an Politik interessiert seien und deshalb auch keine Beteiligung daran wünschten. Äussere deine Meinung dazu.
6 In allen Parlamenten und Regierungen der Welt sind die Frauen, gemessen an ihrem Bevölkerungsanteil, stark untervertreten. Welche Gründe hat dies? Kann und soll das geändert werden?
7 Ist die völlige Gleichberechtigung zwischen Mann und Frau in der Schweiz schon durchgeführt worden? Wo liegen die Grenzen? Welche Rechtsunterschiede bestehen heute noch?

Anhang

Quellenverzeichnis

Angermeyer, H.: Dokumente der Kirchengeschichte. Rothenburg o. J.: 50(3), 58(14), 100(50)

Aristophanes: Sämtliche Komödien. Hg. von Ludwig Seeger. Band 1. Zürich/Stuttgart 1962: 155(2)

Aulard, Alphonse: Recueil des actes du comité de salut public. Band 7. Paris 1902: 178(37)

Balthasar, Hans Urs von: Die grossen Ordensregeln. Einsiedeln 1974: 52f.(6), 55(9)

Bardenhewer, O. u.a.: Bibliothek der Kirchenväter. Band 14. München 1911ff.: 50(2)

Barnett, Miguel: Der Cimarron. Die Lebensgeschichte eines geflohenen Negersklaven. Frankfurt a.M. 1976: 35(27)

Benradt, Gustav Adolf: Klassiker des Protestantismus. Band 1. Bremen 1967: 64(18)

Becker, Friedrich: Geschichte der Astronomie. Zürich/Mannheim 1968: 40(34)

Bianchi, Vendramino: Realizione del paese dei Svizzeri. Venedig 1708: 128(10)

Bissing, Friedrich Wilhelm von: Altägyptische Lebensweisheit. Zürich/Stuttgart 1955: 109(1)

Blasig, Winfried; Bobusch, Wolfgang: Von Jesus bis heute. 46 Kapitel aus der Geschichte des Christentums. München 1973: 97(47)

Boesch, Joseph: Weltgeschichte vom Beginn des 18. Jahrhunderts bis 1914. Erlenbach-Zürich 1978: 162(11)

Bollinger, Armin: Die Inka. Lausanne 1977: 22(9)

Bossuet, Jacques-Bénigne: Politique tirée des propres paroles de l'Ecriture sainte: Œuvres complètes. Band 8. Paris 1877: 114(3)

Bourgogne, François: 1812 – Kriegserlebnisse. Hg. von H. von Natzmer. Stuttgart 1913: 198(54)

Brackenhoffer, Elias: Voyages en Suisse 1643 et 1645. Lausanne 1930: 127f.(9)

Breasted, J.H.: Ancient records of Egypt. Band 1. Chicago 1906: 109(2)

Brummack, Dorothea u.a.: Anpassung oder Wagnis. Frankfurt a.M. 1973: 58(13)

Bucher, Adolf; Schmid, Walter: Reformation und katholische Reform 1500–1712. Aarau 1958: 85(30)

Buchez, Philipp; Roux-Lavergne, P.C.: Histoire parlementaire de la Révolution française. Band 2. Paris 1834: 167ff.(26), 176(35)

Bullinger, Heinrich: Reformationsgeschichte. 3 Bände. Frauenfeld 1838–1840: 85(29)

Bundesverfassung der Schweizerischen Eidgenossenschaft: 58(15), 211(60)

Casas, Bartolomeo de las: Historias de las Indias. Band 3. Madrid 1927: 30(17)

Caspar, Erich: Gregorii VII. registrum. In: Monumenta Germaniae, Epistolae selectae. Band 2: 57(10)

Code civil. Hg. von Karl Heinsheimer u.a. Mannheim 1932: 193(50)

Columbus, Christoph: Selected Documents. Hg. von J. Cecil. London 1930: 19(7)

Condorcet, Antoine de: Esquisse d'un tableau historique des progrès de l'esprit humain. 2 Bände. Paris 1883: 162(13)

Cook, James: Entdeckungsfahrten im Pacific. Die Logbücher der Reisen 1768–1779. Tübingen/Basel 1971: 36(28), 37(30)

Coryat, Thomas: Crudities, Hastily gobled up in five Moneths travells. Band 2. Neudruck Glasgow 1905: 125ff.(8)

Diaz del Castillo, Bernal: Historia de la Conquista de la Nueva España. Band 1. Mexiko 1904: 21(8)

Dowley, Tim u.a.: Handbuch der Geschichte des Christentums. Basel/Wuppertal 1979: 53(7)

Egli, Emil: Aktensammlung zur Geschichte der Zürcher Reformation in den Jahren 1519–1533. Zürich 1879: 60(16), 85f.(32), 86(33), 86(36)

Encyclopédie ou Dictionnaire raisonné des Sciences, des Arts et des Métiers. Paris 1751ff.: 163(15)

Erneuerung, Christliche, der menschlichen Gesellschaft. Die Sozialenzykliken der Päpste. Aschaffenburg 1962: 97(46)

Forster, Georg: Reise um die Welt. In: Werke. Band 1. Frankfurt 1967: 36f.(29)

Franz, Günther: Staatsverfassungen. München 1964: 163(16), 163(18), 172(31), 204(56)

Funke, Gerhard: Die Aufklärung in ausgewählten Texten. Stuttgart 1963: 159(7), 161(10)

Furet, François; Richet, Denis: Die Französische Revolution. München 1968: 182(44)

Gasca, Pedro de la: Documentos relativos al Licenciado Pedro de la Gasca: Coleccion de documentos para la historia de España. Band 49 und 50. Madrid 1842ff.: 30(16)

Gibbon, Edward: Journal de mon voyage dans quelques endroits de la Suisse 15. Lausanne 1952: 128(11)

Giertz, Gernot: Vasco da Gama. Die Entdeckung des Seeweges nach Indien. Basel/Tübingen 1980: 15(2), 15f.(3)

Godinho, Manuel: Relaçao do novo caminho que fez por terra e mar. Lissabon 1944: 16(4)

Grün, Robert: Christoph Columbus. Das Bordbuch 1492. Tübingen/Basel 1970: 17f.(5), 18(6)

Gryphius, Andreas: Sämtliche Werke. Hg. von Hermann Palm. Band 3. Darmstadt 1961: 159(8)

Guggenbühl, Gottfried; Huber, Hans C.: Quellen zur Allgemeinen Geschichte. Band 3. 4. Aufl. Zürich 1976: 157(4, 5)

Gutschera, Herbert; Thierfelder, Jörg: Brennpunkte der Kirchengeschichte. Paderborn 1976: 95(44)

Gutzwiller, Jörg: Leitbilder. Sie fordern uns heraus. Giessen/Basel 1978: 99(49)

Hartig, Paul: Die Französische Revolution. Stuttgart 1972: 172(30), 191f.(49)

Heidelmeyer, Wolfgang: Die Menschenrechte. Paderborn 1972: 204(56)

Hunziker, Otto: Zeitgenössische Darstellungen der Unruhen in der Landschaft Zürich 1794–1798: Quellen zur Schweizer Geschichte. Band 17. Basel 1897: 180(39, 40, 41), 181(42, 43)

im Hof, Ulrich: Isaak Iselin. Kritische Beschreibung der Schweiz (1780). In: Festgabe Werner Kaegi. Basel 1971: 140(17)

Iselin, Isaak: Philosophische und patriotische Träume eines Menschenfreundes. Zürich 1758: 159(9)

600 Jahre Zürcher Seide. Hg. vom Kunstgewerbemuseum der Stadt Zürich. Zürich 1951: 138ff.(16)

Kaulfuss, Karl: Das Buch der Reformation. Leipzig 1917: 85(31)

Keller, Gottfried: Werke in zwei Bänden. Band 2. Zürich 1951: 135f.(15)

Kircheisen, F.M.: Briefe Napoleons des Ersten. 3 Bände. Stuttgart 1910: 195(51)

Köhler, Walther: Das Buch der Reformation Huldrych Zwinglis. München 1926: 83ff.(28)

Läpple, Alfred: Kirchengeschichte in Dokumenten. Düsseldorf 1969: 76(24)

Landauer, Gustav: Briefe aus der Französischen Revolution. 2 Bände. Frankfurt 1919: 169(27), 170(28), 170f.(29), 174f.(33), 175f.(34), 178(38)

Leon-Portillo, Miguel; Heuer, Renate: Rückkehr der Götter. Die Aufzeichnungen der Azteken über den Untergang ihres Reiches. Köln 1962: 25(10), 26(11), 26(12), 27(13), 28(14), 30(15)

Levron, Jacques: La vie quotidienne de la cour de Versailles. Paris 1965: 115f.(4)

Livingstone, David: Dreissig Jahre in Afrika. In: Voigtländers Quellenbücher. Band 95. Leipzig o.J.: 38(31)

Livingstone, David: Letzte Reise in Zentralafrika 1865–73. Band 2. Hamburg 1875: 38(32)

Lizarraga, Reginaldo de: Descripcion breve de toda la tierra del Péru: Biblioteca de Autores Españoles... Band 216: 31(19)

Locke, John: Zwei Abhandlungen über Regierung. Hg. von Hilmar Wilmarks. Halle 1906: 163(14, 17)

Luther, Martin: Kritische Gesamtausgabe. Weimar 1883–1948: 79(25, 26)

Meister, A.; Rütsche P.: Der Kanton Zürich im Jahre 1799. In: 94. Neujahrsblatt der Feuerwerker-Gesellschaft. Zürich 1899: 188(45)

Mirbt, Carl: Quellen zur Geschichte des römischen Papsttums und des römischen Katholizismus. 3. Aufl. Tübingen 1967: 57(11)

Moniteur, Réimpression de l'ancien. Paris 1854 ff.: 166f.(23, 24), 174(32)

Montesquieu, Charles de: Vom Geist der Gesetze. Hg. von Ernst Forsthoff. Tübingen 1951: 163(19, 20), 164(21)

Müller, Clara: Geschichte des aargauischen Schulwesens vor der Glaubenstrennung. Aarau 1917: 67(23)

von Muralt, Leonhard; Schmid, Walter: Quellen zur Geschichte der Täufer in der Schweiz. Band 1. Zürich 1952: 86(34)

Nabholz, Hans; Kläui, Paul: Quellenbuch zur Verfassungsgeschichte der schweizerischen Eidgenossenschaft und der Kantone. Aarau 1947: 94(40), 204(56)

Newton, John: The Journal of a Slave Trader. London 1962: 33(22)

Oberman, Heiko A. u.a.: Kirchen- und Theologiegeschichte in Quellen. 5 Bände. Neukirchen 1977ff.: 51(4), 66(20), 93f.(39), 97(45), 98(48), 100(51)

Oechsli, Wilhelm: Quellenbuch zur Schweizergeschichte. Kleine Ausgabe. 2. Aufl. Zürich 1918: 93(37), 195(52)

Paucke, Florian: Zwettler Codex. Wien 1959: 31f.(21)

Petrarca, Francesco: Epistole. Hg. von Ugo Dotti. Turin 1978: 67(22)

Petter, Guido: Die Erforschung der Antarktis. Würzburg 1979: 39(33)

Peuckert, Will-Erich: Die grosse Wende. Das apokalyptische Saeculum und Luther. Band 1. Hamburg 1948: 64(17)

Pfeilschifter, Georg: Acta reformationis catholicae. Die Reformverhandlungen des deutschen Episkopats von 1520–1570. Band 1. Regensburg 1959: 65(19)

Pfliegler, Michael: Dokumente zur Geschichte der Kirche. Innsbruck 1957: 57f.(12)

Porschnew, Boris: Die Volksaufstände in Frankreich vor der Fronde, 1623–1648. Leipzig 1954: 123f.(5)

Rabelais, François: Gargantua und Pantagruel. München 1955: 66f.(21)

Rahner, Hugo: Die Märtyrerakten des 2. Jahrhunderts. 2. Aufl. Freiburg 1954: 49f.(1)

Raynal, Guillaume-Thomas: Philosophische und politische Geschichte der Besitzungen und des Handels der Europäer in beiden Indien. Band 4. Hannover 1776: 34(26)

Rose, W.L.: A Documentary History of Slavery in North America. New York 1976: 34(25)

Rousseau, Jean-Jacques: Der Gesellschaftsvertrag oder die Grundsätze des Staatsrechts. Hg. von Heinrich Weinstock. Stuttgart 1958: 165(22)

Schiller, Friedrich: Wilhelm Tell. In: Sämtliche Werke. Band 6. Leipzig-Berlin o.J.: 156(3)

Schmid, Heinz-Dieter u.a.: Fragen an die Geschichte. Band 2. Frankfurt 1980: 86(35)

Schrift, Die Heilige, des Alten und des Neuen Testaments. Zürich 1966: 52(5), 55(8)

Schröder, H.: Die Frau ist frei geboren, Texte zur Frauenemanzipation. Band 1. München 1979: 209(57)

Seel, Otto: Antike Entdeckungsfahrten. Zürich 1961: 7(1)

Séjourné, Laurette: Altamerikanische Kulturen. In: Fischer-Weltgeschichte. Band 21. Frankfurt 1971: 31(20)

Senn, Matthias: Die Wickiana. Johann Jakob Wicks Nachrichtensammlung aus dem 16. Jahrhundert. Zürich/Küsnacht 1975: 141(18), 142(19)

Sieyès, Emmanuel: Politische Schriften 1788–1790. Hg. von Eberhard Schmitt und Rolf Reichardt. Darmstadt 1975: 167(25)

Sinne, Im, der Gerechtigkeit und der Demokratie. Hg. von der Arbeitsgemeinschaft der schweizerischen Frauenverbände für die politischen Rechte der Frau. o.O. 1958: 211(58)

Steffens, F.; Reinhardt, H.: Die Nuntiatur von Francisco Bonhomini 1579–81, Dokumente. 3 Bände. Solothurn 1906–1929: 93(38)

Störig, Hans Joachim: Kleine Weltgeschichte der Wissenschaft. 3. Aufl. Stuttgart 1954: 162(12)

Tages-Anzeiger. Tageszeitung für Stadt und Kanton Zürich: 94(41, 42), 130(12)

Thukydides: Der Grosse Krieg. Hg. von Heinrich Weinstock. Stuttgart 1954: 152ff.(1)

Vasquez de Espinosa, Antonio: Compendio de descripcion de las Indias Occidentales. In: Smithsonian Miscellaneous Collections. Band 108. Washington 1948: 31(18)

Villiger, Johann Baptist: Religionslehrbuch für Sekundar- und Mittelschulen. 2. Teil. Hochdorf 1963: 94(43)

Wallon, Henri: Histoire du tribunal révolutionnaire de Paris. 6 Bände. Paris 1880–82: 177(36)

Wehrli, Max: Das geistige Zürich im 18. Jahrhundert. Zürich 1943: 134f.(13), 135(14)

Wimmer, Wolfgang: Die Sklaven. Eine Sozialgeschichte mit Gegenwart. Reinbek bei Hamburg 1979: 34(24)

Württemberger, Die, in Russland. Denkwürdigkeiten aus dem Jahre 1812. Esslingen 1838: 199f.(55)

Wyss, Bernhard: Chronik. In: Quellen zur schweizerischen Reformationsgeschichte. Band 1. Basel 1901: 85(29)

Yelin, Christoph Ludwig von: In Russland 1812. München 1911: 198(53)

Zeller-Werdmüller, Heinrich: Aus zeitgenössischen Aufzeichnungen und Briefen. In: Vor hundert Jahren. Zürich 1899: 188f.(46)

Ziegler, Gilette: Der Hof Ludwigs XIV. in Augenzeugenberichten. Düsseldorf 1964: 124(6)

Ziegler, Peter: Zeiten, Menschen, Kulturen. Band 3. Zürich 1977: 83(27), 83ff.(28)

Zimmermann, E.A.W.: Almanach der Reisen. 1. Jahrgang. Leipzig 1802: 33(23)

Zivilgesetzbuch, Schweizerisches. (in Kraft gesetzt 1912). 1. Aufl. Zürich 1910: 159(6), 193(50)

Zivilgesetzbuch, Schweizerisches. 36. Aufl. Zürich 1986: 193(50)

Züri-Bote. Hg. vom Bund der Zürcherinnen gegen das Frauenstimmrecht. Solothurn 1966: 211(59)

Tabellen, Statistiken, Graphiken (soweit nicht von den Autoren erarbeitet)

Fogel, Robert; Engerman, Stanley: Time on the Cross. Boston und London 1974: 32

Handbuch Zürcher Sozialwesen 1981. Hg. von der Informationsstelle des Zürcher Sozialwesens. Zürich 1980: 146

Schmid, Heinz Dieter u.a.: Fragen an die Geschichte. Band 2. Frankfurt 1980: 64

Schmidt, Fred: Sklavenfahrer und Kuliklipper. 3. Aufl. Berlin 1944: 34

Störig, Hans Joachim: Kleine Weltgeschichte der Wissenschaft. Stuttgart 1954: 161

Trutwin, Werner; Breuning, Klaus: Wege des Glaubens. Unterrichtswerk für den katholischen Religionsunterricht. Düsseldorf o.J.: 52

Wimmer, Wolfgang: Die Sklaven. Eine Sozialgeschichte mit Gegenwart. Reinbek bei Hamburg 1979: 33

Ziegler, Peter: Zeiten, Menschen, Kulturen. Band 2. Zürich 1976: 11(3, 4), 75–77

Ziegler, Peter: Zeiten, Menschen, Kulturen. Band 3. Zürich 1979: 57.

Bildnachweis

Alinari, Fratelli, Florenz: 68(2)
American School of Classical Studies at Athens: Agora Excavations: 152, 153(1)
Archiv Büdeler, Thalham: 44(1), 45(4)
Archives Albert Schweitzer, Gunsbach: 97
Archiv für Kunst und Geschichte, Berlin: 13, 15, 25, 30, 40(r.), 44(2), 57, 65(1, 2), 67, 68(1), 70(3), 74(1, 2), 76, 78, 80, 88(1), 91, 153(2), 154(1), 156, 157(o., u.), 160(1), 194
Archivo di Stato, Lucca: 138(3)
Baugeschichtliches Archiv der Stadt Zürich: 62(u.), 126, 127(2), 139(2)
Biblioteca Medicea Laurenziana, Florenz: 27, 55(2)
Bibliothèque Nationale, Paris: 118(1), 120(2), 123, 161(4), 166, 167(1), 168(1), 172(2), 174, 176, 177(3), 179, 193, 200
Bibliothèque Publique de Dijon: 54
Bildarchiv Foto Marburg: 69(4)
Bildarchiv Preussischer Kulturbesitz, Berlin: 8(u.), 9, 17(o.), 32, 37(1), 39(1), 40(l.), 41, 42(1), 43(1), 49, 50, 55(3), 56, 69(3), 70(1), 73(1, 4), 79, 81(l.), 87, 160(2)
British Information Services, London: 158
Department of Antiquities and Museums, Ministry of Turism and Culture, Turkish Republic of Northern Cyprus: 6(2, 3, 4)
Deutsches Museum, München: 42(2)
Dörig, Hansruedi, Zürich: Umschlag, 20(o.), 21(1–4), 22(3, 4), 23(1, 2, 4, 5), 28, 29
Ediciones Vicens Vives, Barcelona: Historia de Espana 2: 8(o.)
van der Elsken, Ed, Edam: 96(1)
Foto Löbl-Schreyer, Bad Tölz-Ellbach: 69(6)
Foto Popp, Mainz (fotografiert im Gutenberg-Museum, Mainz): 75
Foto Weber-Odermatt, Stans: 92
Frantz, Alison, Princeton: 154(2, 3), 155(4)
Gerster, Georg, Zumikon: 39(2), 106
Gruppo Editoriale Fabri, Mailand: 70(2)
Hannau, Hans W., Florida: 17(u.)
Heydenreich: Universum der Kunst 22. C.H. Becksche Verlagsbuchhandlung, München: 69(7)
Hirmer Verlag, München: 73(3), 108(o., u.)
Hochbauamt des Kantons Zürich: 138(1)
Jürgens, Ost- und Europa-Foto, Köln: 45(3)
Keller, Christian, Langnau a.A.: 48(u. r.)
Keystone-Press, Zürich: 98, 208(2, 3)
KEY-color, Zürich: Umschlag (O. Iten: Mondlandung, K. Kerth-ZEFA: Petersdom)
KLM Aerocarto, Schiphol-Oost: 68(5)
KNA, Katholische Nachrichten-Agentur, Frankfurt a.M.: 48(u. l.), 100, 101(1, 2)
Kunstgewerbemuseum Zürich, Plakatsammlung: 210(1, 2)
Kunsthistorisches Museum, Wien: 71(5)
Landström, Björn: Knaurs Buch der frühen Entdeckungsreisen. Droemersche Verlagsanstalt, München 1964: 14(1)
Lauros-Giraudon, Paris: 52, 59(1, 2), 94, 167(2), 171, 172(1), 173
Loose, Helmut Nils, Grenoble: 93
Lutheran Film Associates, New York: 88(2)
Maier, Franz Georg: Neue Wege in die alte Welt. Hoffmann und Campe, Hamburg 1977: 6(1)
Mary Evans Picture Library, London: 33(1)
Merseyside County Museums, Liverpool: 22(1)
Missionsgesellschaft Bethlehem, Immensee: 96(2)
Musée de l'Armée, Paris: 199
Musée des Beaux-Arts, Lille: 177(1)
Musée Masséna, Nizza (Foto: de Lorenzo, Michel, Nizza): 188
Musées de Rouen: 165
Musées Nationaux, Paris: Umschlag, 104, 115(1, 2), 116(1), 119(1, 2) 120(1), 122, 168(2, 3), 169, 192
Museo di Blenio: 183
Museum für Völkerkunde, Wien: 23(3)
National Gallery of Art, Washington D.C.: 71(4), 191
Öffentliche Kunstsammlung, Kunstmuseum Basel (Colorphoto Hinz, Hans): 195
Perceval, Alain (Vue du ciel), Paris: 117
Photo Bulloz, Paris: 175(1)
Privatbesitz: 135
Quilici, Folco: Urvölker – wohin? Rizzoli Editore, Mailand 1972: Umschlag, 105

Rast, Benedikt, Freiburg: 61(1)
Reisebüro Kuoni, Zürich: 4, 5
Ringier Dokumentationszentrum, Zürich: 99
Salentiny, Fernand: Santiago. Umschau Verlag, Frankfurt a.M.: 26
Sélection du Reader's Digest, Paris und Zürich 1977: Les derniers Mystères du Monde. (Zeichnung: Eveno, Gérald): 20(u.)
Schleiniger, Max, Forch: 129(1)
Schönwetter, Hans, Glarus: 208(1)
Schweizerisches Institut für Kunstwissenschaft, Zürich: 136(1)
Schweizerisches Landesmuseum, Zürich: 81(r.), 84(1, 2), 129(2) 133, 134
Schweizerisches Sozialarchiv, Zürich 1975: Frauen in der Schweiz: 209
Shell (Switzerland), Zürich: 42(3)
Sieburg, Friedrich: Im Licht und Schatten der Freiheit. Deutsche Verlags-Anstalt, Stuttgart: 177(2)
Società Scala, Florenz: 71(7)
Staatsarchiv Basel, Bildersammlung, Falk. A. 536: 184
Staatsarchiv Zürich: 136(2), 139(1)
Stiftung St. Galler Museen, St. Gallen: 53
Süddeutscher Verlag, München: 48(o.)
Swissair Werbung VPW, Zürich-Flughafen: 43(2, 3)
The British Library, London: 11(7), 14(4), 71(6)
Trudel, Niklaus (für CEPS): 138(2)
Verkehrsverein Luzern: 175(2)
Zentralbibliothek Zürich: 16, 22(2), 31, 33(2), 35(1, 2), 37(2), 38, 60, 61(2), 83, 111, 125, 128, 130, 132(1, 2), 140, 141, 142, 161(3), 180(l., r.), 187(1, 2), 189(o., u.), 190
Ziegler, Peter: Zeiten, Menschen, Kulturen. Band 3. Lehrmittelverlag des Kantons Zürich, Zürich 1979: 62(o.)
Ziegler, Peter: Zeiten, Menschen, Kulturen. Band 4. Lehrmittelverlag des Kantons Zürich, Zürich 1980: 118(2)

Inhaltsverzeichnis